幼儿园民俗活动探索的理论与实践

王长红　冯永建　主编

中国水利水电出版社
www.waterpub.com.cn
·北京·

内 容 提 要

本书以北京市顺义区高丽营第二幼儿园为背景，以《幼儿园教育指导纲要（试行）》中幼儿园应“充分利用社会资源，引导幼儿实际感受祖国文化的丰富与优秀，感受家乡的变化与发展，激发幼儿爱家乡、爱祖国的情感”精神为指引，充分利用高丽营镇当地资源，重视民俗活动的探索与实践，尝试将当地民俗文化引进幼儿园的主题活动，引导幼儿感受民俗文化，从而保护、传承、发展民俗文化。本书分为理论篇、实践篇和成果篇，对于高丽营第二幼儿园多年来有关民俗活动的实践进行总结概括，并提升到理论高度，以期推动民俗活动更上一层楼。

本书适合幼儿园教师及相关培训机构从业人员阅读。

图书在版编目（CIP）数据

民俗之花正盛开 ：幼儿园民俗活动探索的理论与实践 / 王长红，冯永建主编. -- 北京 ：中国水利水电出版社，2020.11
ISBN 978-7-5170-9098-4

Ⅰ. ①民… Ⅱ. ①王… ②冯… Ⅲ. ①风俗习惯－中国－学前教育－教学研究 Ⅳ. ①G613.3

中国版本图书馆CIP数据核字(2020)第212887号

书　　名	民俗之花正盛开：幼儿园民俗活动探索的理论与实践 MINSU ZHI HUA ZHENG SHENGKAI: YOU'ERYUAN MINSU HUODONG TANSUO DE LILUN YU SHIJIAN
作　　者	王长红　冯永建　主编
出版发行	中国水利水电出版社 （北京市海淀区玉渊潭南路1号D座　100038） 网址：www.waterpub.com.cn E-mail:sales@waterpub.com.cn 电话：（010）68367658（营销中心）
经　　售	北京科水图书销售中心（零售） 电话：（010）88383994、63202643、68545874 全国各地新华书店和相关出版物销售网点
排　　版	中国水利水电出版社微机排版中心
印　　刷	天津嘉恒印务有限公司
规　　格	184mm×260mm　16开本　16.5印张　356千字
版　　次	2020年11月第1版　2020年11月第1次印刷
定　　价	68.00元

编 委 会

主　编：王长红　冯永建

副主编：孙旗帜　吴克辉

编　委：杜　寅　王　娟　陈爱平　马　楠　古雪飞　李　亮　刘立娟　王慧蕾　梁　琪　周芮宁　陈思宇　蒋　晴　刘　菲　杨　微

序言

一直以来，顺义区委、区政府高度重视学前教育的发展，将其作为一项基础性、惠民性工作，纳入全区总体规划统筹部署。围绕办好人民满意的学前教育，以“扩大总量、调整结构、提升质量、健全机制”为重点，顺义区教育委员会不断探索与实践。在增加农村地区教育投入，加大经费、人才支持力度的同时，地处农村的高丽营第二幼儿园能够在园长的带领下，挖掘高丽营地区的教育资源，开展具有浓郁的高丽营地区特色的课程实乃不易，它使区域教育高度均衡发展战略得以落地生根。

《民俗之花正盛开：幼儿园民俗活动探索的理论与实践》一书阐释了以下三个问题：什么是幼儿园课程？幼儿园课程的本质是什么？幼儿园课程建设的具体路径是什么？本书的出版是对创新幼儿教材内容的大胆尝试，它在依托农村地区资源的基础上，考虑幼儿的年龄特点，在关注“学什么”的同时更加关注“怎么学”，与幼儿的实际生活紧密相连，在与环境的互动中充分调动幼儿的学习热情，帮助幼儿建构自己的认知经验，并在此过程中增强幼儿的自我认同感、对家乡的认同感以及对中华文化的认同感。

高丽营第二幼儿园将这支乐于钻研、善于探索、勇于创新的教师队伍的研究成果汇集成书，既体现了园所的担当，也体现了对学前教育的研究与热爱。应该说顺义区高丽营地区的家长和幼儿是幸福的。希望这本书的出版能够带动我区其他农村幼儿园的保教质量迈向一个更高的台阶，让优质的学前教育覆盖每一个家庭、每一名幼儿！

北京市顺义区教育委员会
2020 年 7 月

目录

大班主题活动

成果篇

理论篇

一、民俗主题活动的背景

（一）科学理论指引探索方向

2017 年，中共中央办公厅、国务院办公厅印发《关于实施中华优秀传统文化传承发展工程的意见》，指出把中华优秀传统文化全方位融入思想道德教育、文化知识教育、艺术体育教育、社会实践教育各环节，贯穿于启蒙教育、基础教育等各领域，以幼儿、小学、中学教材为重点，构建中华文化课程和教材体系。为进一步贯彻实施文件精神，结合《幼儿园教育指导纲要（试行）》中幼儿园应“充分利用社会资源，引导幼儿实际感受祖国文化的丰富与优秀，感受家乡的变化和发展，激发幼儿爱家乡、爱祖国的情感”的内容，北京市顺义区高丽营第二幼儿园特别重视民俗活动的探索，尝试将家乡的本土民俗文化引进到主题活动中，引导幼儿感受民俗文化，从而保护、传承、发展民俗文化。

（二）发挥资源综合利用优势

（1）依托本地资源，优化文化价值。高丽营地区拥有着丰富的民俗资源，例如传统小车会、狮子舞、刺绣、剪纸等，其中孙氏祖传糕点模具制作技艺成为北京市非物质文化保护遗产，它们都有可挖掘的空间，能够创编为绘本的题材可谓俯拾皆是。民俗文化的可实践性和可操作性引起了笔者的重视。据此，根据高丽营第二幼儿园的实际，选择适宜该园实际的传统民俗文化，将其发展成为课程内容。

（2）研究课题成果，打造园本特色。“十二五”期间，高丽营第二幼儿园以高丽营地区特有的传统民俗为载体，编写原创绘本 25 本，用绘本讲述传统节日、民风民俗、历史记忆，用绘本再现传统艺术和工艺，绘本因此成为对幼儿进行文化教育的载体，幼儿通过阅读领悟民俗文化。园所在此基础上从绘本故事中挖掘资源，于“十三五”期间，基于乡土绘本的创编与使用逐渐形成具有园本特色的民俗文化教学内容与框架，现已初步形成主题案例 26 个，并继续探索完善、规范民俗文化与主题活动整合的策略与活动方案。

在具体操作过程中，教学团队做了如下探索，探索和挖掘传统民俗文化活动的设计以及教育评价。以年龄班为单位成立课题研究小组，将收集整理的资料逐一分析研究，整理出适合进行教学的内容，并按年龄特点和领域进行分类，分析其任务、目的以及对幼儿发展的价值，设计出适合大、中、小各年龄班的主题教育的活动方案，由骨干老师多次尝试教学并研讨，形成园本特色的幼儿民间文化教育内容。

高丽营第二幼儿园继续全面发掘和利用园外的特色资源，有效地促进该园民俗活动的顺利开展，多年的实践与研究，使老师们更深刻地认识到，民俗活动是孩子成长过程中不可缺少的组成部分，它对培养孩子的道德情操、增进浓浓的亲情有着不可估量的作用。作为幼儿园，应担负起传承与创新的职责，把更多、更有意义、更有价值的民俗活动纳入幼儿教育内容，通过多种途径、丰富的教学手段让孩子们去体验、去感受，使民俗文化蓬勃发展，得到继承和发扬。

二、民俗主题活动的资源

（一）高丽营镇的民俗文化资源

北京市顺义区高丽营镇历史悠久，文化底蕴丰厚，被誉为“京北第一古镇”，是国家文化部命名的“中国民间文化艺术（戏曲）之乡”。据史料记载，唐朝年间有部分朝鲜族人内徙定居于此，逐步发展成集镇，是为高丽营的由来。高丽营镇有 1 处市级非物质文化遗产（孙氏糕点模具）、4 处区级文物保护单位（关帝庙、清真寺、方世渠和双控砖窑）。近年来，随着政府和当地居民对民俗文化的高度重视，高丽营镇建设了评剧团、书法社团、模具雕刻社团、小车会等 15 支特色品牌队伍，处处彰显了镇内的民俗文化内涵，人们的民俗文化水平和整体素质得到了大幅度提高。

（二）幼儿园的资源利用

（1）课题研究的基础。“十一五”期间，在开发利用周边教育资源、促进幼儿发展的研究中，老师不仅对高丽营镇周边的自然资源有了较深刻的了解，而且将周边资源与幼儿生活和学习建立联系，积累了一定的科研意识和能力。

“十二五”期间，在绘本阅读教学策略的研究中，发现我国现有图书市场上的绘本大多来自欧美或日本，能够承载民族文化和乡土文化的国产绘本寥寥无几。教学团队由此意识到，了解家乡是爱家乡的基础，为家乡的乡土文化而骄傲是刻在孩子心中的中国魂，而整合乡土资源，进行民族化和本土化的课程开发是实现这一目标的有效途径。因此，幼儿园就创编乡土绘本、生成园本课程达成共识。

“十三五”期间，在基于乡土绘本创编与使用的创新型幼儿园老师培养的研究中，教学团队利用周边资源创编乡土绘本，同时依托自编乡土绘本生成了一系列园本主题活

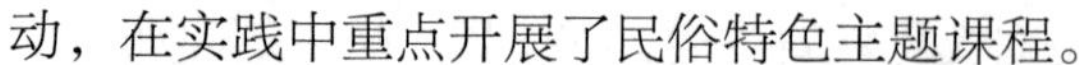

动，在实践中重点开展了民俗特色主题课程。

（2）幼儿园的创编团队。幼儿园的教职工大部分来自高丽营镇，招生对象也是生活在该镇的幼儿，他们的父辈、祖辈都是生活在这片土地上的人民，对自己的家乡有着深厚的人文情怀。幼儿园充分利用这一点，向老师、家长及幼儿广泛征集民俗资源，创编出适用于幼儿园的园本课程。

1）教师创编团队。高丽营第二幼儿园的教师团队共有 31 人，本科学历占 88%，学前教育专业的教师占 45%，工作时间 5 年以上的教师占 64%。园长的课题管理经验丰富，群众基础好，教科研管理优势突出。教师队伍有层次性，骨干教师的引领能力强，教师的文化水平较高，有较强的学习能力和创新能力。教师在滚动式课题的开展中积累了一定的研究经验，理论水平和实际能力不断提高，对幼儿的年龄特点和生活有深刻了解。

2）幼儿创编团队。教师在创编原创绘本故事的过程中，邀请各年龄班幼儿代表投票挑选，经幼儿试读，教师反复调整方才定稿。其中 6 册绘本的图画部分是在教师的指导下，由幼儿合作完成的。

3）家长创编团队。近年来，幼儿园为家长按需举办家长讲座，使家长的育儿理念不断提高，对学前教育有了一定的基础认识。部分家长能够很好地支持并参与幼儿园的课题研究，如创编故事、征集民俗文化资源、绘制绘本故事、积极参加幼儿园开展的实践活动等。

（三）周边资源利用

（1）自然资源。高丽营镇有着丰富的自然资源，如牤牛河、花水湾温泉、樱桃园、七彩蝴蝶园、大槐树等，幼儿园常组织教师和幼儿进行实地参考。幼儿园内种植了山楂、核桃、樱桃、柿子等果树，支持幼儿的实践活动，使之在采摘的过程中收获快乐；班级种植园地供各班幼儿自行选择种植的蔬菜，使之在种植活动中体验劳动人民的辛苦。

（2）社会资源。幼儿园周边有高丽营大集、玉石井、敬老院、部队、学校等社会资源，教师带领幼儿到敬老院慰问、到学校等地参观，并邀请家长带领幼儿到高丽营大集等地实地考察。

（3）人文资源。高丽营镇还有剪纸、戏曲、孙氏糕点模具、荞氏元宵等人文资源。教师带领幼儿去模具厂实地参观，或邀请传统文化继承人到幼儿园开展民俗文化交流会，或于春节期间邀请专业老师指导教师及幼儿以舞狮、舞龙等方式欢乐闹新春。此外，还借助家长义工、果农等人力资源与幼儿互动，利用传统厨房、蛋糕模具等具有乡土特色的物质资源开展实践体验活动。

（四）幼儿园积累的自编绘本主题活动

（1）节日类。幼儿园围绕春节、清明节、端午节、中秋节等重要节日，根据各年龄班幼儿发展特点，分别开展了《小老虎拜大年》——热热闹闹过大年、《白鹅一家去春游》——我的踏青节、《黑黑，你在哪里》——学做情绪小主人、《老孙家的好手艺》——果刻子的中秋之旅等 12 个日主题活动框架，每一个框架都给予建议性的教学任务。

（2）节气类。二十四节气是中华民族传统文化的重要组成部分，幼儿园利用惊蛰、秋分、寒露、小雪等节气组织幼儿开展活动，包括丰收小麦、摘柿子、晾山楂、给果树过冬等活动，让幼儿充分感受各节气的变化，在自然环境中既感受天气的变化又了解节气的习俗传统。目前已完成 7 个节气的主题活动框架。

（3）生活类。在开展节日和节气活动的过程中，利用生活类活动完善幼儿园园本课程内容，包括上小学、幼儿安全教育、爱等 7 个主题活动。

三、民俗主题活动的目的

（一）营造良好的儿童发展生态环境

美国学者布朗芬 · 布伦纳提出的生态系统理论指出，儿童的整个成长环境由里到外依次由微观系统、中间系统、外层系统、宏观系统、时间系统构成，每一个系统都会通过一定的方式对个体的发展施以影响。在儿童的社会化过程中，家庭、学校以及儿童生活的社区是对幼儿影响最大的三个子系统。

基于影响儿童发展生态的角度，高丽营镇域内有着浓厚的民俗文化底蕴，民俗活动丰富多彩，并且幼儿成长在这个生态环境里，因此幼儿园尊重儿童学习与发展的整体性原则，尊重这个生态环境对孩子的影响，通过选择生态环境系统中对幼儿产生重要影响的各种生态因子，充分利用周边积极的优秀民俗文化，促进幼儿全面发展。

（二）奠定儿童民俗文化传承基础

中共中央办公厅、国务院办公厅印发的《关于实施中华优秀传统文化传承发展工程的意见》指出，实施中华优秀传统文化传承发展工程，是建设社会主义文化强国的重大战略任务。其中民俗文化是中华民族传统文化的重要组成部分，幼儿则是传承民俗文化的重要参与者，所以必须提升幼儿对民俗文化传承的意识，这样才能更好地发挥民俗文化的价值。因此，在幼儿园教学中，教师将民俗文化融入幼儿主题活动，让孩子从小感知、了解、认同、弘扬我们的优秀民俗文化，更好地提升幼儿的民俗文化认同感，从而使其获得全面发展，为传承和发展民俗文化奠定良好的基础。

四、民俗主题活动实施的途径

开展民俗文化教育，以绘本开发为起点，确定生成的教育主题；将主题活动与幼儿一日生活整合起来并渗透其中，进而加以实施；沿着“绘本开发—确定主题活动—绘本分析（语言、画面、主旨）—制定主题目标—主题网络图—具体活动”的路径落实。民俗文化教育路径示意图如图 1 所示。

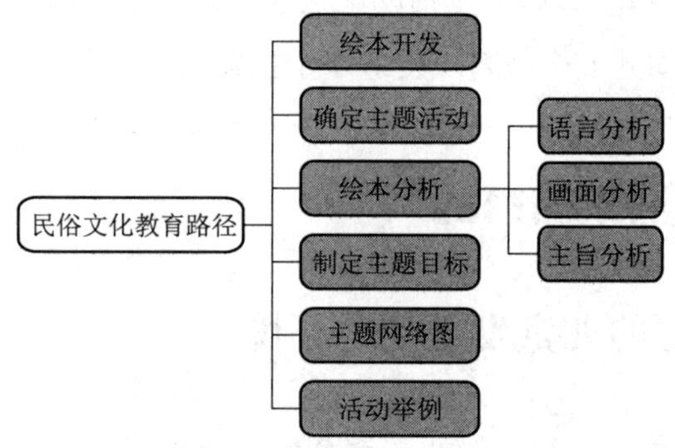

图 1　民俗文化教育路径示意图

五、民俗主题活动实施的原则

（一）持续发展性

幼儿的发展是一个持续、渐进的过程。持续发展性原则是指自编绘本主题活动的内容、方法和进度既要适合幼儿的发展水平，又要有一定的难度，需要幼儿经过努力才能掌握，能够有效地促进幼儿的身心发展，同时有利于幼儿长远、终身的发展。

高丽营第二幼儿园的自编绘本在充分发掘、甄选园内及周边资源的基础上，结合幼儿的年龄和学习特点而生。以此生成的主题活动，丰富、可利用性强的活动资源就在身边，便于老师和幼儿随时取用。这些园本化的资源有效地支持了主题活动的深入开展，同时促进了幼儿的可持续发展。

（二）实践参与性

幼儿的学习是以直接经验为基础的，通过直接感知、实际操作和亲身体验获取经验。实践参与性原则是指幼儿在自编绘本主题活动中，亲自参与实践探究，在此过程中促进了幼儿动手能力和思维能力的发展，为幼儿创造力的发展奠定了基础。

（三）资源整合性

《幼儿园教育指导纲要(试行)》在总则中明确指出:“幼儿园应与家庭、社区密切合作，与小学相互衔接，综合利用各种教育资源，共同为幼儿的发展创造良好的条件。”幼儿教育不等于幼儿园教育，幼教实践工作者必须树立大教育观，更新教育资源观，让教育跨越幼儿园的围墙。资源整合性原则是指在自编绘本主题活动的实施过程中，努力开发利用园内外各种教育资源，并加以开发和优化，支持主题活动的深入开展。

（四）文化适宜性

教育必须适应社会文化的状况与要求。乡土文化资源往往以多层次、多角度的面貌在本土场域中呈现。有的乡土文化资源可能只是关于成人的，并不适合儿童学习。文化适宜性原则就是强调在本地文化资源中选择最接近幼儿、有传承价值、具有民俗特点的文化，即这些文化应是幼儿能够理解并容易接受的。

六、绘本的特点

（一）画面部分

高丽营第二幼儿园教师积极参与自编绘本的创编工作。从刚开始的无从下手到创作完成第一册绘本，主角形象从僵硬到鲜活；从单纯的文字呈现到跳出文字的束缚，艺术手段不断创新；创编图画时，充分发挥自己的创造力和想象力，力求每一次创作都是一次有情感的创作。

（1）自编绘本画面艺术形式。艺术形式主要包括以下两个特点。

1）表现形式多元化。自编绘本中运用多元的美术元素以表现画面，表现形式有水彩画、水粉画、彩铅画、水墨画、剪纸、拼贴画、泥工、指印画、版刻画等多种。

2）表现形式差异化。在创编阶段，教师运用各种绘画手法打造故事，让幼儿在感受文学美的同时，也能感受到艺术美。例如，老师们在欣赏绘本大师艾瑞克卡尔的作品后受到启发，运用拓印、拼贴等创作方法完成绘本《黑黑，你在哪里》，增强了画面的艺术感；《小猴种樱桃》是一本以水墨画表现的自编绘本，选择写意的手法表现人物、小猴、樱桃树等内容，使画面所要表达的中心主题更加突出，同时为幼儿提供更多的想象空间；绘本《老孙家的好手艺》采用了刻版画的形式，契合了绘本主题——月饼模具的制作方式，使幼儿不仅可以尝试自己印刷绘本，而且能够体验传统艺术的魅力。

（2）自编绘本画面创新点。创新点主要包括以下三个。

1）融入幼儿生活经验，创建共情场景。杜威曾说过："教育必须建立在儿童经验的基础之上，经验是个体的现实生活。"阅读绘本是一个涉及幼儿的知识、经验、认知、情感、态度等多方面及其相互作用的复杂的心理过程。高丽营第二幼儿园积极创作与幼儿生活息息相关的内容，帮助幼儿感受、欣赏绘本中表现的图画美、情感美，例如在自编绘本《赶集》《牤牛河的四季》中，绘本的主题和场景都选材于与幼儿息息相关的生活和活动。《赶集》选材于本地区具有浓郁乡土特色的集市，其中有幼儿熟悉的13路公交车和高丽营市场，市场里的场景是孩子们经常见到的，故事中一家人采购的物品也是年节时大家喜爱购买的物品。该绘本充分再现了幼儿的生活情景，将幼儿带入到一家人过年时出门采购的其乐融融和传统集市上热闹欢快的喜庆氛围中。

2）契合幼儿感知特点，巧设共情脉络。面对文化背景各异、生活环境不同的幼儿，如果无法让每个幼儿都了解绘本中的故事内容、发展背景，就难以让他们对故事产生共情。幼儿更多的是依靠具体形象思维，因此以具体的画面形象引导幼儿体验故事中的情感是十分有效的方式。在《黑黑，你在哪里》中，为了满足幼儿的个体差异，让幼儿能够更多地找到引发他们共情的内容，画面中添加了一些文字内容之外的角色，例如，夹着尾巴逃走的入侵者，惊讶地看着喵喵于夜色中出行时的月亮，专注地看着喵喵发现了什么的小蟋蟀，在鸟窝里提醒爬树的小猫要小心的小黄鸟，俯身和喵喵话着家常的小喜鹊，还有小河边吓得喵喵回头张望的小青蛙……这些都可以激发不同幼儿的关注点，力求通过一个故事，让幼儿从不同的小动物或事物身上发现故事的情感，让故事的情感跃然纸上，将情感形象化，从而产生真正的共情。

3）幼儿视角创编绘本。在创编绘本的后期，教师鼓励幼儿大胆参与绘本的创编。例如《叶宝宝找妈妈》，教师先和幼儿一起聊聊，了解他们都想用什么形式完成绘本，孩子们于是提出了绘画、剪纸等方式；教师接着给孩子们提出一个新的问题，比如怎样才能让其他人看书时特别清楚地看出画面上是什么树，于是孩子们提出了树叶拓印和树叶粘贴两种表现形式，教师再帮助孩子们用照相机记录下故事的画面。利用树叶与绘画结合的形式，使该绘本较以往幼儿创作的作品更为形象生动，同时突破了幼儿对细节特征表现不明显的创作难点。

（二）文字部分

（1）绘本的题材。我国历史悠久，文化博大精深。高丽营第二幼儿园所在的高丽营镇作为北京市重点发展小城镇，文化底蕴深厚，为此该园以高丽营地区周边资源为题材，组织老师创编乡土绘本，传承地方文化。此后又逐步开始进行基于民俗的绘本创作，在此过程中，逐渐形成了多样化创编绘本故事的独特模式与经验。

狭义上讲，体裁大都是诗歌、童谣、短句等，符合孩子的年龄特点，读起来朗朗上口，容易理解，能够激发孩子的阅读兴趣和阅读热情，使之探索绘本中的趣味，从而对绘本保持高度的热情。广义上讲，一般选择关于亲情、友情、积极、乐观等为题材的故事进行创作，它们与幼儿成长本身息息相关，易于幼儿理解和接受。例如绘本故事《狗狗之家》讲的是一只不受欢迎的松狮在大火中勇敢营救其他狗狗的故事；《小老虎拜大年》教会孩子们敢于和别人交朋友。这些故事，能对孩子产生积极的影响，带来正能量，从而促使他们形成正确的人生观和价值观。同时，选材上注重符合幼儿的年龄特点，从幼儿的兴趣点以及最近的发展区着手，并结合当下的社会大形势。例如《我和妹妹》表现的是二孩政策下，许多独生子家庭喜添新成员，使得家庭模式发生了变化，通过阅读绘本，孩子们就能够正确接受二孩的到来，拥有一个健康的心态。在孩子成长的过程中，可能会面对爷爷、奶奶等长辈的离逝，为了平复幼儿的不良情绪，绘本《黑黑，你在哪里》应运而生，该绘本每页都呈现一种简单轻松的语言氛围，幼儿读到一只小猫对死亡的理解，知道它经历了怎样一个过程，那似懂非懂的自白、那油然而生的悲伤，便能欣慰地看到那份释怀。

（2）绘本的体裁。绘本故事中的人物，多半选择孩子喜爱的、接触较多的事物，比如《白鹅一家去春游》中的白鹅一家、《狗狗之家》中的狗狗们、《小老虎拜大年》中的小动物们等。合适的人物设定能够激发孩子的阅读兴趣，使之迅速将自己代入到绘本故事中，有助于孩子理解故事内容，感受绘本中表达的情绪情感。当然，正面的人物设定也是必要的，孩子有爱模仿的特点，一个积极乐观的人物形象能对孩子产生较为深刻的正面影响。

德尔泰说过："每一场戏必须表现一次争斗。"推及故事，每一个故事最好也有这么一个矛盾冲突。例如《小老虎拜大年》最初的故事背景为"当虎鳄农场的门口贴着大大的福字和红红的对联时，小动物们知道，新年到来了"，在教学实践中发现，孩子们对这样的故事背景反应平平。于是做了修改，塑造了“年兽”这个角色，大致内容为小年兽想去给小动物们拜年，但是发现小动物都怕它，于是它把自己变成了小老虎。经过这样的改编后，矛盾冲突有了，故事马上丰满了起来。孩子们认为年兽是一个很可怕的动物，但是它的内心深处是善良的，是渴望交朋友的，就像一些交往技能比较弱而攻击性比较强的孩子一样，他们的内心是渴望被关注的，希望自己是一个好孩子。所以孩子们一下子就被吸引到故事中去了，主动对这个故事进行探索。

所谓“细节决定成败”，绘本故事中常常隐藏着很多细节，它丰富了故事内容，与主题息息相关。在《小老虎拜大年》中，小老虎送的礼物都是有深层次原因的，编写过程中往往会直接点明这些原因，经过实践—修改—创新—再实践—再修改，最终形成书中呈现的内容。书中的礼物暗示了人物特点，例如为小鳄鱼送头花，是因为小朋友们都把鳄鱼当成又丑又可怕的动物；为狮子送绣球，是因为幼儿园举办了一个有关年文化的展演活动，恰好有舞狮这个活动；为斑马送衣服，是因为一提到小斑马，孩子们的固有思维就会认为斑马穿着黑白条纹的衣服。通过对这些细节进行推敲、设置，幼儿才能发掘绘本中关键的细节所在，将自己的感受与内容融合起来，从细节里体会绘本深藏的美，提高自己的想象力。

托尔斯泰说过，作者写小说可以选择如何开始，却无法选择如何结尾，因为结尾早已由人物性格决定了。所以一个好的故事结尾，一定是合理的、开放的，并且能使人回味，让人悟出道理。曾经，教师们常常采用说教式的结尾，例如《小老虎拜大年》，最初的结尾为“小老虎拜大年，它把神秘的礼物送给了所有的朋友们，现在它们正在虎鳄农场召开新春联欢会，玩得可开心了！”这样的结尾反而达不到说教的效果，甚至会让人感觉无聊，以至不愿理会。幼儿在阅读后，没有产生深刻的情感体验，认为它平淡，缺少趣味性。修改后的结尾是：小动物们知道小老虎就是年兽，但是大家都没有戳穿他，反而一起为它建造了一座房子，它们在里面一起开联欢会。这样设置结尾，不仅做到了首尾呼应，而且提升了趣味性，给幼儿想象的空间，并让整个故事跌宕起伏，生动起来了。

（3）绘本的文字特点。在组织文字时，尽量选择规范、准确、鲜明、生动的语言，使内容容易听得懂、看得懂，从而激发幼儿的阅读兴趣。

在词语上，中、小班所用的绘本减少了复杂的形容词和副词的使用，多采用简单易解的词语；大班所用的绘本则适当采用一些复杂的词语和简单的成语，促进他们的语言发展，这符合幼儿发展的年龄特点，例如《老孙家的好手艺》中所用的“传承”“佳话”“弘扬”“精雕细琢”等。

在句式上，多采用12～15字的简单陈述句。例如《小老虎拜大年》一书，采用的语言形式为“小老虎，你好呀，我来给你拜年了，变出××送给你，愿你

××××××”“请进请进快请进，请坐请喝茶，×××××××，我要谢谢你”，这样句式互动，孩子们很快就能学会拜年的礼貌用语，并且应用到实际中去。

在标点符号方面，例如《黑黑，你在哪里》一书，最初为：“黑黑去哪儿啦？”结尾使用的是问号，只起到反问的作用，后来改为：“黑黑去哪儿啦……”省略号表示静默或思考，孩子们看后一下子便陷入对黑黑在哪儿的联想和想象。

实践篇

小班主题活动

节日主题活动之“我的踏青节”

4月 第1周—第2周

绘本《白鹅一家去春游》	马楠　杜寅

一、绘本分析

（一）语言分析

文字方面，语句短小、简单，便于小班幼儿理解记忆。用简短的文字构建一个跌宕起伏的故事，风趣活泼，符合幼儿的语言习惯。内容多以对话形式呈现，有利于小班幼儿模仿。词汇方面，巧妙运用象声词（“哇”“嗖”“哎哟”“哈”“扑通”）、感叹词（“咦！”），让画面更有动态性，增强了文字的感染力，吸引幼儿的兴趣。这样让整个故事听起来有趣、夸张，使幼儿更易理解故事内容，同时有利于丰富幼儿的词汇量。

（二）画面分析

绘本的整体色调为绿色和蓝色，色彩明快鲜艳，符合春天的气息，与主题活动相呼应。画面采用蜡笔画的形式，丰富了小班幼儿对绘本表现形式的认识，区域活动中可鼓励小班幼儿大胆尝试用水彩笔、油画棒进行自我表现。故事人物形象清晰简洁，画面信息远远多于文字信息，突出绘本的主题，白鹅的形象来自幼儿园的动物角，其拟人化的形象适合小班幼儿的年龄特点，容易吸引幼儿的注意。封面部分，鹅爸爸提着行李箱，带着全家出游，呼应了春游这个主题。封底出现的一串脚印，能引起幼儿的思考，让幼儿发挥自己的想象。环衬部分出现了一系列的小图标，与绘本中表达的主题息息相关，暗藏了故事中即将出现的物品。在绘本的正文部分出现的局部人物画面，使整个绘本看起来更有连续性，细节设计使作品更加丰富、立体。

（三）主旨分析

清明节是中国传统民俗节日，风俗习惯丰富多彩，包括祭祖、踏青、植树、放风筝、插柳、斗鸡、蹴鞠等。针对这一民俗资源及季节，选取了适合小班幼儿的踏青主题活动，衍生出“我的踏青节”这一主题。《白鹅一家去春游》绘本内容的主旨在于一家人在春游过程中的所见所闻以及发生的有趣故事，反映出它们热爱生活的情绪情感，借此鼓励幼儿于假期进行踏青活动，发现春天的秘密，将自己感受到的有趣故事分享给其他小朋友。

二、主题目标

◎ 家长与幼儿一起踏青，感受春天的美。

◎ 感知春天明显的季节特征，体会人、动物与自然的关系。

◎ 幼儿喜欢听故事，理解其大意，愿意复述故事的一部分。

◎ 引导幼儿运用简单的图形和自己喜欢的颜色大胆、有意识地表现熟悉的事物。

◎ 对幼儿园的动植物感兴趣、有好奇心，自发地进行探究活动。

◎ 幼儿知道外出时不离开成人，不接受陌生人给的东西，不跟陌生人走。

三、主题活动思路图

“我的踏青节”主题活动思路图如图 2 所示。

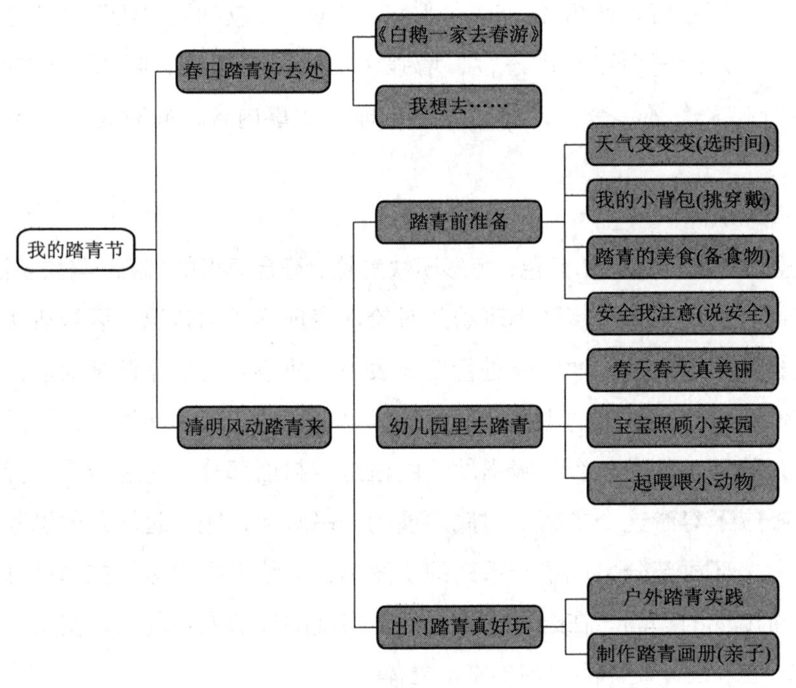

图 2　“我的踏青节”主题活动思路图

四、活动举例

活动一：阅读绘本《白鹅一家去春游》（集体活动 · 语言）

目标 1：幼儿喜欢听故事，理解其大意，愿意复述故事的一部分或者短小的故事。

目标 2：幼儿初步理解象声词，如“哇”“嗖”“哎哟”等。

准　备：绘本《白鹅一家去春游》及其 PPT。

过　程：

（一）封面导入

1．出示封面，引导幼儿观察封面。

老师：封面上有谁？你还看到了什么？你猜它们要去干什么？

2．揭开封面上的文字并阅读。

（二）师幼共读

1．带领幼儿逐页观察画面，理解故事内容。

老师：白鹅一家遇到了谁？你猜发生了什么事情？

2．引导幼儿理解象声词，体会故事的趣味性。

老师：你猜白鹅一家看见草地发出了什么声音？看见青蛙跳的时候发出了什么声音？看见白鹅宝宝跳进池塘时发出了什么声音？它们会是什么表情？

（三）老师完整讲述

播放 PPT，师幼共同欣赏绘本。

延伸活动：表演区，幼儿自选角色，初步尝试表演。

活动二：我发现的秘密（户外活动・实践）

目标 1：幼儿能够运用多种感官感知周围事物的变化。

目标 2：幼儿会点数 5 以内的物体，初步感知、理解 5 以内物体的量。

指导建议：

1．带领幼儿到户外动物角，发现动物角春天的变化。引导幼儿观察动物角都有什么，动物和原来有什么不一样的地方。

2．师幼一起点数动物角的动物。数的时候教给幼儿计数的正确方法。

3．部分幼儿分别点数。

4．个别幼儿分别点数，巩固点数的方法。

活动三：喂喂小动物（亲子活动・实践）

目标 1：幼儿喜欢、爱护小动物，愿意照顾动物。

目标 2：幼儿外出时不离开成人，有初步的安全意识。

准　备：物质准备：幼儿生活用品（水瓶、纸巾、书包）、垃圾袋、大巴车，幼儿穿好园服，与虎鳄农场提前联系好场地；经验准备：幼儿在幼儿园里有照顾小动物的经验，了解不同动物的生活习性。

过　程：

（一）出发前准备

向幼儿及家长介绍郊游地点、路线及注意事项。

（二）虎鳄农场

1. 家庭间两两自由结组。

2. 购买食物，喂喂小动物。

讨论交流不同的小动物都喜欢吃什么，喂小动物时我们应该怎样保证自己安全。

（三）家园共育

在喂动物的过程中，引导幼儿注意卫生。

（四）老师用照片和录像的方式记录幼儿的活动过程

延伸活动：照顾幼儿园里饲养的动物和班级自然角饲养的小动物。

活动四：柳树姑娘长头发（集体活动·艺术）

目标 1：幼儿喜欢操作易于使用的美术工具和材料，进行自我表现。

目标 2：幼儿通过观察和表现，感受春天的美。

准　备：物质准备：皱纹纸搓好的线绳、卫生纸筒、卡纸、胶棒、剪刀、剪好的柳树叶、果农伯伯剪下的废旧柳枝；经验准备：初步了解柳树的基本形态和构成。

过　程：

（一）带领幼儿在柳树下观察柳枝和柳叶的特点

老师：小朋友，看一看柳树发生了什么变化？仔细观察一下柳枝是什么样子的？柳叶现在是什么样的？

（二）引导幼儿选择自己喜欢的工具和材料制作柳树姑娘的头发

老师：你想用什么方法制作柳树姑娘的头发？

（三）老师巡视指导

（四）分享交流

延伸活动：

1. 将幼儿制作好的柳枝放在美工区展示。

2. 自然角开展“植物我照顾”活动。

活动五：在房檐下（集体活动·艺术）

目标 1：幼儿愿意尝试演唱歌曲，表现歌曲的内容、情感。

目标 2：幼儿喜欢模仿感兴趣的形象和动态。

准　备：物质准备：燕子、毛毛虫的头饰、歌曲《在房檐下》、纸箱、充当房檐的大纸板；经验准备：观察过房檐。

过　程：

（一）播放歌曲，引导幼儿理解歌曲中的内容

老师：这首歌曲的名字叫《在房檐下》，你在歌曲中都听到了什么？

（二）再次播放歌曲，师幼共同跟唱

（三）尝试跟随音乐自由创编动作

1. 老师：小燕子怎么躲在房檐下？妈妈是怎么找食物的？小燕子是怎么吃东西的？

大家学一学，然后跟着音乐做动作。

2. 房檐下变成别的动物啦，你觉得会变成什么动物呢？它是怎么吃东西的？

老师：大家学一学，然后跟着音乐做动作。

（四）幼儿自选角色、头饰、道具，跟随音乐进行游戏

老师：你想当燕子还是毛毛虫？快来选择你喜欢的角色并戴好头饰表演一下吧！

活动六：出门踏青真好玩（亲子活动·实践）

目标 1：幼儿通过踏青活动走进大自然，感受春天的美。

目标 2：幼儿体验与父母、同伴、老师一起出游的乐趣。

准　备：物质准备：食物、奖品、塑料袋、一次性桌布等；经验准备：幼儿了解踏青前的准备。

过　程：

（一）出发前准备

向幼儿及家长介绍郊游地点、路线及注意事项。

（二）森林公园

1. 幼儿与家长自由活动，寻找春天的踪影，留下与春天的合影。

2. 幼儿与家长一起摆放野餐物品（野餐垫、食品等）。

3. 幼儿与家长一起野餐，分享物品，感受快乐。

（三）亲子游戏

老师组织，幼儿与家长分组进行游戏，获胜的幼儿给予奖励。

（四）集合返回

1. 收拾野餐的地方，保证干净整齐，为幼儿树立环保意识。

2. 交流“今天让我感到最快乐的事情”，自然结束旅途。

延伸活动：

1. 将活动照片投放在美工区，供幼儿欣赏。

2. 开展“出门踏青真好玩”绘画活动，作品在主题墙上展示。

节日主题活动之“好吃的月饼”

9月 第4周—10月第1周

绘本《好吃的月饼》	王慧蕾

一、绘本分析

（一）语言分析

该绘本通篇采用幼儿语言，同时配以图片。这些语言都产生于幼儿的活动，表明了幼儿当时的行为状态。他们高兴地制作着自己喜欢的“月饼”，在交谈中逐渐对中秋节有了印象。使用幼儿语言，也更符合小班幼儿的年龄特点，语言质朴，语句可爱，成为这本书的主要特点。

（二）画面分析

该绘本以照片填画的形式呈现，幼儿动手，运用水彩笔、油画棒以及粘贴的方式，将画面补充完整，直接呈现幼儿在中秋节期间的活动状态。通过观察哥哥姐姐制作月饼、自己制作月饼、分享自己家的月饼、学唱歌曲、开月饼店以及与小动物分享等活动，他们参与性高并乐在其中。画面中幼儿的表情有好奇的、有高兴的、有欢乐的、有腼腆的，说明他们对于活动非常投入。

（三）主旨分析

中秋节是我国的传统节日，对于刚入小班的幼儿来说，他们对中秋节的意义和习俗不是非常了解。但是孩子们每年都有吃月饼的经验，于是以月饼为切入点，通过品尝自家的月饼、品尝哥哥姐姐制作的月饼、欣赏自己制作的月饼、学唱歌曲《月饼》等活动，幼儿可以表达自己的感受，从而学会分享，体验节日的快乐。

二、主题目标

◎ 积极做到家园合作，幼儿从多种途径了解中秋节以及月饼的相关信息，积累中秋节的相关经验。

◎ 在“品尝月饼”“观看哥哥姐姐制作月饼”“分月饼”等活动中，幼儿喜欢与同伴交流和分享。

◎ 在老师的引导下，幼儿喜欢参与制作月饼、学唱歌曲等相关活动，发展幼儿的观察、操作、探索的能力。

◎ 在多彩的主题活动中，幼儿感受到中秋节传统文化。

三、主题活动思路图

“好吃的月饼”主题活动思路图如图 3 所示。

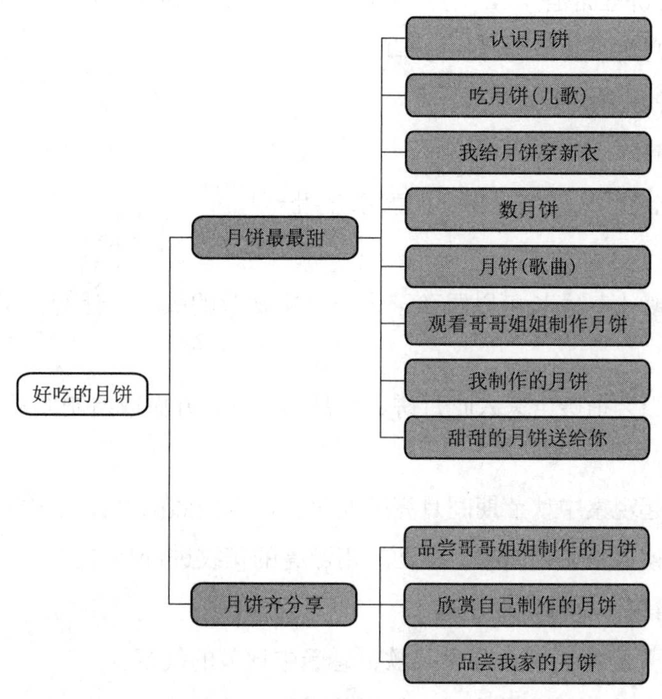

图 3 “好吃的月饼”主题活动思路图

四、活动举例

活动一：认识月饼（集体活动・科学）

目标 1：幼儿体验和同伴一起分享月饼的快乐。

目标 2：幼儿知道月饼是中秋节特有的食品，了解月饼各种各样的味道。

目标 3：幼儿能用自己的语言表达发现与感受。

准　备：物质准备：幼儿自带月饼，老师准备不同的月饼、水果刀、盘子；经验准备：幼儿品尝过月饼。

过　程：

（一）开始部分

1．播放 PPT，让幼儿观察其中的物品。

2．幼儿观察盘子里的月饼，与同伴进行交流。

老师：盘子里是什么？它们是什么样子的？是什么味道的？

（二）基本部分

1．引导幼儿观察月饼的馅儿，激发其进一步活动的兴趣。

老师：观察月饼里面是什么？你们吃过这些口味的月饼吗？说一说是什么味道的。

2．幼儿品尝月饼，体验与同伴分享的快乐。

幼儿了解月饼是中秋节的食品。

（三）结束部分

老师：你还吃过什么样的月饼，向大家介绍一下。

延伸活动：

1．在中秋节晚上，家长可以跟孩子讲一讲中秋节的故事，让幼儿了解中秋节的来历和意义。

2．在中秋节当天拍摄全家人吃月饼、赏月的照片，并做成自制图书，投放到图书区，供幼儿分享。

3．与家长一起观察中秋节期间月亮的变化，可以拍照保存，做成自制图书。

4．在美工区投放月饼的图案，让幼儿用漂亮的花纹进行装饰。

活动二：吃月饼（集体活动语言）

目标 1：幼儿愿意与老师一起学儿歌，感受中秋节的气氛。

目标 2：幼儿初步理解儿歌内容，知道月饼是中秋节传统食物。

目标 3：幼儿尝试理解“月光光”“喜洋洋”的意思。

准　备：物质准备：月饼、月亮图片、PPT；经验准备：幼儿品尝过月饼、见过圆圆的月亮。

过　程：

（一）开始部分

月亮图片导入，引起幼儿兴趣。

老师：小朋友们看到了什么？你们觉得月亮什么时候最圆？月亮最圆的时候是什么节日？应该吃什么？

（二）基本部分

1．出示月饼，引导幼儿知道月饼是中秋节传统食物。

2. 播放第一张PPT，说出儿歌第一句：“中秋节，月光光”。

3. 播放第二张PPT，说出儿歌第二句：“全家一起看月亮”。

4. 播放第三张PPT，说出儿歌第三句：“月饼甜，月饼香”。

5. 播放第四张PPT，说出儿歌最后四句：“吃月饼，看月亮，说说笑笑喜洋洋”。

老师：你们知道“月光光”和“喜洋洋”是什么意思吗?

6. 完整播放PPT，老师带领幼儿一起朗读儿歌。

（三）结束部分

幼儿尝试自己说一说儿歌。

延伸活动：

在图书区投放绘本《月亮的味道》，让幼儿感受绘本中月亮的味道以及和朋友合作与分享的快乐。

附儿歌：

《吃月饼》

中秋节，月光光，全家一起看月亮。月儿圆，月儿亮，月饼甜，月饼香。

吃月饼，看月亮，说说笑笑喜洋洋。吃月饼，看月亮，说说笑笑喜洋洋。

活动三：学唱《月饼》（集体活动·艺术）

目标1：幼儿愿意参加有趣的歌唱活动。

目标2：幼儿学唱歌曲，能大胆表现歌曲的内容、情感。

目标3：幼儿初步做到用自己声音演唱、不喊唱。

准　备：月饼图片。

过　程：

（一）观察图片内容

老师：你们看到了什么？什么时候吃月饼？你吃过什么味道的月饼？什么形状的?

（二）欣赏歌曲第一遍

老师：你在歌曲中听到了什么内容？送完月饼小朋友的心情是怎么样的?

（三）欣赏第二遍并学唱歌曲

老师：请你认真听歌曲，并用好听的声音学唱歌曲。

老师用自然的歌声、真挚的情感感染幼儿，一边唱一边自由做动作。

（四）学唱歌曲第二遍

按歌曲内容分配角色继续演唱，如一些幼儿假扮爷爷奶奶，并假装吃月饼，增加趣味性。

延伸活动：

引导幼儿根据自己的愿望，将歌词改变为“月饼送给爸爸和妈妈”“月饼送给姥姥和姥爷”“月饼送给小朋友和老师”等。

活动四：我给月饼穿新衣（区域活动·美工区）

目标 1：幼儿知道中秋节有吃月饼的习俗。

目标 2：幼儿能自主、独立、创造月饼并给月饼穿新衣。

目标 3：幼儿运用自己喜欢的颜色、线条、材料等装饰月饼。

指导建议：

1. 引导幼儿观察月饼上的花纹以及图案，大胆地使用颜色进行表达。

2. 提供多种材料，如水彩笔、油画棒、皱纹纸碎、胶棒、小彩球、即时贴等，供幼儿选择，自由表达。

3. 与幼儿互动，例如月饼的口味是什么、想把月饼送给谁等。

延伸活动：

1. 美工区投放灯笼、小兔子、各种水果、兔爷等与中秋节相关内容的材料，让幼儿发挥想象进行创作。

2. 投放月饼花纹的图片供幼儿欣赏；投放各种线条，供幼儿创作月饼的花纹。

活动五：制作月饼（区域活动·美工区）

目标 1：幼儿尝试用团圆、压扁的方式制作“月饼”，并用辅助材料印出花纹。

目标 2：幼儿能愉快地参与活动，感受做月饼的快乐。

指导建议：

1. 让幼儿认识材料和工具，指导使用的方法。

2. 让幼儿了解月饼的制作过程，先团圆，然后压扁，最后印花纹。

3. 幼儿自由尝试制作月饼时，老师巡回指导幼儿掌握团圆和压扁的方法，提醒幼儿压时不要过于用力，花纹要清楚。

4. 做好后幼儿相互交流分享，也可将做好的月饼投放到“娃娃家”。

延伸活动：

创设“月饼”展示台，将幼儿制作的“月饼”分类摆放。

活动六：甜甜的月饼送给你（集体活动·数学）

目标 1：幼儿尝试按月饼的颜色、大小等属性特征进行匹配。

目标 2：幼儿在给小熊、小兔送月饼的活动中，体验游戏的乐趣。

准　备：物质准备：纸质的月饼若干 [大小两种，草莓味（红色）、香蕉味（黄色）、苹果味（绿色）3 种颜色]、月饼盒 3 个、熊玩偶（一大一小）、兔子玩偶；经验准备：幼儿知道大小和颜色。

过　程：

（一）开始部分

老师：小朋友们在中秋节吃什么？月饼都有什么口味呢？

老师小结：月饼的口味可真多呀！

（二）游戏：打月饼

1. 第一次游戏，知道月饼的颜色和口味以及大小。

老师：我一会儿一边念好听的儿歌，一边打月饼，我打的月饼可好吃了。红色是草莓味，黄色是香蕉味，绿色是苹果味。

儿歌：打月饼、打月饼，我的月饼最香甜，大家快来尝一尝。1—2—3，月饼打好了。

老师：你拿的月饼是什么样子的？什么味道的？

2. 第二次游戏，给小熊送月饼。

老师：我们店里来了客人，快和它打招呼吧！这一次我们要把月饼送给熊客人吃，大熊胃口大，能吃掉大月饼；小熊胃口小，能吃掉小月饼。

老师与幼儿一起打月饼，并说儿歌。

老师：月饼打好了，请你分别送给大熊和小熊吧。

3. 第三次游戏，给小兔子送月饼。

老师：小兔子闻到了月饼的香味，也想吃月饼了。我们开始做月饼吧。

老师与幼儿一起打月饼，并说儿歌。

老师：请你听清楚，小兔子要吃大大的香蕉味和小小的草莓味的月饼，请你快送给它吧。

（三）结束部分

自然结束——刚才熊客人和小兔客人特别喜欢我们的月饼，我们再做一点送给其他的客人吧！

活动七：数月饼（区域活动·益智区）

目标：幼儿会点数3以内的物体，初步感知、理解3以内物体的数量。

指导建议：

1. 引导幼儿发现材料中有许多的月饼以及带有不同点数（1～3）、不同颜色（红、黄、绿）的盒子。

2. 幼儿看清楚盒子上的点数，将相应数量的月饼放到盒子里，尝试说出盒子月饼的总数。

3. 幼儿看清楚盒子的颜色，将相应颜色的月饼放到盒子里，尝试说出总数。

4. 幼儿无法说出总数时，老师引导幼儿进行点数，并尝试说出总数。

延伸活动：

将月饼按大小、按形状进行点数。

节日主题活动之“热热闹闹过大年”

12月 **第 4 周—1 月第 2 周**

绘本《小老虎拜大年》	陈爱平

一、绘本分析

（一）语言分析

该绘本篇幅较短，语句简练，符合小班幼儿的年龄特点。绘本中人物对话采用儿歌的形式，富有韵律感和重复美，读起来朗朗上口。文字生动形象，有画面感，能激发幼儿的想象力与好奇心，如“红红的对联”“大大的福字”“金色的阳光”“薄薄的云朵”“彩色的房子”等词汇。而“请进”“您好”“谢谢”等则使幼儿乐意与人交谈，讲话时自然、礼貌。重复性语言反复出现，便于幼儿模仿，提高了幼儿的表达能力。通过该绘本，老师可以组织幼儿观看舞狮、舞龙等民俗表演，并能参加力所能及的年俗表演活动，加强了幼儿对年俗文化的理解。

（二）画面分析

该绘本的画面方面，水彩画为主要形式，画面清新可爱。画面中的小老虎、小鳄鱼、小斑马等都是来自周边资源——虎鳄农场，因此幼儿对这些动物形象都较为熟悉，便于幼儿理解。绘本中的人物以年画的卡通形象为主，更贴近于幼儿生活。充满年味的画面是该绘本画面创作的一个亮点。画面丰富有趣，让故事更具有趣味性，从而激发幼儿的阅读兴趣。

（三）主旨分析

《小老虎拜大年》将民俗传统文化、同伴友好交往、礼貌教育等融为一体，具有较强的民俗性、童趣性。故事情节设计巧妙，如给小鳄鱼变头花、给小狮子变绣球、给小斑马变毛衣……首先，巧妙地表现了这些动物的独特之处；其次，巧妙地蕴含了朋友间不仅要送礼物，更重要的是给予人文关怀；最后的省略号，给孩子们以无限遐想的空间，使故事得以扩展和延续。结合春节这一民俗资源，利用绘本使幼儿了解春节的有关习俗、学会说礼貌用语、观察春节期间喜气洋洋的环境氛围，为迎接春节做准备，引导幼儿对身边常见的事物和现象产生兴趣，让幼儿体验到过年的快乐。

二、主题目标

◎ 幼儿乐于参加丰富有趣的新年活动，了解新年的习俗，感受节日的热闹氛围。

◎ 通过新年大带小活动，幼儿有初步参与活动的愿望。

◎ 幼儿喜欢听故事、儿歌，愿意复述故事中简短的对话，并在生活中尝试使用。

◎ 幼儿能够自主选择新年活动，感受独立做事的快乐和满足，对自己有信心。

◎ 幼儿通过多种表现形式，使用各种易于操作的工具材料，进行简单装饰。

三、主题活动思路图

“热热闹闹过大年”主题活动思路图如图 4 所示。

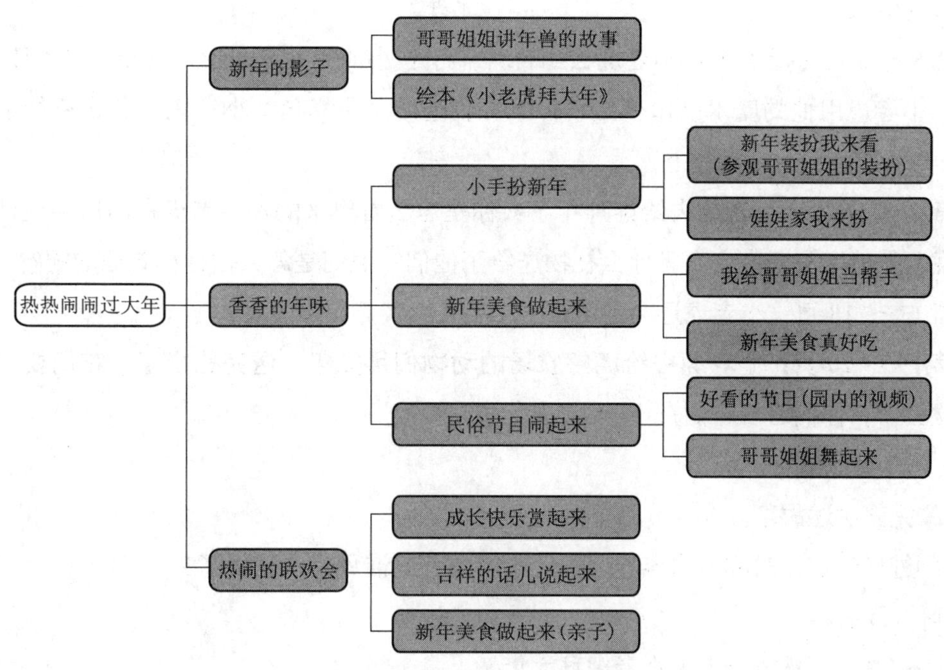

图 4　“热热闹闹过大年”主题活动思路图

四、活动举例

活动一：阅读绘本《小老虎拜大年》（第一课时）（集体活动 · 语言）

目标 1：幼儿喜欢看图书，感受《小老虎拜大年》中热闹的新年氛围。

目标 2：幼儿初步理解故事《小老虎拜大年》，简单了解新年习俗。

目标 3：幼儿在老师的带领下，能根据画面内容大胆表达。

准　备：物质准备：PPT、故事录音；经验准备：幼儿玩过“娃娃家”角色游戏。

过　程：

（一）开始部分

出示封面和环衬，引出故事人物。

老师：封面上你看到了什么？它在干什么？

（二）基本部分

师幼共读，初步理解故事内容。

第 1 ～ 2 页（重点）：虎鳄农场里都有谁？它们在做什么？

第 3 ～ 4 页：小老虎要给虎鳄农场的动物拜年了，拜年要送礼物的，小老虎的礼物是怎么来的呢？它的篮子里有个神奇的魔术围巾，小老虎拜年送的礼物都是用神奇的魔术围巾变出来的。

第 5 ～ 8 页（重点）：小老虎去给谁拜年了？小鳄鱼在干什么？小老虎在门口会说什么？小老虎用他的魔术围巾变出了什么礼物送给了小鳄鱼？小鳄鱼是怎么招待小老虎的呢？

第 9 ～ 16 页：小老虎去给谁拜年了？你是怎么看出来的？小老虎在门口会说什么？小老虎用他的魔术围巾变出了什么礼物送给了他们？他们是怎么招待小老虎的呢？

第 17 ～ 18 页：小老虎还会去给谁拜年呢？

第 19 ～ 20 页：小老虎去给虎鳄农场的动物们拜完年、送完礼物了，它们要召开新年联欢会了，你们看看它们在干什么？

（三）结束部分

1. 完整讲述故事。

2. 进一步加深对故事内容的理解：小老虎都给谁拜年送礼物了？

延伸活动：

1. 在图书区投放绘本《小老虎拜大年》。

2. 在美工区准备材料，制作《小老虎拜大年》的头饰和道具。

活动二：阅读绘本《小老虎拜大年》（第二课时）（集体活动 · 语言）

目标 1：幼儿乐意参与表演游戏，有参加戏剧性表演活动的初步愿望。

目标 2：幼儿能够口齿清楚地复述故事《小老虎拜大年》中的对话。

目标 3：幼儿能在表演游戏中模仿、表现角色的动作与表情。

准　备：物质准备：PPT、头饰、动物的家；经验准备：幼儿在图书区阅读过绘本《小老虎拜大年》。

过 程：

（一）开始部分

师幼共读，回忆故事内容。

老师：小老虎都去给谁拜年了？它都说什么了？

（二）基本部分

1. 师幼根据故事的语言及情节讨论表演时的表情和动作。

老师：小老虎去拜年的时候是什么样的心情？小动物们收到礼物又是什么样的心情？它的表情是什么样的？

2. 师幼分角色复述故事中的语言。

（三）结束部分

以情景剧的形式表演《小老虎拜大年》。

延伸活动：

1. 在美工区准备表演时需要的道具。

2. 在表演区继续表演《小老虎拜大年》。

3. 在角色区尝试说新年吉祥话。

4. 在益智区制作墙饰“我来帮助你”。

活动三：哥哥姐姐讲年兽的故事（生活活动）

目标 1：幼儿喜欢听故事，初步理解《年兽》的故事内容。

目标 2：幼儿能够当众讲话，表达自己对故事的想法。

指导建议：

1. 师幼谈论关于新年的相关经验。

2. 根据幼儿的需求，邀请大班的哥哥姐姐分享关于年的经验。

3. 大班幼儿讲述关于年兽的故事。

4. 幼儿能够根据自己对故事的理解，分享给爸爸妈妈听。

延伸活动：

1. 幼儿和爸爸妈妈收集关于年的故事，并制成自制图书。

2. 利用餐前活动与幼儿分享关于年的其他相关故事。

附故事：

有一年正是除夕，荷花村的人正要结伴上山避难，忽然从村子外面来了个要饭的老乞丐，他手里拄着拐杖，身上背着袋子，胡须很多。老乡们忙着关窗户锁门，收拾行李，有的还牵牛赶羊，谁都没注意到他。

村头有一个老婆子看到了他，给了他食物，还劝他一起上山躲避年兽，老乞丐笑着说：

"你让我在你家住一晚，我肯定帮你们把年兽弄走。"婆婆定睛一看，觉得老乞丐不是普通人。可她不放心，继续劝说老乞丐一同上山避难，乞丐笑着不说话。婆婆也没有办法，便留他在家里住着，自己上山避难去了。

半夜的时候，年兽来到村子，觉得村里和往年不一样：村头婆婆家，门口贴着大红纸，房间里还灯火通明的。年兽一抖身子，叫了一声，朝婆婆家瞪了瞪眼，扑将过去。快到院子的时候，院子里忽然传来"噼里啪啦"的响声，年兽害怕了，再不敢上前。

年兽很怕红色、火光和"噼里啪啦"的响声。这时候，门开了，院子里一位身披红袍的老人对着它大声笑。年兽吓得狼狈逃走了。

第二天，正月初一，逃难的人们回到村里，发现什么都没有发生，非常奇怪。这时候，婆婆想起了昨天的老乞丐，就告诉了乡邻们。

乡邻们一起来到婆婆家，看见婆婆家门上贴着红纸，院子里还有没烧完的竹子正"噼里啪啦"地响，屋里的红蜡烛还没有熄灭。乡邻们觉得吉祥的日子来临了，都换上了新衣新帽，到亲朋好友家道喜。这事很快就在别的村里传开，大家都知道了驱赶年兽的办法。

从此以后，每年除夕之夜，家家户户都贴红对联、放爆竹，初一早上，还走亲访友问好。这个风俗越传越广，除夕逐渐成为中国最隆重的传统节日。

活动四：我帮动物铺小路（集体活动·数学）

目标 1：幼儿愿意帮助他人，体验帮助他人的快乐。

目标 2：幼儿能够观察发现"小路"中简单的 AB 模式，愿意大胆表述排列的规律。

目标 3：幼儿尝试按照 AB 模式进行简单排序，帮助小动物铺路。

准　备：物质准备：纸箱板若干（黑色、白色）、积木块若干（蓝色、绿色）、红黄纸箱板若干（三角形、正方形）、雪花片三盒（两盒同种颜色不同形状、一盒同种形状不同颜色）、斑马家、鳄鱼家、狮子家、自主操作纸；经验准备：幼儿在一日生活中渗透过 AB 模式，看过《小老虎拜大年》自编绘本。

过　程：

（一）创设情境，激发幼儿兴趣

邀请小朋友一起去找小动物玩，要经过一段神奇的路才能到达，咱们一起去看看吧！

（二）观察小路的排列规律，进行识别和扩展

1. 引导幼儿观察鳄鱼门前的小路。

老师：这条小路都有什么颜色？是怎么铺的？

老师总结：这条小路是黑色、白色的，黑色和白色铺成的。黑色和白色是好朋友，手拉手。

2. 引导幼儿观察斑马家门前的小路，请幼儿尝试将路补充完整。

老师：这条小路怎么了？看一看前面的路是什么样子的？接下来应该放哪个形状？老师总结：这条小路是正方形、三角形的，正方形、三角形铺成的。正方形和三角形是好朋友，手拉手。

3．引导幼儿观察狮子家门前的小路，请幼儿尝试按照 AB 模式铺小路。

老师：这条路都坏了，应该怎么办？

老师介绍材料。

老师：可以怎么铺路？

老师总结：这条小路是按……铺成的。

4．走一走，说一说。

请幼儿分组沿着小路边走边说规律。

（三）尝试创造模式铺小路

幼儿尝试按照 AB 模式自主操作，给小老虎的家铺路。

（四）交流分享

1．分享铺的小路。

2．老师总结。

活动五：小手扮新年（区域活动·美工区）

目标 1：幼儿通过参观大班新年环境，感受新年的气氛，有初步的装饰愿望。

目标 2：幼儿通过剪、粘、贴、撕等游戏活动装扮“娃娃家”。

指导建议：

1．师幼谈论关于新年环境装扮的相关经验。

2．参观大班哥哥姐姐的新年环境，并了解他们的制作方法，拓展幼儿相关经验。

3．师幼讨论“娃娃家”装扮的形式和方法，并一起收集材料。

4．幼儿自主选择材料和形式进行装扮。

延伸活动：

利用区域活动继续装饰新年环境。

活动六：新年美食做起来（区域活动·娃娃家）

目标：幼儿通过观看大班哥哥姐姐做美食，感受新年的气氛，有初步参与制作的愿望。

指导建议：

1．和家长沟通了解新年美食的制作方法，并参与亲子制作。

2．师幼谈论关于新年美食制作的相关经验。

3．观看大班哥哥姐姐制作新年美食，并了解他们的制作方法，拓展幼儿相关经验。

4. 幼儿参与哥哥姐姐的制作，并做力所能及的事。

5. 幼儿和哥哥姐姐一起品尝美食。

延伸活动：

1. 在“娃娃家”制作新年美食。

2. 亲子制作美食。

活动七：民俗节目闹起来（区域活动·表演区）

目标1：幼儿通过观看民俗视频节目，了解新年的习俗，有初步的表演愿望。

目标2：幼儿通过观看哥哥姐姐的表演，能模仿简单的舞蹈动作。

指导建议：

1. 和家长沟通让幼儿了解社区的民俗活动，带幼儿观看。

2. 师幼谈论关于新年民俗活动的相关经验。

3. 观看民俗视频节目，激发幼儿的表演愿望。

4. 幼儿观看大班哥哥姐姐的民俗节目，并模仿简单的动作。

5. 收集音乐及道具，幼儿在表演区自主表演。

延伸活动：

在生活活动及过渡环节，幼儿自主表演。

活动八：“热闹联欢会”欢迎你（亲子活动）

目标1：积极参加“新年联欢会”活动，在活动中感受新年的气氛，获得愉快、丰富的情感体验。

目标2：能够主动参与活动，并乐意表现自己的本领，从中获得自信心。

准 备：物质准备：新年邀请卡、操作食材、服饰、音乐等；经验准备：老师和家长沟通了作为“观众”应注意的事项，以及如何支持孩子的活动顺利进行。

过 程：

（一）活动准备

1. 和幼儿及家委会成员商讨“新年联欢会”的场地布置及活动内容。

2. 收集相关材料。

（二）活动开始

1. 欢迎家长进园，幼儿引导员指引家长签到，到指定场地就座。

2. 主持人宣布活动开始。

老师对活动开展的整体情况进行介绍。

（1）幼儿本领展示（自理类、知识类、能力类）。

（2）情景剧表演《新年吉祥话》。

（3）亲子做新年美食。

（三）活动结束

1. 请家长代表发言，谈一谈自己参加活动的感受，重点对幼儿的表现进行鼓励。

2. 主持人致谢，感谢家长对活动的支持。

3. 合影留念。

延伸活动：

1. 幼儿将自己在幼儿园学到的本领向家人展示。

2. 幼儿向亲戚朋友说新年吉祥话。

3. 收集过新年的照片与幼儿分享。

附《小老虎拜大年》绘本剧剧本：

音乐《新年好》入场

小老虎1：哎呀，快点快点。（小老虎跑上台冲另一只小老虎一边摆手一边说）

小老虎2：来了来了。

小老虎1：我们还要赶着去给好朋友们拜年呢。（站在台中间）

小老虎2：咱们准备的礼物带好了吗？

小老虎1：早就带好了，我们赶快出发吧。

小老虎2：那我们先去给谁拜年呢？

小老虎1：我们先去小鳄鱼家吧。

小老虎2：好的。（手拉手一起走）

音乐《新年好》串场

小老虎1、2：叮铃铃、叮铃铃。

小鳄鱼：谁呀？

小老虎1、2：我是小老虎。

小鳄鱼：是小老虎呀。（从家里走到外面说）

小老虎1、2：小鳄鱼，你好呀，我来给你拜年啦（作揖手势）！送你一朵大头花，祝你在新的一年越来越美丽。

小鳄鱼：哇！我带头花最漂亮了，谢谢你小老虎。（作揖手势）

小老虎1、2：不客气。

小老虎2：接下来我们去给谁拜年呢？

小老虎1：我们一起去小狮子家拜年吧。

小老虎2、小鳄鱼一起说：好呀好呀（拍手）！

音乐《新年好》串场

小老虎 1、2：叮铃铃、叮铃铃。

小狮子：谁呀？

小老虎 1、2：我是小老虎。

小狮子：是小老虎呀。（从家里走到外面说）

小老虎 1、2：小狮子，你好呀，我来给你拜年啦（作揖手势）！送你一个大绣球，祝你在新的一年里锻炼出一个好身体。

小狮子：哇！我最喜欢玩绣球了，谢谢你小老虎。（作揖手势）

小老虎 1、2：不客气。

小老虎 2：接下来我们去给谁拜年呢？

小老虎 1：我们一起去小斑马家拜年吧！

小老虎 2、小狮子、小鳄鱼一起说：好呀好呀（拍手）！

音乐《新年好》串场

小老虎 1、2：叮铃铃、叮铃铃。

小斑马：谁呀？

小老虎 1、2：我是小老虎。

小斑马：是小老虎呀。（从家里走到外面说）

小老虎 1、2：小斑马，你好呀，我来给你拜年啦（作揖手势）！送你一件大毛衣，祝你在新的一年里保护好身体。

小斑马：哇！好温暖的毛衣呀，谢谢你小老虎。（作揖手势）

小老虎 1、2：不客气。

小老虎 2：接下来我们去给所有的小朋友拜年吧！

小老虎 1、小狮子、小鳄鱼、小斑马一起说：好呀好呀（拍手）！

小老虎 2：那我们去拿礼物吧。

小老虎 1、小狮子、小鳄鱼、小斑马一起说：好呀好呀（拍手）！

音乐《恭喜恭喜》合唱（在台前站一排）

合：祝大家新年快乐！（作揖手势）（挥手下场）

节气主题活动之“小虫子睡醒了”

3月

梁琪　陈爱平

一、节气分析

惊蛰是二十四节气中的第 3 个节气，标志着仲春卯月的开始。“惊蛰”的意思是天气回暖、春雷始鸣，惊醒蛰伏于地下冬眠的昆虫。作为全年气温回升最快的节气，此时早已是一派融融春光，日照时数也有了明显的增加。“卯”是指万物从地下冒出的意思，即草木都从地下面冒出为卯，因此卯代表着生命力，代表着生机，所以二月也是能量迸发的月份，一年春耕由此开始。幼儿园的小菜园在这个节气也开始播种了，老师们和幼儿一起收集适宜种植的种子，开展翻土、种植、照顾等一系列活动，并邀请有种植经验的爷爷奶奶前来参加。小班幼儿非常喜欢小虫子，利用这个节气开展户外活动，引导幼儿寻找、观察、照顾小虫子，并以小虫子开展主题活动。

二、主题目标

◎ 幼儿感受惊蛰的节气特点，喜欢接触大自然，对周围的小虫子感兴趣。

◎ 幼儿观察、发现惊蛰节气动物、植物的明显变化。

◎ 幼儿会看画面，能根据画面说出图中有什么，发生了什么事等。

◎ 幼儿喜欢听故事、看图书，愿意表达自己的需求和想法。

◎ 幼儿能够用涂涂画画、粘粘贴贴等方式，表现身边的小虫子。

◎ 幼儿喜欢参加体育游戏，能够在游戏中锻炼和发展自己的协调性。

三、主题活动思路图

“小虫子睡醒了”主题活动思路图如图 5 所示。

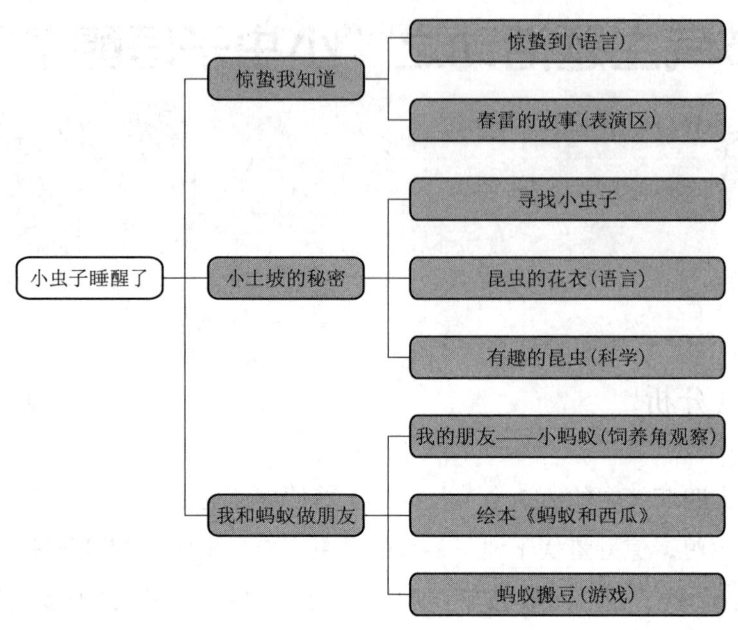

图 5　“小虫子睡醒了”主题活动思路图

四、活动举例

活动一：惊蛰到（集体活动·语言）

目标 1：幼儿喜欢听故事，有勤洗手、多吃水果的意识。

目标 2：幼儿了解惊蛰打春雷、吃梨、动物昆虫都开始出来活动的特点。

目标 3：幼儿愿意表达自己对故事内容的理解，尝试猜想故事的发展。

准　备：物质准备：《惊蛰》PPT，打雷的音频；经验准备：幼儿听过雷声。

过　程：

（一）创设情境，导入惊蛰

播放森林的图片，提问：这是哪里？你看到了什么？森林里少了谁？

森林里静悄悄的，原来小动物和小虫子们都在睡觉呢。等到惊蛰这一天，它们才会醒来。

（二）理解故事内容，了解惊蛰节气的特点

1. 知道惊蛰打雷是为了唤醒动物、昆虫。

老师：你听到了什么声音？为什么打雷？

2. 欣赏故事，了解小蚂蚁的生活环境。

播放 PPT，提问：小蚂蚁的家在哪儿？谁的家也在地洞里？为什么要戴口罩？

3．认识瓢虫、蜘蛛及其生活环境。

老师：瓢虫长什么样子？生活在哪儿？蜘蛛长什么样子？生活在哪儿？

4．认识蚜虫，知道出门回家要洗手。

老师：蚜虫长什么样子？它为什么生病了？怎么可以预防疾病？

5．知道惊蛰要吃梨的原因。

老师：水果架上是什么水果？惊蛰为何要吃梨？请你想一想剩下的梨还能做什么？

（三）回顾故事，总结惊蛰节气的特点

老师：惊蛰这一天都发生了什么？

延伸活动：

1．美工区：鼓励幼儿画出自己对梨的猜想。

2．表演区：根据故事内容改编《春雷的故事》，并在幼儿区表演。

附故事内容：

“轰隆隆——轰隆隆——”惊蛰的雷声响起来了！躲在地洞中的小动物们听见了，可开心了。“妈妈妈妈，天气终于要变暖了，我们终于可以到外面去看看了！”小蚂蚁开心地对妈妈说。“惊蛰节气是传染病高发的季节，为了身体健康，我们一定要把口罩戴得好好的！”蚂蚁妈妈说。爬出洞口，小蚂蚁发现春雨已经停了。穿过一片返青的麦田不久，它们就遇到了趴在枯叶上晒太阳的瓢虫妈妈和小瓢虫，蚂蚁妈妈说：“我们刚刚经过一片麦田，看到那里有很多麦芽虫卵，足够把小瓢虫吃得壮壮的，那样它就不容易得传染病了！”

小蚂蚁和妈妈爬上一棵大树，看到树枝长出了许多嫩绿的芽孢，小蚂蚁高兴地跑向树梢儿。突然，妈妈紧紧拉住小蚂蚁：“小心！蜘蛛也睡醒了！你看，它已经结好了网等着小虫子们呢！”小蚂蚁吓了一跳，说道：“那咱们还是快离开这里吧！”

它们走过了蚜虫家的洞口，这里竟然停着一辆救护车——小蚜虫生病了，蚜虫妈妈找来了医生，带小蚜虫去医院。原来是小蚜虫出去玩，回到家里没有认真洗手，所以得了胃肠道病。小蚂蚁对妈妈说：“妈妈，一会儿回家我们俩都要认真洗洗手。”蚂蚁妈妈点点头说道：“洗完手我们还要吃水果，多吃水果才能不生病！”小蚂蚁点点头：“那我们快去水果店看看吧！”

小蚂蚁和妈妈来到了小熊水果店，小熊水果店里的雪花梨摆满了货架。小熊老板喊道：“惊蛰吃梨啦！快来买梨啦！”小蚂蚁问妈妈：“为什么小熊老板说惊蛰要吃梨？”妈妈告诉小蚂蚁：“吃梨不咳嗽，春天吃梨不上火，不生病！”小蚂蚁点点头，说道：“哦，那我们也吃梨吧！”这时候一只小蠕虫悄悄地爬上一个大雪花梨，雪花梨“噗通”掉了下来，小虫子招呼小蚂蚁和妈妈说：“这个梨这么大，我们一起吃吧！”于是，小蚂蚁、蚂蚁妈妈和小蠕虫一起把雪花梨推回了家，认真地把手洗干净。蚂蚁妈妈把雪花梨炖成梨汤，大家一起分享起来。小蚂蚁看着剩下的梨，问道："除了梨汤，梨还有哪些做法呢？"

活动二：寻找小虫子（户外活动·实践）

目标1：幼儿能积极参与寻找小虫子的活动，激发其探索大自然的兴趣。

目标2：幼儿指认自己认识的昆虫和昆虫的家，愿意将自己的发现与同伴交流。

指导建议：

1. 老师利用集体活动、过渡环节向幼儿介绍惊蛰时昆虫开始活动的节气特点。

2. 和幼儿交流见过的昆虫及昆虫生活的环境。

3. 老师带领幼儿到幼儿园的小土坡寻找小虫子，观察小虫子的生活环境。

4. 幼儿交流自己的发现，记录小虫子的家。

5. 集体讨论：小土坡有哪些小虫子？小虫子的家在哪儿？

6. 在户外活动时，引导幼儿继续观察小虫子。

延伸活动：

1. 家长和孩子一起查找有关昆虫的图片、图书等资料，引导孩子获得各种有关昆虫的知识。

2. 带孩子到大自然中去寻找昆虫、捕捉昆虫，知道树木或朽木上、水边及水草阴面、石头下、草丛里、落叶下均可能是昆虫生活的地方。

活动三：昆虫的花衣（集体活动·语言）

目标1：幼儿感受昆虫颜色的多样性，激发其探究大自然的兴趣。

目标2：幼儿了解常见的昆虫及其颜色。

目标3：幼儿能用简单的语言描述自己的发现。

准　备：物质准备：图书《颜色在哪里——昆虫》、昆虫图片，可涂色的蚂蚁、瓢虫、蝴蝶、蜻蜓等昆虫图画若干；经验准备：幼儿观察过小土坡的昆虫。

过　程：

（一）导入部分

出示一张幼儿熟悉的昆虫图片。

老师：看看它是谁？它长什么样子？它是什么颜色的？

（二）基本部分

1. 认识昆虫。

打开图书《颜色在哪里——昆虫》，请幼儿观察有什么昆虫以及它的颜色。（引导幼儿用颜色形容见到的昆虫）

老师出示图片，请幼儿在自己的图书上找到它的位置，然后告诉幼儿它的名称。

2. 开心游戏。

（1）老师出示昆虫图片，请幼儿说出它的名称及颜色。

（2）老师说昆虫的名字，请幼儿找到这个昆虫，并说说它的颜色。

3. 快乐涂鸦。

将昆虫图片发放给幼儿，请幼儿给昆虫涂上颜色。

（三）结束部分

请幼儿互相欣赏和介绍作品。

延伸活动：

1. 图书区：投放制作好的昆虫图册供幼儿翻阅，引导幼儿简单描述昆虫。

2. 美工区：投放各种昆虫的图片，用多种方式装饰。

活动四：阅读绘本《蚂蚁和西瓜》（集体活动·语言）

目标 1：幼儿对故事内容感兴趣，感受故事活泼快乐的情趣。

目标 2：幼儿感受小蚂蚁聪明、爱动脑筋的优点。

目标 3：幼儿观察图片，倾听故事，理解故事内容。

准　备：物质准备：绘本《蚂蚁和西瓜》，绘本 PPT（呈现书的全部内容）；经验准备：幼儿有观察蚂蚁的经验。

过　程：

（一）调动幼儿已有经验

1. 出示西瓜部分的图片，引导幼儿观察画面并根据部分特征加以猜测，后出示完整画面。

老师：这个西瓜长得什么样？

2. 念“切西瓜”的儿歌，帮助幼儿了解西瓜切开后的形态特征。

一整个西瓜切一刀，变成半个西瓜；半个西瓜切一刀，变成一片西瓜。

老师：切开的西瓜又是什么样？

（二）阅读绘本，学习动词

1. 播放 PPT，比较西瓜和蚂蚁的大小。

老师：西瓜甜甜的香味把谁给引来了？蚂蚁和西瓜在一起，比比谁大谁小？蚂蚁看到西瓜会怎样呢？

2. 引导幼儿有序地观察画面并讲述，学习动词“推”。

引导语：这么大一片西瓜，小蚂蚁可吃不完，它们想把它搬回家，看看它们是怎么搬的？它们成功了吗？我们来帮小蚂蚁想想办法吧！

3. 学习动词“撬”“铲”“背”“抱”。

老师：它们想了什么好办法？是怎么做的？最后有没有把西瓜搬回家？西瓜肉全都搬回家，那会剩下什么？西瓜皮有什么用？蚂蚁用西瓜皮做了什么？你从哪里发现的？

（三）加入动作，完整欣赏故事

完整欣赏故事，过程中可引导学做推、铲、抱、背、撬等动作。

延伸活动：

1. 美工区：用多种形式装饰、制作小蚂蚁和西瓜，如彩泥、水彩、手指点画等。

2. 图书区：用幼儿制作的蚂蚁、西瓜作为讲故事的道具。

活动五：我的朋友——小蚂蚁（生活活动）

目标 1：幼儿学习照料小蚂蚁，观察它们的变化，感受它们成长的过程。

目标 2：幼儿了解蚂蚁的外形特征、生活习性等。

指导建议：

1. 老师利用过渡环节向幼儿介绍小蚂蚁，引导幼儿观察小蚂蚁的样子。可以引导幼儿数一数小蚂蚁的数量。

2. 老师和幼儿讨论怎样照顾小蚂蚁，多久喂一次食，一次喂多少。

3. 制作公约牌，引导幼儿按照约定照顾小蚂蚁。

4. 引导幼儿连续观察、照顾小蚂蚁，发现小蚂蚁的变化。可以引导幼儿数一数小蚂蚁有几条腿，几个触角。

5. 在早来园或过渡环节，鼓励幼儿和同伴交流自己发现的小蚂蚁的变化。

延伸活动：

家园共育，请家长与孩子一起饲养昆虫，引导幼儿持之以恒、细心照料它们。一段时间后，带着孩子将昆虫放归大自然，培养孩子关爱小动物的情感。

生活主题活动之“我和蜗牛做朋友”

6月 第1周—第4周

绘本《小蜗牛去散步》	杜寅

一、绘本分析

（一）语言分析

《小蜗牛去散步》以幼儿园中的小蜗牛为主人公，讲述了小蜗牛在散步时发现食物后发生的有趣故事。小班幼儿已经能听懂日常生活用语，会向别人表达自己基本的想法和要求，对词义的理解比较表面化和具体化。故事篇幅短小，朗朗上口，段落上，以简单的重复句式为主，例如“好饿的牛牛慢吞吞地爬啊爬去散步，爬到了……发现了……”“牛牛突然觉得肚子疼，它留下来……的便便离开了”，有利于幼儿模仿学习。文字上，象声词“啊呜”、动词“慢吞吞”“爬啊爬”能够激发幼儿的学习兴趣，幼儿模仿时可以增加故事的趣味性。

（二）画面分析

《小蜗牛去散步》一书采用幼儿喜欢的创作手法（拓印、粘贴）创编，利用幼儿常见的花草树木、日月星空等大自然中美的事物，以浓烈的黄褐色为绘本的基本色调，利用不同材料蘸取广告色，进行拓印、剪、粘贴等创作。绘本主体色彩简单、形象鲜明、动态各异，如小蜗牛发现食物后伸长脖子想要吃，离开时回头看自己便便，动作可爱，富有情趣；故事情节简单、有趣、直观，让幼儿能够通过看画面，说出图中有什么，发生了什么事情。小蜗牛留下的便便线条各异，如直线、曲线、折线，增加了画面的趣味性。

（三）主旨分析

《小蜗牛去散步》是一本科普绘本，意在激发幼儿对自然现象的兴趣，培养幼儿乐于探索的良好品质。该绘本来自幼儿的生活，表现了蜗牛的饮食与便便的颜色之间的关系，充满了趣味性，结尾的问题留白，给幼儿留下了想象的空间——牛牛又会拉出什么样的便便，这跟小班孩子的生活经验、认知特点、思维特点完全匹配。

二、主题目标

◎ 幼儿积极运用多种感官感知、发现蜗牛的明显特征，对其产生兴趣与探究的愿望。

◎ 幼儿愿意用语言与别人交往，能用语言和非语言形式表达自己的想法。

◎ 幼儿喜欢听故事、儿歌，理解其大意，愿意讲述画面中感兴趣的内容。

◎ 幼儿在游戏中观察、模仿与表现蜗牛的动作，有参与绘本表演活动的愿望。

◎ 幼儿喜欢承担照顾小蜗牛的小任务，感受活动的快乐和满足。

◎ 幼儿运用简单的图形和喜欢的颜色大胆进行表现并制作蜗牛。

三、主题活动思路图

“我和蜗牛做朋友”主题活动思路图如图 6 所示。

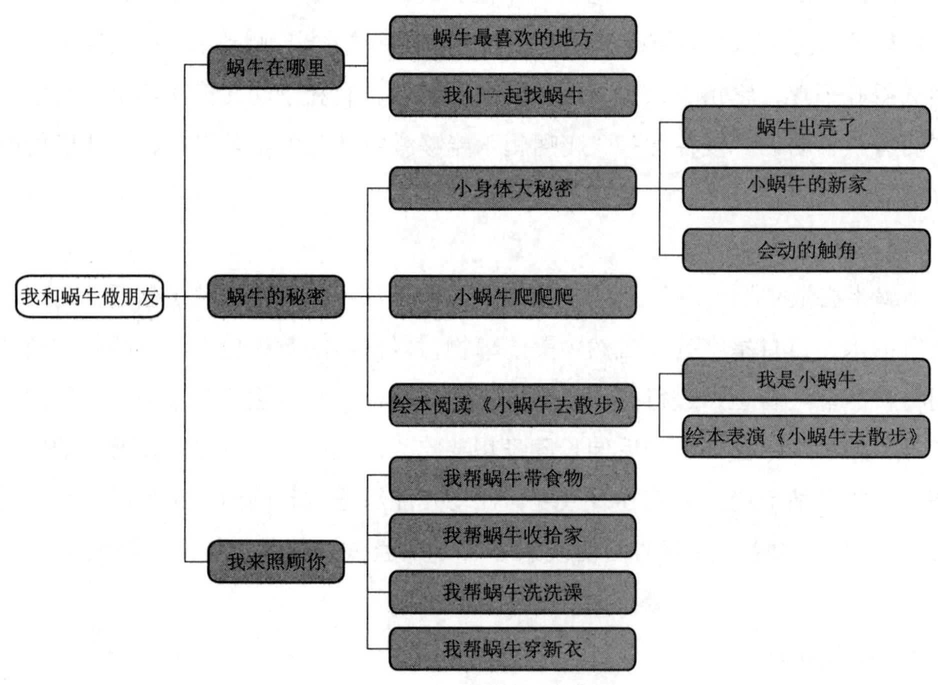

图 6 “我和蜗牛做朋友”主题活动思路图

四、活动举例

活动一：蜗牛最喜欢的地方（生活活动）

目标 1：幼儿愿意用简短的语言表达自己的想法。

目标 2：幼儿初步了解蜗牛喜欢雨天、潮湿等天气环境。

指导建议：

1. 老师以猜谜语的方式引出蜗牛，激发幼儿参与活动的兴趣。（谜语：没有脚，没有手，背上房子到处走，有谁把它碰一碰，赶紧躲进房里头）

2. 老师和幼儿聊一聊蜗牛最喜欢的地方，鼓励幼儿大胆猜想。

3. 老师播放关于蜗牛的相关视频，从视频中引导幼儿说一说蜗牛最喜欢的地方。

延伸活动：

1. 家园共育，为幼儿播放更多关于蜗牛的小视频，让幼儿进一步了解蜗牛的生活习性。

2. 收集幼儿寻找蜗牛时的照片，做成自制图书，供幼儿欣赏交流。

活动二：寻找我的蜗牛朋友（生活活动）

目标 1：幼儿对小蜗牛感兴趣，积极主动参与寻找蜗牛的活动。

目标 2：幼儿爱护小蜗牛，感受找到小蜗牛的快乐与成功。

指导建议：

1. 老师在活动前和幼儿聊一聊寻找到蜗牛后将蜗牛放在什么地方，请幼儿收集适宜的器皿。

2. 老师利用户外活动、餐后散步等环节带领幼儿到户外潮湿的地方寻找蜗牛。

3. 老师在幼儿寻找蜗牛的过程中引导幼儿要爱护小蜗牛，怎么才能不伤害到它们。

4. 老师将寻找到的蜗牛送到新家中，引导幼儿学会轮流观察。

5 当幼儿在寻找过程中遇到困难时，老师要鼓励幼儿大胆表达自己的需要。

延伸活动：

家园合作，请家长与幼儿一起在家周围寻找蜗牛，找到后可以带到幼儿园和同伴一起观察，并为自己的小蜗牛起名字、做标记，方便幼儿今后照顾。

活动三：小身体大秘密（集体活动·科学）

目标 1：幼儿喜欢小蜗牛，萌发对蜗牛的探究欲望。

目标 2：幼儿通过仔细观察小蜗牛，初步了解其明显的外形特征和生活习性。

目标 3：幼儿在交流中能用简短的语言表达自己的想法。

准　备：物质准备：蜗牛的图片、视频；经验准备：幼儿认识蜗牛，在户外或家中寻找过蜗牛。

过　程：

（一）谈话导入，激发幼儿兴趣

老师：咱们班前几天来了新的动物朋友，它是谁？蜗牛虽然很小，但是它有很多的秘密，我们一起来看一看。

（二）出示图片，认识蜗牛的外形特征

1. 老师：蜗牛的身体是什么样子的？它的头上有什么？碰到时会发生什么？它的眼睛在哪里？

2. 老师对蜗牛的外形特征进行小结。

（三）出示视频，了解蜗牛的生活习性

1. 蜗牛喜欢的地方。

老师：你们从什么地方找到的蜗牛？它最喜欢待在什么地方？最喜欢什么天气？

2. 蜗牛爬行。

老师：蜗牛有脚吗？它是怎么走路的？蜗牛走过的地方会留下什么？

3. 老师对蜗牛的生活习性进行小结。

（四）延伸区域活动：激发幼儿保护小蜗牛的愿望

延伸活动：

1. 家园共育，请家长在家里和幼儿一起收集关于小蜗牛的知识，可以和同伴分享。

2. 自然角：可投放田螺的壳、放大镜等材料，让幼儿将蜗牛与其进行对比。

3. 美工区：可以多种方式制作小蜗牛，如画螺旋线、剪螺旋线、彩泥制作、纸盘制作等。

4. 请幼儿与家长共同收集关于蜗牛的小故事，可制成自制图书，带到幼儿园与同伴分享。

活动四：小蜗牛爬爬爬（户外活动·健康）

目标 1：幼儿喜欢参与小蜗牛爬行的游戏，体验游戏的快乐。

目标 2：幼儿在双手双膝着地向前爬时能平稳地控制自己的身体。

准　备：物质准备：宽敞的场地、拱形门上装饰成葡萄架、垫子、蜗牛妈妈头饰、蜗牛宝宝头饰、《蜗牛与黄鹂鸟》音乐；经验准备：幼儿在户外参与过爬行的游戏，会说《小蜗牛》自编儿歌。

过　程：

（一）准备活动

老师带领幼儿跟随《蜗牛与黄鹂鸟》的音乐做准备活动。

（二）小蜗牛爬爬爬游戏

1. 老师带领幼儿复习自编儿歌《小蜗牛》。

儿歌：我是一只小蜗牛，背着房子去散步，爬到一架葡萄下，甜甜的葡萄真美味，请你快来尝一尝。

2. 老师介绍游戏规则。

老师扮演小蜗牛妈妈，幼儿扮演小蜗牛宝宝，宝宝和妈妈要出去散步，尝试用双手双膝着地的方法向前爬行，边爬边说儿歌，说完儿歌后来到拱形门处尝一尝葡萄。

3. 老师小结，重点强调爬的动作，增加游戏难度，再次游戏。

（三）放松活动

跟随《蜗牛与黄鹂鸟》音乐做放松运动。

延伸活动：

1. 在以后的爬行活动中，老师可随幼儿的动作发展情况调整拱形的高度，适当增加游戏规则，如爬行时不能碰到拱形门或拱形门上的物品等。在幼儿学会双手双膝着地向前爬行动作后，老师可鼓励幼儿自由探索多种爬行方式，并与同伴进行分享，使之积累更多的爬行方式。

2. 老师结合小蜗牛的爬行动作，延伸出其他爬行动物的动作，鼓励幼儿模仿。

3. 家园共育，引导家长和幼儿在家做一些爬行游戏，以发展幼儿在爬行过程中保持身体平衡的能力。

活动五：阅读绘本《小蜗牛去散步》（集体活动·语言）

目标 1：幼儿喜欢看图书，感受《小蜗牛去散步》绘本的趣味性。

目标 2：幼儿初步理解故事内容，感知小蜗牛吃的食物与便便的关系。

目标 3：在老师的带领下，幼儿能根据画面内容大胆表达。

准　备：物质准备：《小蜗牛去散步》PPT、故事录音、故事中的蔬菜水果图片及相应颜色的便便图片；经验准备：幼儿观察过小蜗牛。

过　程：

（一）出示封面，激发兴趣

1. 老师出示绘本封面后提问：这是谁？猜一猜它要去做什么？

2. 老师介绍书名、园标、图文作者。

（二）师幼共读，理解故事内容

1. 老师依次出示第 1 ～ 4 页：这是什么地方？小蜗牛散步的时候发现了什么？它会怎么做？结果会怎么样？它的便便是什么样子的？

2. 老师依次出示第 5 ～ 12 页：小蜗牛发现了什么？会发生什么事情？它的便便变成了什么样子？

3. 老师出示第 13 ～ 16 页：小蜗牛这次发现了什么？它吃了橙色的柿子后会发生什么事情？它的便便又是什么样子的呢？想一想，猜一猜。

4. 老师小结，使幼儿理解食物与便便的关系。

（三）完整讲述，自然结束

延伸活动：

1. 将绘本故事投放到图书区，以便幼儿能够自主阅读，同时，可在图书区创设互动墙饰，以小蜗牛去散步为背景，将食物、便便的图片压膜，为幼儿创设一个可自由插摆的机会，便于幼儿进一步理解小蜗牛吃什么颜色的食物就会拉什么颜色的便便。

2. 可在表演区投放《小蜗牛去散步》绘本中的角色头饰、道具，使幼儿在理解故事内容的基础上尝试进行角色表演，加深对故事的认识，体会表演游戏的快乐。

3. 在自然角饲养小蜗牛时，为幼儿投放放大镜等工具，引导幼儿观察小蜗牛的便便是什么样子的，进一步了解蜗牛的生活习性。

4. 家园共育，鼓励幼儿将好听的故事内容讲给爸爸妈妈听，家长可以和幼儿一起讨论小蜗牛还会发现什么好吃的食物，对故事进行续编。

5. 通过故事内容，引导幼儿要注意饮食健康，好吃的东西也不能多吃，可在班级健康板上创设有关健康饮食的氛围，或邀请园内保健医进班为幼儿讲解一些关乎合理饮食的内容，提升幼儿对健康的认识。

6. 以小蜗牛的便便为起点，引导幼儿观察自己的便便与食物、水的关系，鼓励幼儿要多喝白开水、多吃健康的食物，同时提高幼儿的自理能力，如便便纸用多少，擦屁屁的方法，等等。

活动六：我是小蜗牛（集体活动·科学）

目标 1：幼儿乐意参与科学活动，在活动中体验小蜗牛去散步的快乐。

目标 2：幼儿知道小蜗牛吃什么颜色的食物就拉什么颜色的便便。

目标 3：幼儿能按小蜗牛吃食物的颜色（红、紫、绿、黄）对应便便的颜色。

准　备：物质准备：《小蜗牛去散步》PPT、蜗牛头饰、水彩笔、白纸、各种蔬菜水果图片；经验准备：幼儿听过《小蜗牛去散步》绘本故事，认识各种颜色。

过　程：

（一）故事导入，激发幼儿兴趣

1. 老师播放 PPT，讲述《小蜗牛去散步》的故事。

2. 师幼回忆故事内容。

老师：小蜗牛都吃了什么？拉出了什么颜色的便便？小蜗牛吃完了柿子，它拉出什么颜色的便便？

（二）游戏《小蜗牛去散步》

1. 老师讲解游戏规则。

幼儿头戴蜗牛头饰扮演小蜗牛，场地周围放置不同的蔬菜水果图片。小蜗牛去散步时，可以选择自己喜欢的蔬菜或水果图片品尝，品尝后拉出相对应颜色的便便。

2. 老师小结，增加游戏难度。

老师针对幼儿第一次游戏时出现的问题进行总结提升，增加游戏规则，如尝试说出“我吃了……拉出来……颜色的便便”。

（三）分享交流

小蜗牛吃什么了？拉出什么颜色的便便了？尝试用“我吃了……拉出来……颜色的便便”的句式说一说。

延伸活动：

1. 可在生活环节或户外活动散步环节多次进行这一游戏，并不断增加游戏的难度，尝试变换提问的方法，如“小蜗牛拉出了红色的便便，它会吃了什么食物呢？”通过这种方式，不断增加幼儿对食物与颜色的对应关系的认识。尝试让幼儿自主为小蜗牛制作单一颜色的食物，可将幼儿制作的食物运用到游戏中。

2. 老师带领幼儿观察故事中小蜗牛便便的形状，例如是直线还是折线等，丰富幼儿对线条的认识。可在美工区投放多种简单线条，让幼儿进行剪纸活动。

3. 家园共育，请幼儿在家观察自己便便的颜色与食物的关系。

活动七：表演绘本《小蜗牛去散步》（区域活动·表演区）

目标1：幼儿喜欢参与表演游戏，体验模仿的快乐。

目标2：幼儿初步了解表演的规则，尝试模仿小蜗牛的动作和语言。

指导建议：

1. 老师可在游戏前带领幼儿观看原有的视频资料，帮助幼儿进一步理解绘本故事的内容。

2. 表演时，可让所有的幼儿共同扮演小蜗牛，表现小蜗牛的动作、语言及表情。在充分挖掘小蜗牛的角色后，可继续全体扮演其他的角色，如草莓、茄子、黄瓜等蔬菜水果。对每一个角色分别进行分析并加以表现，使之达到更好的效果。

3. 老师在指导幼儿游戏时，可用语言进行引导，例如，小蜗牛在吃蔬菜水果时，这些蔬菜水果宝宝的表情是什么样子的？当幼儿表现较差时，老师可用动作加以引导。

4. 在表演前，老师要带领幼儿分析绘本故事发生的先后顺序，如第一个吃了什么，第二个吃了什么，要让幼儿初步了解表演的规则。鼓励幼儿认真观看同伴表演，这样才能明白自己什么时候该上场表演。

5. 幼儿根据自己的喜好自选角色尝试表演，可分片段进行。幼儿表演时，老师尽量不要打断，表演后要及时鼓励。最后提出问题，帮助幼儿更好的改进。

6. 当幼儿明确表演的顺序、动作、表情及语言后，可加入音乐。

7. 幼儿在表演时，老师要注意幼儿的站位情况，可以在活动室设置小舞台，以达到更好的表演效果，使幼儿在表演中感受到快乐。

延伸活动：

1. 可利用过渡环节或早来园环节，多次为幼儿播放原有的视频资料，帮助幼儿更好地了解角色。

2. 鼓励幼儿在家时和爸爸妈妈一起表演绘本，以便更好地理解故事内容。

3. 老师可以将幼儿表演的场景拍摄成视频，让幼儿在表演后观看，帮助幼儿树立自信心，体会到表演的快乐。

活动八：我帮蜗牛带食物（生活活动）

目标 1：幼儿愿意和同伴一起照顾小蜗牛。

目标 2：幼儿喜欢参与照顾小蜗牛的活动，初步获得成功感和快乐。

目标 3：幼儿能帮助小动物收集各种各样的食物。

指导建议：

1. 老师在活动前和幼儿一起聊一聊小蜗牛喜欢吃的食物，鼓励幼儿大胆猜想。

2. 老师为幼儿布置小任务，回家后和爸爸妈妈一起讨论、收集小蜗牛爱吃的食物，并带到幼儿园。

3. 老师和孩子们一起进行实验，如幼儿带来黄瓜、白菜、玉米、青草等食物，分别放在不同的小蜗牛面前，引导幼儿主动观察小蜗牛的进食情况，进一步讨论蜗牛爱吃的食物。

4. 老师引导幼儿自己总结蜗牛爱吃什么，使其在今后照顾蜗牛的活动中能够根据蜗牛的喜好为蜗牛收集食物。

延伸活动：

1. 家园共育，请家长协助幼儿收集蜗牛爱吃的食物并带到幼儿园，方便幼儿对蜗牛加以照顾。

2. 老师可以和幼儿一起讨论照顾蜗牛的好方法都有哪些，怎么样才能让蜗牛更好地生活，进而可延伸出“我帮蜗牛收拾家”“我帮蜗牛洗洗澡”等活动，让幼儿进一步了解蜗牛的生活习性，从而体会到照顾和爱护小动物的快乐。

3. 当幼儿发现小蜗牛非常孤单时，老师可以引导幼儿讨论蜗牛的朋友，鼓励幼儿寻找蜗牛的朋友，例如将蜗牛放到自然角进行饲养，或带着小蜗牛出去“散步”找朋友，等等。

活动九：漂亮的小蜗牛（区域活动·美工区）

目标 1：幼儿喜欢参加绘画活动，体验绘画的快乐。

目标 2：幼儿学习用螺旋线的方法表现小蜗牛的基本特征。

目标 3：幼儿尝试运用自己喜欢的颜色和图形装饰小蜗牛的壳。

指导建议：

1．老师出示蜗牛的图片，带领幼儿观察小蜗牛的基本特征，介绍小蜗牛的身体结构。

2．老师介绍小蜗牛壳的线条及画法。

3．老师为不同层次的幼儿提供不同的材料，如半成品小蜗牛的简笔画、空白纸，引导能力较弱的幼儿直接对半成品的小蜗牛简笔画进行装饰，引导能力强的幼儿尝试自主画小蜗牛，老师则在幼儿绘画过程中注意指导。

4．分享交流幼儿作品，帮助幼儿提升对螺旋线的认识及装饰的技能。

延伸活动：

1．老师可在美工区带领幼儿开展各种手工活动，制作蜗牛，引导幼儿收集一些废旧材料，如一次性纸盘、各种果壳等。

2．老师可在美工区布置互动墙饰展示幼儿的蜗牛作品，幼儿在欣赏同伴作品的同时往往能够激发更多参与活动的愿望，增强幼儿的自信心。

附《小蜗牛去散步》绘本剧剧本：

蔬菜姐姐：蔬菜宝宝们，快来快来，和蔬菜姐姐一起做运动啦！

集体：来啦来啦！（挥手跑上舞台）

小蜗牛：今天的天气真好呀，我要出去散散步！

小蜗牛：哇！前面有一堆茄子。

茄子：（出来唱歌跳舞）大茄子，圆又长，身上穿着紫衣裳；大茄子，有营养，小朋友吃了身体壮。

小蜗牛：（用鼻子闻一闻）好香呀！我要吃掉它。啊呜！啊呜！（表演吃的动作）

小蜗牛：（擦嘴）真好吃！

小蜗牛：（趴到地上）哎哟，我的肚子好疼呀！（做拉便便的动作，注意肚子疼的表情）

集体：小蜗牛拉出了紫色的便便。

小蜗牛：我的肚子舒服多啦，我要继续去散步。

小蜗牛：哇！前面有一堆白菜。

白菜：大白菜，身子白，绿色帽子头上戴，宝宝最爱吃白菜，身体健康人人爱。

小蜗牛：（用鼻子闻一闻）好香呀！我要吃掉它。啊呜！啊呜！（表演吃的动作）

小蜗牛：（擦嘴）真好吃！

小蜗牛：（趴到地上）哎哟，我的肚子好疼呀！（做拉便便的动作，注意肚子疼的表情）

集体：小蜗牛拉出了白色的便便。

小蜗牛：我的肚子舒服多啦，我要继续去散步。

小蜗牛：哇！前面有一堆胡萝卜。

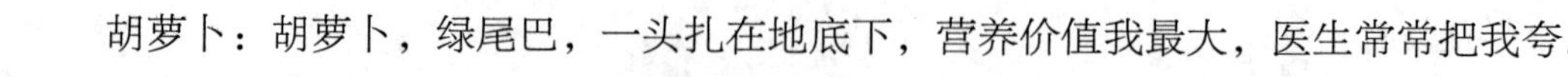
胡萝卜：胡萝卜，绿尾巴，一头扎在地底下，营养价值我最大，医生常常把我夸。

小蜗牛：（用鼻子闻一闻）好香呀！我要吃掉它。啊呜！啊呜！（表演吃的动作）

小蜗牛：（擦嘴）真好吃！

小蜗牛：（趴到地上）哎呦，我的肚子好疼呀！（做拉便便的动作，注意肚子疼的表情）

集体：小蜗牛拉出了橙色便便。

小蜗牛：我的肚子舒服多啦。

小蜗牛：小朋友们，好吃的东西也不能多吃呦！

集体唱歌跳舞（《健康歌》），随着音乐挥手下场。（结束）

生活主题活动之“你好，秋天”

11月 第1周—第4周

绘本《叶宝宝找妈妈》	梁琪　杜寅

一、绘本分析

（一）语言分析

《叶宝宝找妈妈》属于故事体儿童文学，主题单纯、鲜明，情节生动、有趣，语言浅显、简洁、口语化，适合口头讲述，便于幼儿理解故事内容。小班幼儿喜欢听故事，愿意跟读儿歌、复述故事的一部分或短小的故事。“您好，请问您是我的妈妈吗？”“不是呀！你看，我的宝宝像……，和你长得不一样！”等故事中的简短对话为幼儿提供跟读、复述的材料和表达、交流的空间。“柳树妈妈挥动着它的长发”“枫树妈妈摇动着它的大手”“杨树妈妈舞动着它的裙摆”等描写树枝随风摆动的画面，给幼儿提供了用动作表达故事内容的材料，幼儿愿意在复述故事的过程中配以动作表现故事内容。

（二）画面分析

《叶宝宝找妈妈》一书采用树叶拼贴、水粉合一的表现手法，具有画面丰富、色彩鲜艳的特色。画面背景协调统一，核心形象突出，不同大树各具特点。通过拼贴的方法将真实的树叶融入水粉背景中，幼儿能直观地辨识不同的树叶。幼儿能根据叶宝宝的表情变化，清晰地了解叶宝宝在找妈妈过程中的心理变化，例如，叶宝宝在被风吹走时，皱着眉头，眼睛圆睁，张着嘴巴。幼儿通过观察画面能感受到叶宝宝离开妈妈时的不安、恐惧。画面在充分表现故事矛盾冲突的同时，为幼儿尝试根据线索预测故事的发展提供了机会。同时，画面对细节的处理，有助于幼儿积累阅读经验，提高了幼儿自主阅读的能力。

（三）主旨分析

《叶宝宝找妈妈》围绕叶宝宝离开树妈妈后找不同的树木当“妈妈”这一幼儿的认知冲突展开，使幼儿在这个过程中认识特征明显的树木。绘本中出现的树在高丽营第二幼儿园都有实物，每年秋天老师们都会带着孩子捡拾树叶，认识树的特征。借助该园的自然环境资源，利用绘本的内容，以及一系列以幼儿亲自参与为主的实践体验，幼儿一日的生活延伸到幼儿家庭，有助于幼儿在实践中感受家乡文化的魅力。

二、主题目标

◎ 幼儿积极与园内外环境“对话”，通过多种途径收集秋天的信息，积累有关秋天的相关经验。

◎ 幼儿主动参与《你好，秋天》相关活动，发展幼儿观察、操作、探索的能力。

◎ 幼儿在“叶子飘呀飘”的活动中，了解不同树叶的特征，并用树叶做游戏。

◎ 在观察园内树叶颜色变化的活动中，幼儿能大胆表达自己的想法，讲话自然、大方。

◎ 幼儿在丰富多彩的主题活动中感受不同树木、花朵、果实在秋天的变化。

三、主题活动思路图

“你好，秋天”主题活动思路图如图 7 所示。

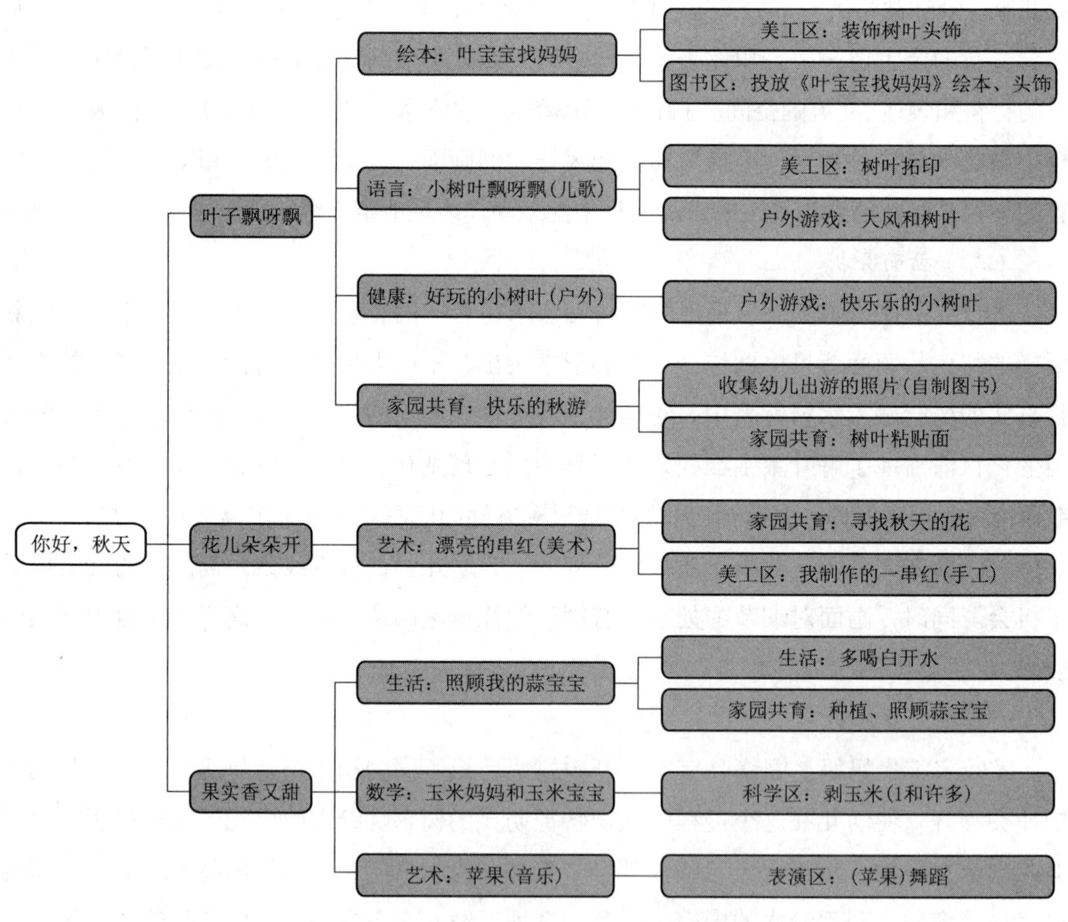

图 7 “你好，秋天”主题活动思路图

四、活动举例

活动一：小树叶飘呀飘（集体活动 · 语言）

目标 1：幼儿感受秋天美丽的景色，产生对秋天的喜爱之情。

目标 2：幼儿初步感知秋天的特征，能说出秋风吹、树叶飘落的现象。

目标 3：幼儿学习用“小树叶飘呀飘，飘到……上”创编句子。

准　备：物质准备：秋季景色图片、PPT、小树叶胸卡、头饰、落叶纸帘等；经验准备：在主题活动中，带领幼儿到大自然中感受过秋天的明显特征。

过　程：

（一）导入部分

老师：小朋友们，现在是什么季节了？秋天里的小树叶有什么变化？

出示秋季景色的图片，让幼儿充分感受秋季落叶飘飘的美感。

（二）基本部分

1. 欣赏诗歌、熟悉句式。

（1）老师引导幼儿熟悉诗歌里“小树叶飘呀飘，飘到……上”的句式。

（2）老师根据诗歌内容顺序播放课件：“看看小树叶飘到哪里了。”

2. 学习句式。

请幼儿运用诗歌里的句式“小树叶飘呀飘，飘到……上”说一说诗歌里小树叶都飘到了哪里。

3. 根据提示创编诗歌。

通过观看 PPT 引发幼儿发挥想象，创编句子。

秋天的小树叶飘落到了哪里都很美。小树叶还会飘到哪里？

4. 游戏情境中创编诗句。

“现在我来当秋风，咱们来做游戏吧。”老师头带头饰，手拿落叶图片带领幼儿游戏。音乐停止，引发幼儿用“小树叶飘呀飘，飘到……上”的句式创造性地说出句子。

老师：“小树叶，飘呀飘，小树叶还飘到了哪里？”

（三）结束部分

随音乐做小树叶飘落的动作，离开活动室。“小树叶们，我们一起来跳舞吧。”

引导幼儿运用不同的动作表现秋叶飘落的样子。

延伸活动：

1. 进一步收集有关树叶作用的知识，丰富幼儿对树叶作用的认识。

2. 在游戏区中开展有关树叶的游戏，让幼儿体验树叶的作用。

（1）在美工区提供树枝、树叶等供幼儿游戏，如开展叶子印画活动、收集各种植物叶子材料、将植物的叶子沾上颜料、在白纸上拓印成画。

（2）在图书区投放有关树叶的绘本，如《叶宝宝找妈妈》，引导幼儿与同伴交流书中的小树叶飘到哪儿了。

（3）在户外运动区和幼儿一起玩有关树叶的游戏，如大风和树叶、快乐的小树叶等。给幼儿充分的时间体验这些游戏的乐趣，鼓励幼儿创新游戏玩法。

附儿歌：《小树叶飘呀飘》

小树叶飘呀飘，飘在我的头顶上；小树叶飘呀飘，飘在我的肩膀上；

小树叶飘呀飘，飘在我的膝盖上；小树叶飘呀飘，飘到地上睡大觉。

活动二：阅读绘本《叶宝宝找妈妈》（集体活动·语言）

目标 1：幼儿喜欢看图书，愿意指认书中的树木。

目标 2：幼儿观察图片，倾听故事，理解故事内容。

目标 3：幼儿复述故事中简单的对话，体会故事语言的趣味性。

准　备：物质准备：每个幼儿 1 本《叶宝宝找妈妈》绘本、绘本 PPT；经验准备：幼儿学过《小树叶飘呀飘》儿歌，认识银杏树。

过　程：

（一）导入部分

师幼共同说儿歌《小树叶飘呀飘》。

老师：今天老师给你们带来了一本和小树叶有关的绘本，咱们一起看一看吧！

（二）基本部分

1. 老师带读。

（1）观察封面，提问：你看到了什么？

（2）阅读第 1 ～ 6 页，提问：一片叶宝宝被风吹走了，它是谁啊？它是什么样子？叶宝宝找不到妈妈了，它会怎么办？

（3）阅读第 7 ～ 14 页，提问：叶宝宝认错了谁当妈妈？它们都是什么样的？引导幼儿和老师尝试对话：“您好，请问您是我的妈妈吗？”“不是呀！你看，我的宝宝像……和你长得不一样！”

（4）阅读第 14 ～ 18 页，提问：叶宝宝找到妈妈了吗？它的妈妈是谁？是什么样子的？

2. 师幼共读。

幼儿和老师一同阅读绘本，重点复述对话“您好，请问您是我的妈妈吗？”“不是呀！你看，我的宝宝像……和你长得不一样！”

（三）结束部分

老师：小朋友们可以去美工区和老师一起做小树叶和叶妈妈的头饰。

延伸活动：

1. 老师在图书区投放《叶宝宝找妈妈》，幼儿尝试对话“您好，请问您是我的妈妈吗？”“不是呀！你看，我的宝宝像……和你长得不一样！”

2. 幼儿在美工区制作小树叶和树妈妈的头饰。

活动三：照顾我的蒜宝宝（生活活动）

目标：幼儿学习照料蒜宝宝，观察它们的变化，感受它们成长的过程。

指导建议：

1. 老师利用过渡环节向幼儿介绍大蒜，引导幼儿观察大蒜的特点，可以引导幼儿数一数每头蒜有几瓣。

2. 老师和幼儿讨论怎样照顾蒜宝宝，多久浇一次水。

3. 在种蒜的过程中，请幼儿认领一盆蒜宝宝，长期观察照顾。

4. 幼儿为自己认领的蒜宝宝制作标志，将幼儿的照片和设计的标志制成蒜牌。

5. 老师引导幼儿连续观察、照顾蒜宝宝，发现蒜宝宝的变化。

6. 在早来园或过渡环节，老师鼓励幼儿和同伴交流自己发现的蒜宝宝的变化。

延伸活动：

1. 老师引导家长参与到活动中，让家长带领幼儿在家里种植大蒜，并交流自己的发现。

2. 老师在生活中持续引导幼儿观察身边植物的变化，发芽、开花、结果等并开展相关的活动。

活动四：好玩的小树叶（户外活动·健康）

目标 1：幼儿体验游戏《好玩的小树叶》带来的快乐。

目标 2：幼儿能听信号练习慢跑、快跑交替。

准　备：物质准备：风婆婆头饰、小树叶；经验准备：幼儿玩过需要奔跑的体育游戏。

过　程：

（一）开始部分

1. 老师带领幼儿寻找自己喜欢的树叶。

2. 请幼儿说一说自己找到的小树叶的样子。

（二）基本部分

1. 准备活动。

2. 幼儿扮演小树叶掉落及飘起的动作。

老师：小树叶是怎么掉下来的？怎么飘的？

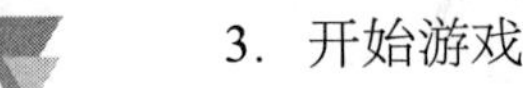

3. 开始游戏。

老师介绍游戏规则：老师扮演风婆婆，幼儿扮演小树叶。风婆婆说到小树叶掉下来及飘起的时候，幼儿做出相应的动作；风婆婆说刮大风时，幼儿快速四散跑；风婆婆说刮小风时，幼儿慢慢四散跑；风婆婆说风停了时，幼儿慢慢蹲下。

4. 老师小结，再次游戏。

（三）结束部分

老师小结，做放松活动。

延伸活动：

在户外进行集体活动时，玩《快乐的小树叶》游戏，可在已有经验的基础上利用音乐作为起止指令，音乐响起幼儿开始做动作，音乐停止幼儿要慢慢蹲下。

活动五：树叶拓印（区域活动·美工区）

目标 1：幼儿喜欢拓印树叶，在拓印的过程中感受乐趣。

目标 2：幼儿探索树叶拓印的方法，尝试总结经验并与同伴分享。

指导建议：

1. 老师在活动前鼓励幼儿将自己喜欢的树叶带到幼儿园。

2. 老师可在活动中为幼儿提供不同的树叶拓印画欣赏，并带领幼儿讨论树叶拓印画的方法。

3. 老师为幼儿提供多种工具和材料，引导幼儿选择自己喜欢的树叶进行拓印，注意为幼儿提供卫生保障。

4. 当幼儿出现困难时，老师要注意指导幼儿，引导、帮助幼儿解决问题，可语言提示幼儿，使幼儿掌握正确的拓印方法。

5. 活动后，老师展示幼儿的作品，鼓励其他幼儿进行尝试。

延伸活动：

1. 老师将幼儿的作品做成自制图书，在图书区供幼儿翻阅、欣赏。

2. 户外活动时捡拾落叶，讨论更适合拓印的落叶。

活动六：快乐的秋游（亲子活动·实践）

目标 1：幼儿感受秋季的特征，体会秋天的美丽。

目标 2：激发幼儿探索大自然的兴趣，用收集到的树叶作画。

目标 3：增进亲子关系，促进家园合作。

准　备：物质准备：展板、条幅、班牌、照相机、胶棒、双面胶、打印纸、幼儿饮水壶、擦手纸等；经验准备：幼儿对树叶在秋天会变颜色的知识有初步了解。

过　程：

（一）活动准备

1. 老师向家长和幼儿征集活动的口号，并制成条幅。

2. 家长、幼儿准时到指定地点集合。

3. 老师和家长志愿者悬挂条幅、布置场地。

（二）活动进行

1. 主持人宣布活动开始。

2. 园领导致开幕词，家长代表和幼儿代表讲话。

3. 老师提示家长和幼儿活动的注意事项。

4. 每个家庭的家长和幼儿一起捡拾树叶，老师指导家长尽可能让幼儿参与、体验。

5. 家长和幼儿将收集的树叶制成树叶粘贴画，并展示评比。

6. 家长和幼儿交流此次活动的感受。

（三）活动结束

主持人致结束词，全体合影。

延伸活动：

将树叶粘贴画制成自制图书，投放到图书区供幼儿欣赏。

活动七：玉米妈妈和玉米宝宝（集体活动·数学）

目标 1：幼儿能够区分“1”个物体和“许多”个物体。

目标 2：幼儿能够理解“1”和“许多”的关系，知道“许多”可以分成若干“1”，“许多”个物体是由若干“1”个物体组成的。

准　备：物质准备：玉米、PPT；经验准备：幼儿认识常见的蔬菜，初步了解吃蔬菜的好处。

过　程：

（一）导入部分

创设情境，谈话导入：老师以“兔妈妈”带“小兔子”去郊外的方式引入活动。

老师：今天天气真好，妈妈带你们去看看外面的世界。

（二）基本部分

1. 出示玉米实物。

老师：这是什么？它是什么样子的？

（引导幼儿用“1”和“许多”表述玉米的数量）

2. 以分玉米的方式，让幼儿感受“许多”可以分成若干“1”。

3. 老师鼓励幼儿说出“我拿了一个玉米放进篮子里”。

4. 老师请幼儿将手里的玉米放进篮子里。

5. 分享交流，知道一个一个的玉米合起来变成许多玉米。

（三）结束部分

结合材料进行分组操作，老师巡视指导。

延伸活动：

在科学区投放完整的玉米和剥下来的玉米粒，让幼儿进一步感知“1”和“许多”的关系。

活动八：漂亮的一串红（集体活动·艺术）

目标 1：幼儿尝试用棉签点画的方式表现一串红的花瓣。

目标 2：幼儿通过绘画活动感受一串红的自然美。

准 备：物质准备：棉签、红颜料、一串红图片；经验准备：幼儿认识一串红。

过程：

（一）导入部分

老师：今天，老师给小朋友带来一样礼物，你们想不想知道是什么？

（出示一串红的图片）这是什么花？是什么颜色的？

（二）基本部分

1. 观察一串红的花和叶子。

老师：小朋友，请你们仔细看一看，一串红长得什么样子？一串红的花像什么？一串红的叶子像什么？一串串的小红花长在什么地方？

2. 老师讲解、示范。

老师：老师今天带来了棉签和颜料，用它们来画一串红。一串红的花红红的，很漂亮，长在茎上，就像小朋友排队一样，排得很整齐。（边示范边讲解）

3. 幼儿操作，老师指导。

（三）结束部分

老师：小朋友画了许多的一串红，真漂亮，谁来说说你喜欢哪一棵一串红，为什么？我们把一串红送到“小兔家”去吧，让“小兔家”变得更漂亮。

延伸活动：

在美工区继续开展活动，老师引导幼儿采用多种方式装饰一串红。

活动九：树叶项链（区域活动·益智区）

目标 1：幼儿观察发现树叶项链中简单的 AB 模式，愿意大胆表述排列的规律。

目标 2：幼儿尝试按照 AB 模式进行简单排序。

指导建议：

1. 在观察树叶项链时，老师引导幼儿用语言描述自己看到的树叶项链的样子。

2. 老师提供一条没有完成的树叶项链，让幼儿思考接下来应该串什么，请幼儿把项链串完。

3. 老师创造条件，鼓励幼儿大胆尝试自己的想法，并给幼儿提供反复操作、多次尝试的机会。每次尝试后引导幼儿说一说自己的项链是什么样的，谁和谁是好朋友手拉手。

4. 老师重点指导串错的幼儿，引导幼儿细致观察，给出项链的规律。

5. 老师将幼儿的树叶项链进行展示，和幼儿一起交流每条项链的规律，并给串错的幼儿纠错。

延伸活动：

在生活中引导幼儿发现有规律的事物，并交流存在的规律。

活动十：学唱《苹果歌》（集体活动 · 艺术）

目标 1：幼儿喜欢参与歌唱活动，感受唱歌活动的快乐。

目标 2：幼儿学习用自然的声音演唱歌曲，并能随着音乐做简单律动，进行自我表现。

准　备：物质准备：小熊玩偶、自制苹果树（树上挂着苹果）、钢琴；经验准备：幼儿有跟随音乐律动的经验。

过　程：

（一）开始部分

1. 创设情境，导入活动。

出示小熊玩偶，小熊说："秋天到了，果园里的果子都成熟了，可是太多了，我一个人忙不过来，你们愿意帮我摘果子吗？"

2. 幼儿摘果子，引出歌曲。

老师：这是什么水果？

请幼儿摘苹果放入篮子里。今天小熊还给小朋友带来了一首好听的歌，歌曲的名字叫《苹果歌》，我们一起听一听吧！

（二）基本部分

1. 老师清唱歌曲。

老师：歌曲的名字叫什么？你都听到了什么？

2. 幼儿尝试用自然的声音与老师一起随伴奏演唱歌曲。

3. 幼儿边唱边做动作。

（三）结束部分

老师小结，情境结束。

延伸活动：

在表演区，创编新歌词并加入歌曲中，随音乐做动作以展示歌曲。

中 班 主 题 活 动

节日主题活动之“我的树朋友”

4 月 第 1 周—第 2 周

绘本《小猴种樱桃》	孙旗帜

一、绘本分析

（一）语言分析

《小猴种樱桃》属于儿歌体儿童文学，语句简短，语言活泼，富有音乐性和节奏感，便于幼儿在诵唱中感受儿歌的美。中班幼儿掌握的词汇数量和种类迅速增加。“粗又壮”“大又圆”“多又好”“多又艳”等描写樱桃树及樱桃生长的词汇为幼儿提供了模仿的材料和表达的空间。“春暖花开三月到，花儿朵朵风中笑”“分给伙伴尝一尝，嘴里心里一样甜”等描写景色和心理的语言，幼儿愿意反复吟诵，朗诵时小脸就像绽放的花朵。

（二）画面分析

《小猴种樱桃》一书采用传统的中国水墨画的表现手法，具有浓郁的中国特色。画面线条简单明快，核心人物形象突出，小猴表情富于变化，细节处理手法巧妙。小猴眼神和肢体的变化表现了小猴思考、喜悦、惊讶、欢喜、伤心、专注的心理变化。例如，小猴在看到伯伯第一次剪枝的时候，瞪着眼睛，张着嘴，尾巴直立，幼儿通过观察画面便能感受到小猴对伯伯剪枝的不解，这在充分表现故事矛盾冲突的同时，为幼儿尝试根据线索预测故事的发展提供了机会。关于伯伯的出现，该绘本采用了指代的方式，即用伯伯的典型特征——大草帽体现伯伯的活动（在伯伯第一次剪枝和小猴第一次种樱桃失败时出现）。画面对细节的处理，有助于幼儿积累阅读经验，提高幼儿自主阅读的能力。

（三）主旨分析

矛盾冲突是绘本故事的灵魂。剪枝是农民伯伯对树木的破坏还是对树木的护理呢？《小猴种樱桃》围绕着保护树木不能剪枝和为让樱桃长等更好应该剪枝这一幼儿认知冲突展开，使幼儿理解剪枝对树木成长的意义。清明节前后，高丽营第二幼儿园所在的华北地区有植树的习俗。每年 6 月，高丽营地区都会举办樱桃文化节。高丽营第二幼儿园借助当地民俗资源，利用绘本引发的“树的秘密”“种棵小树吧”“我的‘树博会’”等系列活动，使幼儿亲自参与实践体验和展示活动。活动贯穿于幼儿一日生活并延伸到幼儿家庭，使幼儿能够通过实践感受家乡文化的魅力。

二、主题目标

◎ 幼儿积极与园内外环境“对话”，从多种途径收集树的信息，积累有关树的经验。

◎ 幼儿主动参与观察、种植、照顾树的相关活动，发展观察、操作、探索的能力。

◎ 在植树和“树博会”的活动计划中，幼儿了解计划的内容，尝试制定计划，并努力实现计划。

◎ 在春游、买树苗、“树博会”等活动中，幼儿能大胆表达自己的想法，讲话自然、大方。

◎ 在丰富多彩的主题活动中，幼儿感受到高丽营镇多年来的樱桃种植文化。

三、主题活动思路图

“我的树朋友”主题活动思路图如图 8 所示。

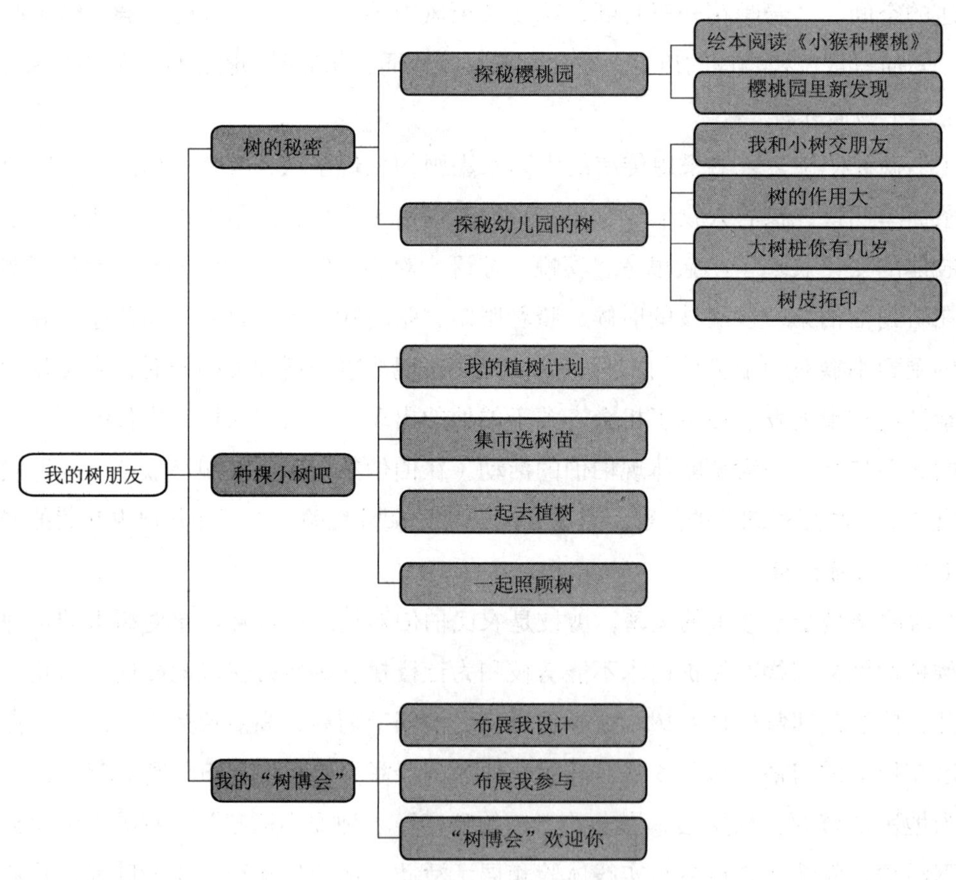

图 8 “我的树朋友”主题活动思路图

四、活动举例

活动一：阅读绘本《小猴种樱桃》（集体活动·语言）

目标 1：幼儿理解绘本的故事情节，发现小猴两次学种樱桃的不同之处。

目标 2：幼儿感受《小猴种樱桃》的语言美，对“粗又壮”“大又圆”等词汇产生兴趣。

目标 3：幼儿喜欢看图书，愿意讲述书中的内容。

准　备：物质准备：每个幼儿 1 本《小猴种樱桃》绘本、绘本 PPT；经验准备：幼儿有初步照顾植物的经验，有良好的阅读习惯。

过　程：

（一）开始部分

1. 老师谈话导入，唤起幼儿原有经验。

老师：咱们之前是怎么照顾樱桃树的？今天老师给你们带来了关于樱桃树的绘本。

2. 老师出示封面，引出绘本人物。

老师：封面上你看到了什么？小猴在看什么？

（老师介绍书名、作者、园标、环衬）

（二）基本部分

1. 师幼共读第 1 ～ 10 页。

初步理解小猴第一次学种樱桃的过程。

重点引导幼儿观察小猴的表情和动作，以此猜测小猴的心理及接下来的行动。

引导幼儿观察樱桃及樱桃树的生长，引导幼儿用“× 又 ×”的语言描述。

2. 幼儿自主阅读第 11 ～ 16 页。

初步理解小猴第二次学种樱桃的过程。

老师：小猴第二次种樱桃树是怎么种的？两次种樱桃有什么不同？

3. 幼儿讲述阅读内容。

梳理小猴第二次种樱桃的方法，比较小猴两次学伯伯种樱桃的不同。

（三）结束部分

1. 老师播放 PPT，完整朗诵儿歌，突出“粗又壮”“大又圆”等词汇。

2. 老师：我们幼儿园里有一片樱桃园，让我们一起去看看吧！

延伸活动：

1. 在图书区投放绘本《小猴种樱桃》，满足幼儿反复阅读的需求。

2. 鼓励幼儿在表演区朗诵儿歌《小猴种樱桃》。

3. 请有种植经验的家长为幼儿讲解种樱桃的知识，指导幼儿为园内的樱桃树剪枝。

活动二：我和小树交朋友（生活活动）

目标 1：幼儿探究和发现春季的明显特征，初步体验季节变化与动植物及人们生活的关系。

目标 2：幼儿了解幼儿园里树的种类和特点。

指导建议：

1. 老师利用散步等机会向幼儿介绍幼儿园树的名称，有计划地引导幼儿观察每种树的特点，数一数每种树有多少棵。

2. 老师在和幼儿散步的过程中一起认领一棵或几棵树作为班树，长期观察照顾。

3. 分组为班树制作树牌，包括树的名称、树龄及生活习性和编号（以便幼儿记录），并记录每次观察的结果。

4. 分组并多渠道了解班树的有关知识并积极交流。

5. 在园内树木有明显变化的节点，老师带幼儿观察树的变化，引导幼儿连续观察，发现春天树木的明显变化。

6. 创设宽松的环境，在散步或户外观察时，老师引导幼儿捡拾风吹落的花瓣、嫩枝、嫩叶以及脱落的树皮等，鼓励幼儿进一步观察，为其他活动收集材料。

延伸活动：

1. 引导家长参与到活动中，带领幼儿观察周边环境中的树，并交流自己的发现。

2. 在美工区开展有关春天的树的写生活动、制作活动等，为幼儿创造表达美的机会。

3. 在生活中持续引导幼儿观察树的变化，包括发芽、开花、结果等并开展相关活动，有兴趣的幼儿还可以探索树的种子及传播方式，例如对杨絮、柳絮等现象进行讨论，或亲手种下一颗果核等待其长成一棵小树苗、一盆小盆栽等。

4. 老师鼓励、协助幼儿将自己的发现制成自制图书。

5. 老师在生活中引导幼儿欣赏《白杨树儿高》等歌曲。

活动三：树的作用大（集体活动·社会）

目标 1：幼儿对树的相关经验感兴趣，主动从图书、春游、参观、日常生活等多种途径获得有关树的经验。

目标 2：幼儿通过查找资料和交流，感受树在人们生活中的作用。

目标 3：幼儿产生保护树、植树的愿望。

准　备：物质准备：展板、幼儿以绘画或照片等方式记录的树的作用以及集体记录的保护树的方法，纸笔；经验准备：幼儿从多种途径收集了树的作用，并用绘画或照片的方式做了记录。

过　程：

（一）寻找树

老师：找一找我们生活中哪些地方有树？

老师可从生活中的实体树和树的制品两方面进行引导。

（二）树的作用大

1. 分享树的作用。

（1）幼儿在小组内交流自己收集到的树的作用。

（2）集体交流树的作用。老师根据交流的内容，从美化环境、建筑材料、生活用品、提供食物、游戏材料等方面进行分类。在幼儿发言的同时，老师将幼儿的作品分类布置到展板上。

（3）老师对树的作用进行小结。

2. 讨论：如果没有了树木，我们的生活会变成什么样子？

（三）保护树木，我们在行动

1. 讨论：树的作用那么大，保护树木方面我们能做些什么呢？

老师给幼儿充分发表自己见解的机会，可引导幼儿从照顾树、保护树的相关宣传和参与植树等角度深入讨论。老师对幼儿讨论的内容做简要记录。

2. 实践：孩子们，让我们在生活中行动起来，保护树木吧！

延伸活动：

1. 进一步收集有关树的作用的知识，丰富幼儿对树的作用的认识。

和幼儿一起创设新闻角，播报关于植树的新闻、有关清明节见闻的新闻、园内有关清明节活动的新闻等。

2. 在游戏区中开展有关树的游戏，体验树的作用。

（1）在美工区提供树枝、树叶、树皮等供幼儿游戏，例如开展叶子、花朵印画活动。收集各种植物的叶子、花朵，准备白布、塑料垫、锤子等材料和工具，将植物的叶子或花朵进行组合，在白布上拼成图画，盖上塑料垫后，用锤子用力砸，将植物的汁水砸出，染到白布上，做成植物画。

（2）在图书区投放有关树的绘本，例如《树婆婆和鸟娃娃》《树真好》《爱心树》《小猴种樱桃》等。引导幼儿从绘本中获得有关树的作用的信息，并与同伴交流，或引导幼儿将自己知道的树的作用制成图书等。

（3）在科学区做防止水土流失的小实验。引导幼儿对比观察种了植物的沙土地和未种植物的沙土地在浇水后有何不同——水直接浇在地上会冲出坑，浇在有植被的地上则不会。在观察实验的基础上，引导幼儿萌发环保意识。此活动也可在户外浇园时进行。

（4）在户外运动区和幼儿一起收集有关树的传统游戏，例如大树桩、木头人、骑木马、拉大锯、捉迷藏等。给幼儿充分的时间体验这些传统游戏的乐趣，同时鼓励幼儿创新传统游戏的玩法。引导幼儿从游戏材料、游戏规则等多方面创新游戏玩法，例如“大树桩”游戏，可由说完儿歌“我们都是大树桩，风吹雨打都不怕”单脚站创新为说完儿歌自选过河石、梅花桩、平衡木、马蹄等单脚站并保持平衡。

3. 在生活中开展保护树的实践活动。

照顾园内的树木，开展观察、拔草、除虫、压枝等活动。在班里继续开展有关树的作用、保护树的方法的讨论活动，完善丰富展板内容，给幼儿提供自然、大方、流畅地讲述展板内容，做植树准备活动等机会。

活动四：树皮画拓印（区域活动 · 科学区）

目标 1：幼儿在拓印树皮的过程中发现每一种树皮都有自己的特点。

目标 2：幼儿探索树皮拓印的方法，积极地发现问题、解决问题。

指导建议：

1. 在观察幼儿园里的树时，老师引导幼儿用语言描述自己看到的树皮的样子。

2. 讨论：怎样把树皮拓印下来？老师鼓励幼儿根据自己的经验，发挥想象，想出多种拓印树皮的方法。例如，使用不同的纸（打印纸、宣纸、报纸等）、使用不同的画笔和颜料（油画棒、水粉笔、粉笔、排刷等）、用不同的方法，先在树干上铺上纸，然后在纸上涂颜料，或把颜料涂在树干上，然后把纸印上去，等等。

3. 老师创造条件，鼓励幼儿大胆尝试自己的想法，给幼儿提供反复操作、多次尝试的机会，每次尝试后引导幼儿总结操作经验并积极与同伴沟通交流。老师注意要把幼儿的典型经验在全班分享，例如颜料的选择、水的多少的控制、不同粗糙程度的树皮拓印方式的选择、让拓印的纸固定不动的方法、拓印树皮一周或拓印大面积树皮的方法等。

4. 布置树皮拓印作品展。

活动五：我的植树计划（区域活动 · 科学区）

目标：幼儿自己选择活动主题，学习制订活动计划。

指导建议：

1. 老师利用谈话、活动计划展示帮助幼儿理解什么是计划。

2. 老师引导幼儿学习制定植树计划，讨论要种什么树，种在什么地方，准备怎么种，需要什么工具，等等。

3. 老师为幼儿设计好计划记录单，幼儿在记录单上添画自己的想法。

4. 活动中，老师要给幼儿充分表达、讨论的机会，允许幼儿不断修改自己的计划，使计划逐步变得更具可行性。

5. 老师支持幼儿为实现计划做准备，如寻找树苗、收集种植工具等。

延伸活动：

1. 老师鼓励幼儿向班级里的其他幼儿介绍植树计划，并征求大家意见。

2. 老师引导幼儿当宣传员，向家长宣传植树活动，并邀请家长参与其中。

3. 在生活和活动中，老师带领幼儿学会欣赏并学唱《植树歌》。

活动六：集市选树苗（集体活动·实践）

目标 1：结合树的结构——树根、树干、树冠，幼儿初步了解选树苗的方法。

目标 2：幼儿体验选树苗、买树苗的过程，积累有关买卖的生活经验。

目标 3：幼儿大胆与成人交流，包括问路、选树苗、谈价钱等。

准　备：物质准备：老师和家长志愿者协商好运树苗的车，向园领导申请购买树苗款（准备购 10 棵树苗），以及照相机；经验准备：家长志愿者通过视频向幼儿介绍了选树苗的方法，幼儿熟悉高丽营市场，老师联系好有经验的家长志愿者对幼儿进行现场指导。

过　程：

（一）出发去市场

1. 老师和幼儿谈话，提示幼儿做好外出准备，包括如厕、饮水等。

2. 老师请幼儿说一说，去市场怎样做才能保障安全。

3. 在班级老师、保健医、保安、家长志愿者的带领下前往市场。

（二）集市选树苗

1. 到达市场后，老师鼓励幼儿向周边摊贩询问树苗摊位的具体位置。

2. 老师带幼儿回顾选树苗的方法。

3. 家长志愿者带领幼儿认识树苗，包括品种、结构等。

4. 幼儿 3～4 个人一组，分为 10 组，每组选一棵树苗。

5. 老师请家长志愿者对幼儿选好的树苗进行评价，幼儿根据评价再次选树苗，直到选到满意的为止。

6. 选好树苗的小组和商家谈论价钱。

7. 合影，活动结束。

8. 幼儿参与装车，将选好的树苗运到苗木基地。

（三）幼儿回园

幼儿交流选购树苗的经验和经历。

延伸活动：

老师将幼儿选树苗的照片放到图书区，鼓励幼儿讲述自己选树苗的过程和经验。

活动七：一起去植树（亲子活动·实践）

目标 1：在植树活动中，幼儿了解植树的步骤，体验劳动的乐趣。

目标 2：幼儿萌生环保意识，爱护小树苗。

目标 3：增进亲子关系，促进家园合作。

准　备：物质准备：水桶、铁锹等植树工具，条幅、半成品树牌及画笔等制作工具，以及《植树歌》音乐、班牌、照相机、幼儿饮水壶、擦手纸等；经验准备：幼儿对植树知识有初步的了解，老师提前和有资源的家长联系，确定植树地点和需要注意的事项。

过　程：

（一）活动准备

1. 老师向家长和幼儿征集活动的口号，并制成条幅。

2. 家长、幼儿带着水桶、铁锹等植树工具准时到指定的苗木基地集合。

3. 老师和家长志愿者悬挂条幅、布置场地。

（二）活动进行

1. 主持人宣布活动开始。

2. 园领导致开幕词，家长代表和幼儿代表讲话。

3. 集体唱《植树歌》。

4. 老师提示家长和幼儿活动的注意事项。

5. 请苗木基地负责人介绍要种植的苗木和种植要求。

6. 3～4 个家庭一组，家长和幼儿一起种植一棵小树，老师指导家长尽可能让幼儿参与、体验。

7. 完善树牌内容，包括树的名称、植树人、植树时间、爱护小树的标语等，老师鼓励各组有创意地完成本组树牌，并挂在小树上。

8. 每个小组植树后和小树合影留念。

9. 家长和幼儿交流此次植树活动的感受。

（三）活动结束

主持人致结束词，全体合影。

延伸活动：

老师阶段性地带幼儿到苗木基地看自己所种小树的生长情况，并照顾小树苗，给小树拔草、浇水等。

活动八：“树博会”欢迎你（亲子活动·实践）

目标 1：幼儿积极参加“树博会”体验活动，主动承担宣传员、演员、实验游戏引导员等任务。

目标2：幼儿敢于在人多的场合下自然、大方地讲话。

准　备：物质准备：师幼共同制作的宣传板（包括树的作用、保护树的方法、主题活动中幼儿的美工作品等内容）、主题活动中制作的图书和活动过程中开展的游戏的材料、操作步骤图、游戏成果等，以及本次活动的海报、袖标等，还有活动的场地布置及演出的舞台布置、家长活动宣传和布展设计图、活动相关音乐等；经验准备：幼儿参与了此次活动的计划和筹备，明确活动的内容、流程及自己负责的部分，老师和家长沟通了作为“观众”的注意事项，以及如何支持孩子的活动顺利进行。

过　程：

（一）活动准备

1. 老师和幼儿回顾布展设计图，进一步明确分工和任务。

2. 老师带领幼儿分组张贴宣传海报，和幼儿一起检查各场地的准备是否充分，完善活动准备。

（二）活动开始

1. 老师欢迎家长进园，幼儿引导员指引家长签到，到指定场地就座。

2. 主持人（老师和幼儿）宣布活动开始。

老师对活动开展的整体情况进行介绍。幼儿依次介绍自己的角色和任务（分为展板宣传组、图书宣传组、表演宣传组、游戏活动介绍组等）。

3. 小引导员引领家长到各小组参加活动。

将家长分成4组，每组由1～2名引导员带领，顺次参加宣传活动。

（三）活动结束

1. 请家长代表发言，谈一谈自己参加活动的感受，重点对幼儿的表现进行鼓励。

2. 主持人致谢，感谢家长对活动的支持。

3. 合影留念。

延伸活动：

将“树博会”活动向园内其他班级开放，邀请全园小朋友参与。

节日主题活动之“小肉粽游端午”

6 月 第 1 周—第 2 周

绘本《一枚小肉粽》	古雪飞

一、绘本分析

（一）语言分析

《一枚小肉粽》采用了拟人化的语言，幼儿易于接受，情绪愉悦，互动融洽。绘本内容浅显，易于幼儿理解；以对话的形式描述粽子的各种口味，贴近幼儿生活，同时有利于幼儿拓展已有经验，引发幼儿更多想象。文中出现的“我是……”“我……味道的”等句式，引导幼儿发现和掌握介绍事物的方法，有助于促进幼儿语言表达能力的发展。

（二）画面分析

这是一本有着浓郁中国传统节日特色的原创绘本，它以小肉粽的视角展示了粽子的不同口味，画面施以水粉画拼贴的表现手法，勾勒出浓浓的端午节民俗文化。绘本扉页上是一盘粽子，画面简单却掩盖不住节日美食的美味诱人，从感官上激发幼儿更多的想象，达到刺激幼儿迫不及待想要阅读的效果。

（三）主旨分析

中班幼儿的想象力水平有了很大的提高，需要更大的表达与创作的空间，绘本《一枚小肉粽》正是以小肉粽这个与众不同的形象作为故事的线索，前一部分用拟人化的手法、对话的形式引导幼儿梳理自己零散的认知，知道粽子的味道是多种多样的；后一部分出现的矛盾冲突，拓展了幼儿的经验，丰富了幼儿物品分类的维度，符合中班幼儿喜欢比较事物异同的特点。在理解绘本内容的基础上，幼儿可以发挥更多的想象，把粽子的味道和情感表达有机结合起来，做出更多富有“爱”的粽子。

二、主题目标

◎ 幼儿通过对比、调查端午节的习俗，对有关端午节的体验活动产生向往。

◎ 幼儿初步尝试就端午节庆祝活动的内容和形式做计划，并尝试提出活动中存在的问题和解决的办法。

◎ 幼儿利用绘画、照片等形式制定节日活动计划。

◎ 幼儿敢于表达自己的想法，培养自信心。

◎ 幼儿用多种方式交流、分享探索与发现的过程及方法。

三、主题活动思路图

“小肉粽游端午”主题活动思路图如图 9 所示。

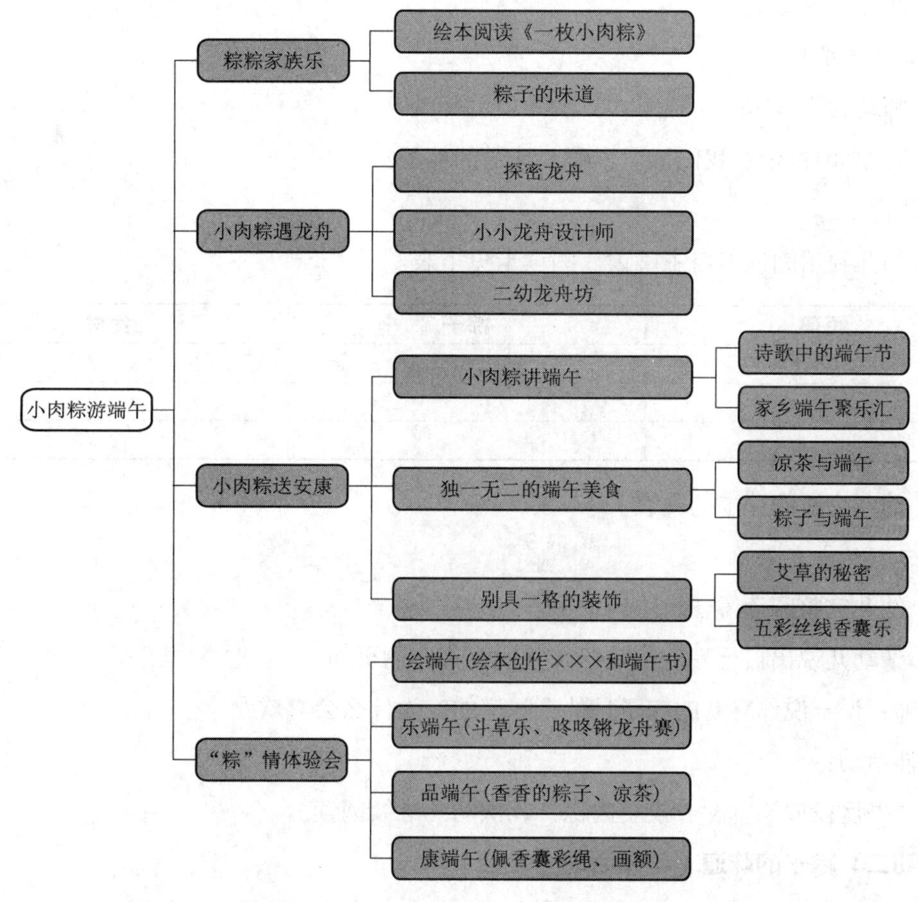

图 9　“小肉粽游端午”主题活动思路图

四、活动举例

活动一：绘本阅读《一枚小肉粽》（集体活动 · 语言）

目标 1：幼儿通过阅读《一枚小肉粽》，萌发参与端午节活动的愿望。

目标 2：幼儿初步理解《一枚小肉粽》的故事内容，知道粽子有多种味道。

准　备：物质准备：绘本 PPT、绘本 30 册；经验准备：幼儿有品尝粽子的经验，并谈论过有关粽子和端午节的话题。

过　程：

（一）开始部分

1. PPT 展示小肉粽，老师通过提问激发幼儿兴趣。

老师：它是谁呢？你从哪里看出来的？

2. 幼儿自由交流。

（二）基础部分

1. 师幼共读绘本。

老师：小肉粽带着我们认识了哪些味道的粽子？

集体记录。

2. 幼儿利用阅读卡自主阅读。阅读卡见下表。

页码	粽子	食材

3. 幼儿交流阅读卡的内容。

（三）结束部分

1. 幼儿完整阅读《一枚小肉粽》。

2. 请幼儿说出自己喜欢的粽子，并找到相应的页面。

老师：说一说你喜欢的粽子是什么味道的？为什么会喜欢？

延伸活动：

在图书区投放绘本《一枚小肉粽》，供幼儿继续阅读。

活动二：粽子的味道（集体活动·社会）

目标 1：幼儿通过调查，初步知道粽子的意义，感受节日的快乐氛围。

目标 2：幼儿讲述粽子的故事，激发其热爱家乡和祖国的情感。

准　备：物质准备：关于家乡粽子的调查问卷；经验准备：幼儿访谈家长，了解自己家乡的粽子是什么形状和味道的，并听过《粽子里的故事》。

过　程：

（一）开始部分

1. 老师谈话导入：《粽子里的故事》讲述了小动物们吃了不同的粽子讲出了不同的

故事，今天我们也来讲述一下自己家乡粽子的故事。

2. 老师展示幼儿搜集的关于家乡粽子的调查表，幼儿从口味、形状、用料等不同维度了解粽子的种类。

（二）基本部分

1. 幼儿按照省份分组，介绍家乡粽子的味道和特点。

2. 包在粽子里的故事：每组随机选择一个粽子，打开后讲述。

3. 幼儿制定自己的包粽子计划，包括口味、形状、材料。

（三）结束部分

老师鼓励幼儿说一说为什么要包这样的粽子。

延伸活动：

1. 创设问题墙“端午节还有什么吃的”，引导幼儿发现凉茶，探索制作凉茶的材料，理解端午节的含义——祈求安康。

2. 续编《粽子里的故事》。

活动三：粽香二幼（亲子活动·实践）

目标 1：幼儿知道端午节是我国的传统节日，初步了解其风俗习惯。

目标 2：幼儿尝试用包裹的方法制作粽子。

准　备：物质准备：请家长收集有关端午节的资料、信息粘贴在活动区，并带一些相关物品如艾草、香包等，以及粽叶、糯米、枣等食材；经验准备：幼儿用各种纸尝试包过粽子。

指导建议：

1. 请家长讲端午节的故事，使幼儿知道端午节是我国的传统节日，初步了解其风俗习惯。

2. 家长和幼儿一起观察活动区里有关端午节的图片、资料，看看自己带来的艾草、香包，说说今天要给谁包什么味道的粽子。

3. 家长出示实物粽子，让幼儿观察其特点，使幼儿认识包粽子的各种材料。

4. 幼儿和家长一起包粽子。家长协助、指导幼儿包裹粽子和系线。

5. 幼儿展示自己所包的粽子，交流包粽子的过程中遇到了什么问题，是怎样解决的。

延伸活动：

1. 举行粽子品尝会。

2. 请弟弟妹妹品尝粽子送安康。

活动四：《话说端午节》（集体活动·语言）

目标 1：幼儿了解端午节的名称、来历和有关习俗，知道端午节是中国的传统节日之一。

目标 2：幼儿通过编彩带、做香囊、画彩蛋等有趣的活动，体验端午节特有的习俗。

目标 3：幼儿感受中国民间节日特有的韵味。

准　备：物质准备：Flash 故事《端午节的传说》《端午节的习俗》；经验准备：幼儿通过粽子知道端午节。

过　程：

（一）开始部分

1. 幼儿了解端午节的名称及时间。

2. 老师出示粽子实物，引发幼儿兴趣。

老师：看，老师今天给你们带来了什么？你们吃过粽子吗？什么节日的时候我们会吃粽子呢？

（二）基本部分

1. 师幼观看有关端午节的故事。

老师：你们知道端午节的故事吗？

2. 老师提问，帮助幼儿理解故事内容。

老师：刚才故事里说了什么？

老师小结：端午节是为了纪念伟大的爱国诗人屈原，还要吃粽子呢！

3. 集体感知端午节吃粽子和划龙舟两种主要习俗。

（1）幼儿从自身经验感知吃粽子的风俗，例如从粽子的味道、形状、粽叶等方面加以体验。

老师小结：看来粽子的味道不同，形状和颜色也有很多种呢！

（2）幼儿玩赛龙舟游戏，体验端午赛龙舟的快乐，并分享游戏的感受。

老师：端午节除了吃粽子，人们还要进行一项很热闹的活动——赛龙舟。

老师小结：看来呀，赛龙舟不仅能锻炼身体，还能给大家带来快乐呢！

4. 幼儿自主探索，通过编彩带、做香囊、画彩蛋等有趣的活动，了解端午节其他一些习俗。

老师小结：这些活动不仅为了纪念屈原，还有人们希望一家团聚、生活美满的心愿呢！

（三）结束部分

去教室里继续寻找、开展有关端午节的其他活动。

延伸活动：

创设、丰富有关端午节习俗的版面。

活动五：探秘龙舟（集体活动·语言）

目标 1：幼儿知道赛龙舟是端午节的一种习俗活动，感受到龙舟竞赛齐心协力、相互竞争的精神。

目标 2：幼儿大胆地用语言讲述赛龙舟的精彩场面，表达自己的心情和感受。

准　备：物质准备：赛龙舟视频；经验准备：幼儿玩过“穿大鞋”等协作类游戏。

过　程：

（一）开始部分

谈话导入：今天，“小肉粽计划”带着咱们一起探究一下龙舟的秘密，关于龙舟，小朋友们知道些什么呢？

（二）基本部分

1. 幼儿围绕自己知道的龙舟自由发言，老师记录（例如形状结构、龙舟活动等）。

2. 老师问：关于龙舟，你还有哪些想解决的问题？幼儿把自己想解决的问题画下来，贴在龙舟的相应部位。

3. 幼儿观看赛龙舟的视频，感受龙舟竞赛齐心协力、相互竞争的紧张氛围和热烈气氛。

（1）老师问：这段视频，你看到了什么？感觉到了什么？想到了什么？

幼儿讲述参加赛龙舟时人们的动作、表情、姿势及龙舟的样子。

（2）老师记录，归纳龙舟的结构和划龙舟的动作。

（三）结束部分

跟着赛龙舟的鼓点模仿划龙舟的动作。

延伸活动：

1. 在美工区投放制作龙舟的材料，幼儿制作龙舟。

2. 在表演区投放鼓，幼儿体验赛龙舟的鼓点。

活动六：小小龙舟设计师（区域活动·美工区）

目标 1：幼儿能够欣赏和评价自己与别人的作品，与同伴共同分享成功的喜悦。

目标 2：幼儿发现龙舟结构的基本特征与某些细微部分的建构方法。

目标 3：幼儿敢于发表自己的意见，能初步与同伴协商合作。

指导建议：

1. 结合端午节的划龙舟比赛，幼儿根据自己的设计图说一说要制作什么样的龙舟。

2. 幼儿说一说选用了什么材料。

3. 幼儿分组制作龙舟，采用各种材料。老师重点引导幼儿如何连接及使用工具。

4. 老师启发幼儿大胆设计不同的龙舟，饰以不同的外形。

5. 老师将幼儿制作的龙舟放到活动室的周围，并让幼儿互相参观、交流，评评谁的龙舟最有特色、最具创新。

延伸活动：

1. 运动区：开展赛龙舟活动。

2. 表演区：结合鼓点的节奏进行赛龙舟表演。

活动七：端午节中的诗歌（区域活动 · 图书区）

目标 1：幼儿初步感知歌曲中的节拍与节奏，从中感受韵律美。

目标 2：幼儿尝试结合歌谣即兴表演，创编简单、有节奏的短句。

指导建议：

1. 利用过渡环节欣赏《赛龙舟》和儿歌《五月五》，感知节日民俗和热闹的气氛，发现儿歌的韵律美及节奏的快慢，鼓励幼儿大胆改编儿歌的节奏，并勇敢地表达出来。

2. 变换节奏朗读儿歌：用附点节奏说儿歌。

3. 幼儿用创编的节奏读儿歌。

延伸活动：

1. 在阅读区创设端午节诗歌的环境。

2. 在表演区，幼儿尝试用表演的方式表现儿歌内容。

附儿歌：

五月五，端午到，
赛龙舟，真热闹。
吃粽子，戴香包，
蚊虫不来身边闹。
五月五，端午到，
赛龙舟，真热闹。
吃粽子，戴香包，
蚊虫不来身边闹。

活动八：创意赛龙舟（户外活动 · 健康）

目标：幼儿通过丰富多彩的户外体育活动，萌发参加户外体育活动的兴趣和习惯。

指导建议：

1. 老师提供幼儿自制龙舟所需的大小不等的箱子和长短不同的竹竿与绳子，引导幼儿如何利用这些材料开展划龙舟活动。

2. 老师鼓励幼儿在“小画笔绘端午”墙面用自己的方式记录游戏玩法。

3. 幼儿根据自己的记录每天讲解和示范玩法，全体幼儿体验。

4. 投票选举出最受欢迎、最有创意、最有难度的龙舟游戏。

延伸活动：

继续记录龙舟游戏的玩法，收集材料并体验。

活动九：艾草的秘密（区域活动·科学区）

目标1：幼儿主动感知生命，亲近自然，有好奇心和求知欲。

目标2：幼儿认识常见的科技生活用品，并知道这些用品对人们生活的意义。

目标3：幼儿感知端午节的含义。

指导建议：

1. 观察。我的发现：投放艾叶并做记录，记录观察到的艾叶的形状、颜色、味道等特征。

2. 讨论并查找资料：端午节为什么挂艾草？

3. 寻找有味道的植物并了解其作用。

4. 实验：幼儿收集有味道的植物，探究如何制作驱蚊水。

延伸活动：

1. 将制成的驱蚊水送给大班、小班小朋友试用。

2. 创设香料制作坊。

活动十：《安康端午体验会》（综合活动）

目标1：幼儿在节日里开展丰富多彩的活动，了解端午的意义，感受节日的快乐气氛。

目标2：幼儿尝试为节日做布置，获得美的感受并表达自己的感受和想象。

指导建议：

1. 绘端午。

（1）幼儿通过绘画表现端午节习俗和发生的故事。

（2）创作《小肉粽旅行记》创意画。

2. 乐端午。

开展端午游戏：斗草、龙舟赛（水、陆）。

3. 品端午。

（1）包粽子、吃粽子。

（2）制作凉茶、品凉茶。

4. 康端午。

（1）制作香袋、彩绳。

（2）画额。

延伸活动：

尝试混龄活动。

节日主题活动之“月饼，月饼”

9月 第3周—10月第2周

绘本《圆姐姐和圆妹妹》	陈爱平

一、绘本分析

（一）语言分析

《圆姐姐和圆妹妹》一书以中秋节时请圆圆的月亮来家里做客展开，并以圆圆的食物推动故事的发展，故事生动有趣，文字浅显易懂，语句简练，幼儿在阅读时不仅能够感受语言的趣味性，而且能够对圆形的事物进行联想，提高逻辑思维和口语表达能力。

（二）画面分析

《圆姐姐和圆妹妹》一书采用水粉画与线描画相结合的表现手法，形式多样、新颖，画面色彩鲜明，具有较强的情境性。通篇以深蓝色作为背景的主色调，突出了夜晚的宁静与神秘感，表现了夜空的美。画面中核心人物的形象采用线描画的表现手法，形态各异，表情丰富，并通过人物的表情、动作，表现了中秋节赏月、团圆的美好氛围，例如小朋友张开双臂的背影图像是在拥抱月亮，全家人围坐在餐桌前歪头对着月亮笑，小朋友谈论月亮时丰富的表情和撅着屁股的动作，使画面富有趣味性，增加了幼儿阅读的兴趣。

（三）主旨分析

《圆姐姐和圆妹妹》是一本以圆圆的月饼和圆圆的月亮以及圆形的事物展开的中秋主题故事，通过阅读这本书，幼儿能够了解中秋节的习俗，知道中秋节要吃圆圆的月饼和观赏圆圆的月亮，从而激发幼儿制作月饼的兴趣，体验中秋节的快乐氛围及其意义。

二、主题目标

◎ 幼儿了解中秋节吃月饼的意义，感受节日的快乐气氛。

◎ 幼儿愿意主动表达自己对月饼的各种想法和感受。

◎ 在探索制作山楂馅的过程中，幼儿努力解决遇到的问题，获得成功感。

◎ 幼儿尝试做月饼，训练自己小肌肉的灵活性。

◎ 幼儿积极主动参加“月饼品尝会”活动，愿意表达自己的各种想法和感受。

◎ 幼儿能够发现园内秋季的果实，愿意表达自己采摘时的感受及想法。

◎ 幼儿能够积极探索采摘的方法，并在采摘中努力解决遇到的问题。

三、主题活动思路图

“月饼，月饼”主题活动思路图如图 10 所示。

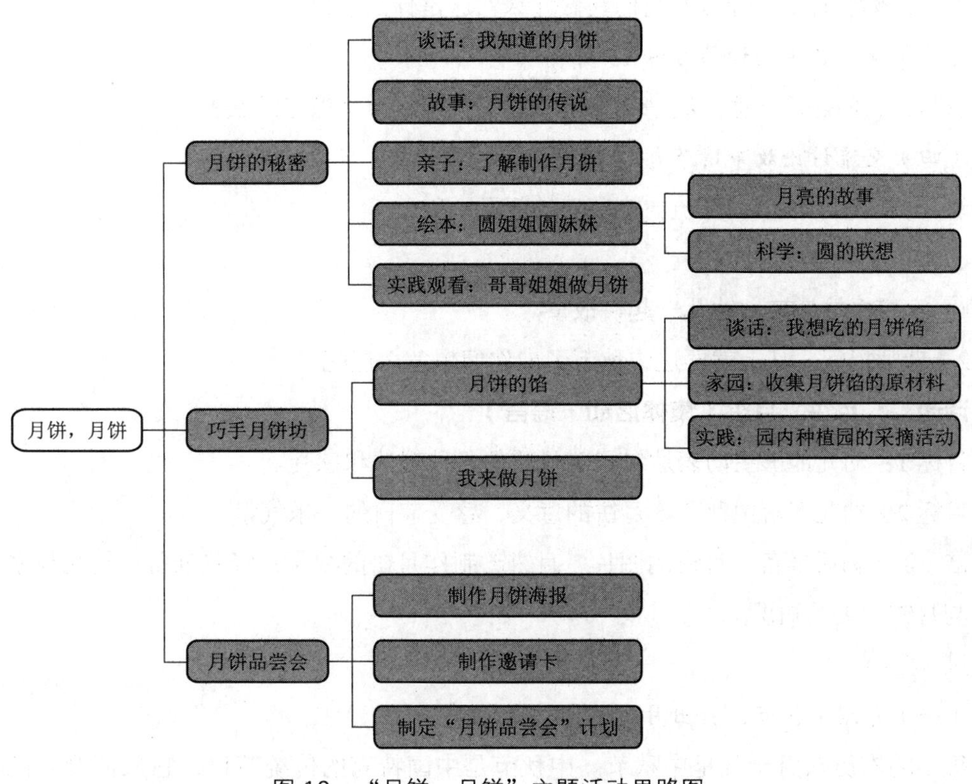

图 10　“月饼，月饼”主题活动思路图

四、活动举例

活动一：阅读绘本《圆姐姐和圆妹妹》（集体活动 · 语言）

目标 1：幼儿喜欢听、看《圆姐姐和圆妹妹》的故事，养成良好的倾听习惯。

目标 2：幼儿在自主阅读的过程中通过观察画面，初步理解故事情节。

目标 3：幼儿能够主动清楚地表达自己看到的故事内容。

准　备：物质准备：《圆姐姐和圆妹妹》绘本、PPT 课件、记录纸；经验准备：幼儿了解中秋节的习俗。

过　程：

（一）老师出示封面，提示故事人物和线索

老师：小朋友们，你们知道中秋节我们都干什么吗？你们都见过什么东西是圆圆的吗？今天老师带来一本书，它叫《圆姐姐和圆妹妹》，我们一起看看封面，你们看到了什么？

（二）师幼共读第 1～5 页

老师：你们看到了什么？它们在做什么？这是什么节日？

（三）幼儿自主阅读第 6～15 页

老师：它们是怎么把月亮请到家的？它们在中秋节又做了什么？

（四）交流讨论故事情节

幼儿梳理故事情节，交流自主阅读的问题。

（五）结束部分

1. 完整播放 PPT，幼儿一起讲故事。

2. 老师提问：马上就要过中秋节了，你们想怎么过呢？

活动二：月饼，月饼（集体活动·语言）

目标 1：幼儿能够主动表达自己对月饼的各种想法和感受。

目标 2：幼儿了解中秋节吃月饼的意义，感受节日的快乐气氛。

准　备：物质准备：月饼的图片、月饼、制作月饼的视频；经验准备：幼儿与家长收集了与月饼相关的知识。

过　程：

（一）介绍中秋节，引出月饼

每年的农历八月十五是中秋节。中秋节是中国特有的传统节日，它象征着人们向往团圆的愿望，是中国人特有的团圆节。这一天，天上的月亮最圆、最亮，人们都要和家人一起过节，全家人一起赏月、品尝月饼，庆贺团圆。

（二）回忆原有经验——我吃过的月饼

老师：小朋友们，你们见过的月饼是什么样子的？你们吃的都是什么馅？

（三）欣赏月饼图片：观察各种各样的月饼，感受月饼的精美

引导幼儿从颜色、形状、花纹、馅料等角度观察。

（四）品尝月饼

1. 幼儿观察月饼外形及馅，表述自己看到的。

2. 幼儿品尝月饼。

3. 幼儿猜测月饼的制作过程。

（五）观看月饼制作过程的视频，激发幼儿制作月饼的兴趣

老师：视频中的叔叔阿姨是怎么做月饼的？都有什么材料？

延伸活动：

1. 进一步收集有关中秋节的知识，丰富幼儿对中秋节的认识。

2. 亲子制作月饼，收集月饼馅料的原材料。

3. 家长和幼儿收集月饼盒，利用月饼盒制作手工。

4. 幼儿观看大班的哥哥姐姐做月饼。

活动三：我们来学做月饼（集体活动・实践）

目标 1：幼儿现场观看，了解月饼制作的过程。

目标 2：幼儿观看月饼制作，愿意表达自己的想法和感受。

准　备：物质准备：宽敞的活动室；经验准备：幼儿简单了解制作月饼的过程，并与大班老师沟通。

过　程：

（一）讨论、交流观看月饼制作的简单计划

老师：你们都要看什么？看看他们都有什么工具、材料？每个人都在做什么？他们又是怎么分工的？我们应该注意什么？

（二）幼儿现场观看月饼制作

1. 他们都有什么工具、材料？

2. 观察幼儿的分工情况。

3. 鼓励幼儿向其他小朋友或老师寻求帮助。

（三）集体分享

老师：我们一起交流一下，你们都看到了什么？

1. 他们都有什么工具、材料、馅料？

2. 他们是怎么分工的？

3. 简单描述制作月饼的过程。

4. 你们对制作月饼还有什么困惑吗？可以问一问哥哥姐姐们。

延伸活动：

1. 亲子制作月饼，收集月饼馅料的原材料。

2. 收集制作月饼的工具等。

3. 在美工区开展设计月饼、制作月饼等活动。

4. 墙饰上呈现制作月饼的步骤图。

活动四：故事《月饼的传说》（生活活动）

目标1：幼儿愿意与同伴交谈关于月饼的话题，并敢于当众表达自己的想法。

目标2：幼儿理解故事内容，了解月饼的相关知识。

指导建议：

1. 老师利用过渡环节向幼儿讲述中秋节月饼的传说，使其了解吃月饼的传统文化。
2. 在集体活动前，老师请个别幼儿分别交流，使其充分表达自己对中秋节的认识。
3. 利用晨间入园后的时间，围绕中秋吃月饼、饮食健康等话题，引导幼儿进行交流。
4. 家园合作，收集有关中秋、月饼的知识。

延伸活动：

1. 引导家长参与到活动中，带领幼儿了解有关月饼和饮食健康的知识，并交流自己的发现。
2. 在美工区开展设计月饼的活动、制作月饼的活动等，锻炼幼儿小肌肉的灵活性。
3. 鼓励、协助幼儿将自己的发现制成自制图书。
4. 在过渡环节欣赏关于中秋节的故事、儿歌等。

附中秋节的故事：

很久很久以前，天上有十个太阳。它们把土地晒得冒烟，把庄稼烤得枯焦，老百姓热得活不下去了。有个人名字叫羿，他的力气特别大，能够拉开万斤宝弓，射死大蛇和猛兽。羿看到老百姓太可怜了，就用足力气弯弓搭箭，一口气射下了九个太阳。最后一个太阳吓得认了错，羿才留下它，让它早出晚归，为百姓多做好事。从那以后，羿成了人人敬仰的英雄，他的名字传遍天下。羿娶了嫦娥姑娘为妻，他们相亲相爱，过着幸福的生活。嫦娥美丽、勤劳，心地善良，常把羿猎到的野兽分给乡亲们。

有一天，羿上山打猎，遇到一位道士。道士对羿说："你为百姓除害，立下了功劳。我送你一包神药，吃上半包，就会长生不老，全吃下去，就会成仙升天。"

羿把神药拿回家，告诉嫦娥："你好好保管这包药！我们找个良辰吉日，一起吃了它，这样我们夫妻就能长生不老，永不分离。"

羿是射下九个太阳的大英雄，很多人来找他学习武艺。他的徒弟里有一个叫逄蒙的人，是个坏家伙。逄蒙知道羿的家里藏着药，暗暗打着坏主意。傍晚，逄蒙一个人偷偷溜回来，闯进羿的家里，逼着嫦娥交出神药。嫦娥大声呼救，可是羿打猎还没有回来，周围也没有别的人家。嫦娥急了，心想："绝不能让无耻的逄蒙抢到神药！"她于是打开药包，把药全部吞进嘴里。突然，嫦娥的身体变得像羽毛一样轻，她不由自主地飞出窗口，向天空飞去。天空无边无际，可怜的嫦娥啊，不知飞向何方。嫦娥慢慢地飞向月亮，从此住在广寒宫里。羿回家后听说这件事，赶紧追出门去，可是已经太晚了！只见圆圆的月亮上，隐约有嫦娥的影子。乡亲们安慰他说：“嫦娥还会回来的，等等吧。”

第二年八月十五，羿拿出嫦娥爱吃的水果，还做了圆圆的月饼，盼望嫦娥回家。

一年又一年过去了，嫦娥始终没有回来。慢慢地，大家都按照羿的习惯，每到八月十五就准备月饼、水果，祭拜月亮。

活动五：核桃熟了（户外活动·实践）

目标 1：幼儿主动发现园内秋季的果实，愿意表达自己采摘时的感受及想法。

目标 2：幼儿能够积极探索采摘的方法，并在采摘过程中努力解决遇到的问题。

指导建议：

1. 在活动开始前时，讨论摘核桃的简单计划及注意事项。
2. 幼儿在班级里收集自己使用的材料和工具。
3. 室外进行采摘活动时，老师鼓励幼儿大胆尝试自己的想法，遇到问题积极解决。
4. 老师发现问题后及时总结交流——树顶上的核桃怎么办?
5. 幼儿讨论交流，尝试自己的方法是否适宜。
6. 老师总结交流，让幼儿充分感受丰收的快乐及探索采摘方法的有趣。
7. 讨论制作核桃馅月饼的方法。

延伸活动：

1. 观察园内成熟的果实，幼儿进行采摘。
2. 讨论如何将采摘的果实做成月饼馅料。

活动六：制作五仁馅（区域活动·小厨房）

目标 1：幼儿能够根据自己制定的区域活动计划，制作五仁月饼馅。

目标 2：幼儿在探索制作五仁馅的过程中，努力解决遇到的问题，感受成功的喜悦。

指导建议：

1. 活动前一天，幼儿把采摘的原材料（核桃、花生、瓜子）交给老师去皮，并讨论制作五仁馅的方法及其计划。

2. 幼儿根据自己制定的计划，准备相应的材料。老师可帮助幼儿一起准备材料，包括碗、勺子、锅、擀面杖等。

3. 幼儿根据自己制定的区域活动计划，分组制作五仁馅。

4. 老师巡视幼儿制作情况，如幼儿出现安全隐患或困难，老师及时给予帮助指导。

5. 幼儿分享、交流制作核桃馅的过程，体验成功的感觉。

延伸活动：

1. 收集其他做月饼馅的材料（红豆、蛋黄等）。

2. 幼儿利用区域活动时间，制作月饼所需的其他馅料。

3. 可在墙饰上粘贴幼儿制作馅料的步骤图。

活动七：好吃的月饼（集体活动·实践）

目标 1：幼儿了解中秋节的意义，感受节日的快乐气氛。

目标 2：幼儿尝试做月饼，发展动手操作的能力。

准　备：物质准备：做月饼的面团、五仁馅泥、模具；经验准备：幼儿观看了大班哥哥姐姐制作月饼的过程。

过　程：

（一）谈话引入，激起幼儿制作的兴趣

1. 回顾大班哥哥姐姐制作月饼的过程。

老师：昨天区域活动时，小朋友们把月饼的馅做好了，我们怎么能制作成月饼呢？

2. 再次观看大班幼儿制作月饼的视频。

（二）制作月饼

1. 幼儿尝试制作月饼，老师巡视。

（1）用手团、压，然后包馅，一手托皮，一手沿皮的边缘包上、捏紧。

（2）将包好的面团放入模型，摁一下，然后磕出来。

（3）将做好的月饼送入厨房烤熟。

2. 幼儿在制作过程中出现困惑及问题，师幼一起解决。

（三）分享交流

1. 幼儿分享交流制作月饼的过程，从中体验成功的感觉。

2. 幼儿品尝月饼，感受节日的快乐气氛。

延伸活动：

1. 幼儿将自己做的月饼带回家，与家人分享品尝。

2. 在区域活动中继续制作月饼（豆沙、蛋黄等）。

3. 幼儿与家人尝试制作其他馅的月饼。

活动八：“月饼品尝会”（亲子活动·实践）

目标 1：幼儿了解中秋节的意义，感受节日的快乐气氛。

目标 2：幼儿积极主动参加“月饼品尝会”活动，愿意表达自己的各种想法和感受。

准　备：物质准备：“月饼品尝会”的宣传海报、邀请函、月饼馅、模具、烤箱等；经验准备：老师与幼儿商讨交流“月饼分享会”的相关准备和注意事项，并和家长沟通活动的注意事项。

过　程：

（一）活动准备

1. 老师与幼儿布置制作场地，并准备材料。

2. 老师带领幼儿分组张贴宣传海报。

（二）活动开始

1. 欢迎家长进园，幼儿引导员指引家长签到，到指定场地就座。

2. 主持人介绍活动的内容及活动开展的整体情况。

3. 亲子互动，尝试制作月饼。

4. 老师巡视亲子互动制作月饼的卫生及安全问题。

（三）活动结束

幼儿家长品尝自制的月饼，分享交流。

延伸活动：

将“月饼品尝会”的活动向园内其他班级开放，邀请全园小朋友参与。

节日主题活动之“红红火火过大年”

12月 第3周—1月第1周

绘本《小老虎拜大年》	李亮　陈爱平

一、绘本分析

（一）语言分析

《小老虎拜大年》内容充满童趣，文字语句简练，从孩子的认知角度和理解能力出发，形象地表达了年兽想交朋友的想法。幼儿在阅读时能够感受语言的丰富多彩，有利于提升幼儿的口语表达能力。在故事情节的设计上，利用年兽这个角色制造故事的矛盾冲突点。文中利用双引号、省略号等描写年兽的心理活动，给孩子们无限遐想的空间，使幼儿能够充分发挥想象力。

（二）画面分析

绘本画面色彩温馨，以红、黄两色为基础色调，充满了喜庆的节日气氛与中国年的韵味。同时，水彩画给人以清新、可爱之感。图书封面上运用双引号，增加了故事的神秘感，吸引幼儿探索故事；绘本中时钟的变化、小老虎手套的变化、绘本中背景的变化等隐藏的细节和线索贯穿始终，有助于幼儿猜测、思考故事内容，使幼儿能够通过细节大胆猜测故事内容，培养幼儿观察画面的能力。绘本中的人物均有自己的特征，能够完整表达故事，进而呈现故事情节、角色、气氛和主题，有助于幼儿通过自主读图猜测故事大意。背景中出现的小老鼠突出了民俗内容，如挂灯笼、贴窗花等春节民俗元素，让幼儿体会到了民俗特色，加深了对新年的认识。

（三）主旨分析

随着社会的发展，人们过年的形式越来越简化，对年文化的认识越来越浅薄。很多孩子们单纯地认为过年就是穿新衣、放鞭炮、得压岁钱、吃年夜饭，忽略了对年文化的认识与传承。《小老虎拜大年》贴近幼儿生活，将枯燥的中国传统文化做了生动的处理，语言简单，充满童趣，画面清新，充满年味，让孩子感受到春节的快乐，了解了春节的民间风俗，体会了人与人之间的美好情感。该绘本引导幼儿愿意参加民俗节日活动，感受节日气氛，感知民族文化的多样性，从而多层次、多角度地丰富了幼儿的认知经验和情感体验。

二、主题目标

◎ 幼儿通过多种活动感受并参与迎新年活动，感受浓厚的亲情、友情和民俗气氛。

◎ 幼儿了解中国是一个多民族、多文化的国家，懂得尊重少数民族和其他地区的风俗习惯。

◎ 幼儿了解春节的多种风俗习惯，运用多种材料进行简单制作。

◎ 在制订过年计划、采购年货等活动中，幼儿能大胆表达自己的想法，讲话自然、大方。

◎ 幼儿认识日历，知道年、月、日的关系，体会时间的重要性，知道珍惜时间。

◎ 幼儿敢于当众表演，表演时自然、从容、自信，并能欣赏他人的表演。

三、主题活动思路图

“红红火火过大年”主题活动思路图如图 11 所示。

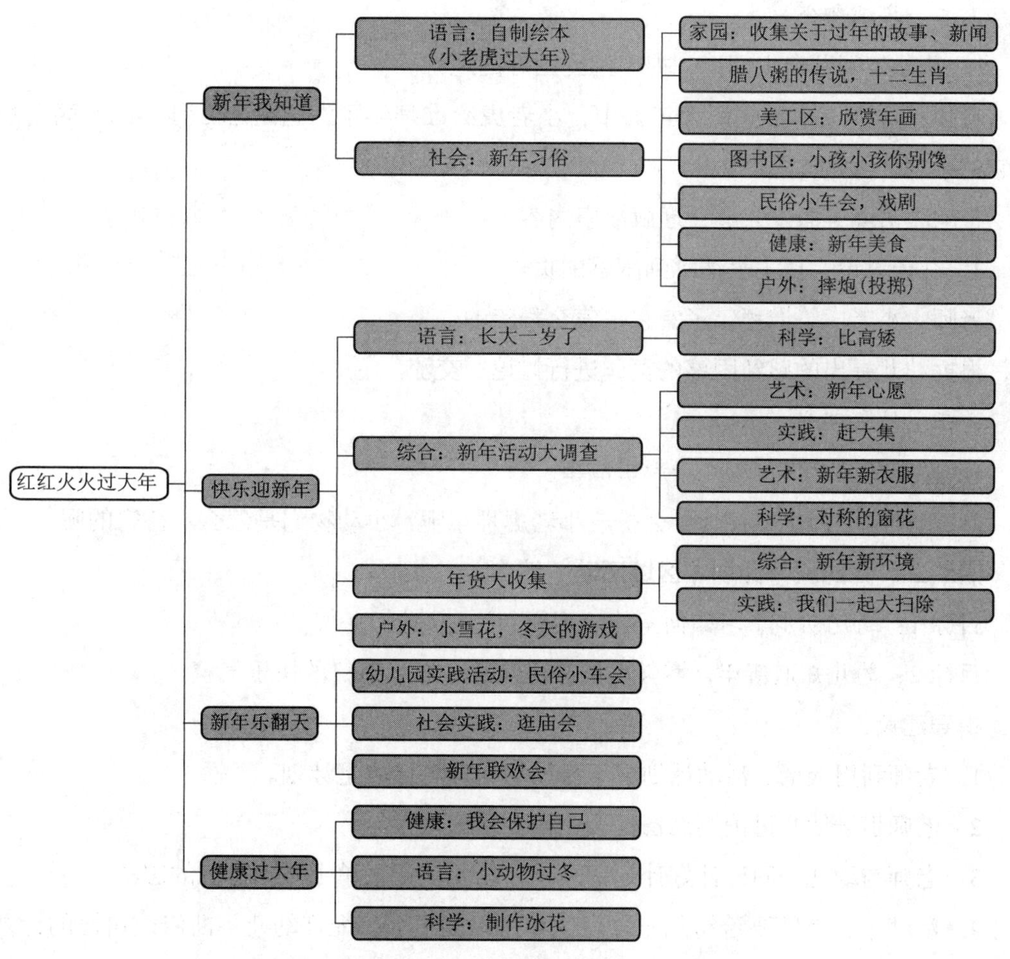

图 11 “红红火火过大年”主题活动思路图

四、活动举例

活动一：阅读绘本《小老虎拜大年》（集体活动·语言）

目标 1：幼儿专注地阅读绘本《小老虎拜大年》，感受故事的趣味性。

目标 2：通过自主阅读，幼儿能够初步理解故事内容。

目标 3：幼儿尝试复述故事中的重复对话。

准 备：物质准备：《小老虎拜大年》绘本、PPT 课件、记录纸；经验准备：幼儿了解年兽的故事及新年的习俗，阅读过《小老虎拜大年》。

过 程：

（一）开始部分

老师出示封面，提示故事中的人物和线索。

老师：老师给小朋友们带来了一本非常好看的书，这本书叫做《小老虎拜大年》，我们一起看看封面，你看到了什么？我们见过的小老虎的手是什么样的？

（二）基础部分

1. 幼儿带问题自主阅读，提出感到困惑的地方。

老师：这本《小老虎拜大年》中，小老虎给谁拜年了？它是怎么拜年的？同时想一想它的手为什么是红色的？

（问题情境：激发兴趣，理解故事内容）

2. 交流讨论，自主表达感到困惑的页。

老师：小老虎给谁拜年了？它是怎么拜年的？

根据幼儿提出的感到困惑的页，进行讨论、交流。

（三）结束部分

1. 完整播放 PPT，幼儿一起讲故事。

2. 老师提问：小年兽为什么扮成小老虎拜年呢？小动物们是怎么对待它的呢？

活动二：我的新年计划（区域活动·综合）

目标 1：幼儿初步学习如何集体制定新年活动计划。

目标 2：幼儿知道新年，增强民俗文化情感，感受节日的快乐气氛。

指导建议：

1. 老师利用谈话、活动计划展示帮助幼儿理解什么是计划。

2. 老师引导幼儿讨论要准备什么，需要什么。

3. 老师与幼儿一同设计好计划记录单，幼儿在记录单上添画自己的想法。

4. 活动中，老师要给幼儿充分表达和讨论的机会，允许幼儿不断修改自己的计划，使计划逐步变得具有可行性。

5. 查看记录单，看有没有缺失的项目。

6. 支持幼儿为实现计划做准备，如收集材料等。

延伸活动：

1. 鼓励幼儿介绍自己的新年计划，并征求大家的意见。

2. 家园共育，鼓励家长参与其中。

活动三：有趣的拉花（区域活动·益智区）

目标 1：幼儿尝试用两种颜色并按 ABAB/ABB 的规律排序，初步掌握两种颜色的不同排序规律和方法。

目标 2：幼儿感受排序产生的有趣现象，体验排序在生活中的运用。

指导建议：

1. 老师带领幼儿观察成品，发现排序的规律。

2. 老师引导幼儿感知 ABAB/ABB 的排序规律。

3. 老师与幼儿讨论想要制作什么样子的拉花装饰教室。

4. 幼儿操作，老师引导幼儿按照自己的意愿排列、组合。

5. 幼儿分享自己的小结。

延伸活动：

1. 在生活活动中创设关于 ABAB/ABB 的排序规律的环境。

2. 班级中的吊饰请幼儿按一定规律排序布置。

3. 找一找，生活中哪些地方有规律。

4. 在美工区投放不同材料，请幼儿试一试还可以有哪些规律并记录。

活动四：《新年服装》（集体活动·艺术）

目标 1：幼儿能够感受并喜爱节日的服装，发现它们的特点和美的规律。

目标 2：幼儿尝试运用绘画、手工制作及装饰的方式表达对规律美的理解。

准　备：物质准备：传统服饰范例、服装半成品以及水彩笔、彩珠、绳子等常见于美工区的各种绘画工具；经验准备：幼儿在日常生活中观看过新年服饰。

过　程：

（一）开始部分

感知欣赏。老师可以从以下两方面入手。

（1）老师出示新年服装，引导幼儿初步感知新年服装款式、花色的特点，说说自己对新年服装的理解。

（2）老师引导幼儿观察新年服装规律美的特点。

（二）基础部分

幼儿创作。老师可以从以下 3 方面入手。

（1）提供不同品种和层次的创作材料，鼓励幼儿大胆设计自己的新年服装。

老师：你想设计一件什么样子的新年衣服？用什么方法进行装饰？需要什么材料？

（2）老师介绍材料，幼儿自由选择材料制作新年衣服。

（3）老师巡回指导，重点引导幼儿运用规律美进行创作，突出服装的节日装饰特点。

（三）结束部分

1. 幼儿互评，说说制作方法及规律美的表现。

2. 老师点评。

延伸活动：

1. 老师引导幼儿寻找在幼儿园生活中发现规律美。

2. 家园合作，帮助幼儿寻找周围环境中的规律美。

活动五：年来啦（生活活动）

目标 1：幼儿对过年的相关经验感兴趣，能从图书、电视等多种途径获得有关过年的经验。

目标 2：幼儿大胆表达自己调查的结果，感受年俗文化。

指导建议：

1. 老师引导幼儿回忆已有经验。

2. 幼儿分享、交流自己收集到的年俗文化。

3. 老师将幼儿发言的内容记录在记录纸上。

4. 老师引导幼儿从不同方面认识新年（新年习俗、新年美食等）。

延伸活动：

1. 进一步收集有关年俗文化的知识，丰富幼儿对年俗文化的认识。

2. 老师和幼儿一起创设新闻角，播报关于年俗文化的新闻等。

3. 在游戏区中展出有关年的内容。

4. 在美工区提供彩纸、纸盒等废旧材料，引导幼儿制作有关年文化的内容，如制作灯笼、鞭炮等。

5. 在图书区投放有关年的绘本，如《小老虎拜大年》《过新年》等，引导幼儿从绘本阅读中获得年的信息，并与同伴交流。

6. 在角色区投放面粉、山楂等，引导幼儿制作新年美食，如饺子、糖葫芦等。

活动六：小老虎拜大年（区域活动·表演区）

目标 1：幼儿学习运用不同的语句、表情、动作表现角色的特征。

目标 2：幼儿在表演中提高与同伴合作表演的能力。

指导建议：

1. 老师提问，引导幼儿回忆故事内容。

2. 讨论：怎样表现故事中的人物？老师鼓励幼儿根据自己的经验，大胆地表现。

3. 幼儿自选角色，初步尝试表演，老师鼓励幼儿大胆表现自己的想法。

4. 反复尝试后，老师引导幼儿总结经验并积极与同伴沟通交流。

5. 老师组织幼儿对相关经验进行讨论、分享，如表演时需要注意的事项、怎样才能更好地表演、小朋友之间需要如何配合，等等。

延伸活动：

1. 在美工区，小朋友们尝试为表演区制作表演道具。

2. 在图书区投放有关的绘本，如《小老虎拜大年》，引导幼儿通过阅读绘本获得年的信息，并与同伴交流。

节气主题活动之“柿子柿子”

10月 | 李亮

一、节气分析

霜降是二十四节气中的第 18 个节气，一般是在每年公历的 10 月 23 日或 24 日。霜降是秋季的最后一个节气，是秋季到冬季的过渡节气。夜晚，空气中的水蒸气在地面或植物上凝结成霜，此时天气渐凉，秋燥明显。霜降是重要的农作时期，是大秋作物完成收获的季节。在幼儿园里，此时黄澄澄的柿子挂满枝头，每当经过柿子树前，孩子们都会对柿子充满好奇，采摘柿子、品尝柿子成了他们迫不及待想要做的事情。

二、主题目标

◎ 幼儿感受霜降的节气特点，体会大自然的美与奇妙。
◎ 幼儿感知节气对植物生长、变化的影响。
◎ 幼儿在收集、采摘活动中会选择所需的工具和适当的方法。
◎ 幼儿在采摘活动中尝试制定计划，能独立解决活动中的问题。
◎ 幼儿在采摘活动中尝试自主选择工具和材料，大胆设计、制作美术作品。

三、主题活动思路图

“柿子柿子”主题活动思路图如图 12 所示。

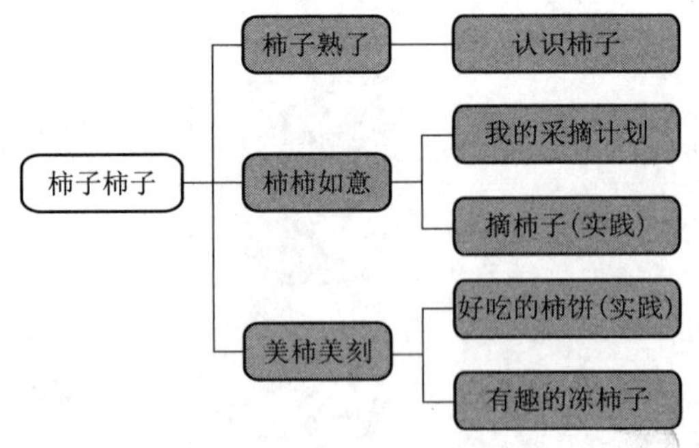

图 12 “柿子柿子”主题活动思路图

四、活动举例

活动一：柿子柿子（生活活动）

目标 1：幼儿认识柿子，通过观察、品尝，了解柿子的外形特征。

目标 2：幼儿学习有关柿子的儿歌，感受诗歌中的语言美。

指导建议：

1. 幼儿观察柿子是什么样子的？

2. 幼儿对柿子进行大胆探索。柿子摸起来是什么感觉？刚刚摘下的柿子是什么样子的？放一段时间的柿子摸起来是什么感觉的？

3. 鼓励幼儿利用工具品尝柿子的味道。

4. 引导幼儿记录其探索的关于柿子的经验。

5. 在图书区播放关于柿子的儿歌。

延伸活动：

1. 进一步收集有关柿子的知识，丰富幼儿对柿子的认识。

2. 在美工区提供彩纸、纸盒等废旧材料，引导幼儿制作有关柿子的手工等。

3. 在图书区投放有关柿子的书籍，引导幼儿通过阅读获得关于柿子的信息，并与同伴交流。

附儿歌：

柿子

秋天到，秋天到

大红柿子高高挂

风儿一吹来回摆

好像灯笼在舞蹈

活动二：《有趣的柿子》写生（集体活动 · 艺术）

目标 1：幼儿观察柿子树及柿子的特征，能用喜欢的绘画方式表现丰收的柿子树。

目标 2：培养幼儿大胆创作和绘画的能力。

准　备：物质准备：各种各样的绘画工具及纸张；经验准备：幼儿前期观察过幼儿园里的柿子树。

过　程：

（一）谈话导入

老师：我们昨天一起观察过幼儿园的柿子，谁还记得柿子是什么样子的？

（二）观察丰收的柿子树

老师：柿子树上都有什么？柿子长在哪里？柿子树是什么样子的？叶子是什么样子的？

（三）讨论绘画方法

老师：我们今天就来把柿子树画下来，你想用什么方法绘画？

（四）幼儿绘画，老师观察

1. 老师介绍绘画材料。

2. 老师提醒幼儿绘画时注意观察。

（五）作品展示

1. 幼儿自评、互评。

2. 老师点评

（六）老师小结

延伸活动：

讨论：柿子成熟了我们要怎么做？

活动三：我的采摘计划（集体活动·实践）

目标 1：幼儿结合自己的生活经验，制定采摘计划，尝试安排自己的活动。

目标 2：在协商、讨论等过程中培养幼儿初步合作的能力。

准　备：物质准备：老师设计的采摘计划表、白纸、彩笔等；经验准备：幼儿前期观察过幼儿园里的柿子树。

过　程：

（一）谈话导入

老师：柿子熟了怎么办？

（二）讨论采摘计划

老师：你想要怎样摘柿子？需要什么样的工具？摘柿子时我们应该注意什么？我们一起制定一份采摘计划吧。

（三）制定采摘计划

1. 老师带领幼儿设计采摘计划。

2. 老师鼓励幼儿有困难时共同商讨，寻找解决办法。

3. 老师把幼儿制定的内容做记录和进行分类。

（四）分享交流

老师：你是用什么方法采摘的？遇到了什么问题？怎么解决？

延伸活动：

1. 家园合作，收集采摘柿子的工具。

2. 幼儿在益智区修改自己的采摘计划。

活动四：去采摘喽（户外活动·实践）

目标1：幼儿积极参加采摘活动，在活动中获得愉快、丰富的体验。

目标2：幼儿能按照计划实施采摘活动，在活动中发现问题并尝试初步解决问题。

指导建议：

1. 老师为幼儿提供安全、宽敞的采摘场地和合适的工具，方便幼儿按照自己的计划采摘山楂。

2. 幼儿在活动中遇到困难时，老师适时给予帮助。

3. 活动后幼儿分享交流：怎么采摘到柿子？采摘活动中遇到什么问题？怎样解决？

延伸活动：

1. 在美工区，幼儿将自己采摘的方法画出来，并与同伴分享采摘的喜悦。

2. 老师与幼儿商讨，摘下的柿子可以怎样保存，以及柿子的其他吃法。

3. 家园配合，与家长一同收集关于柿子的美食。

活动五：好吃的柿饼（区域活动·科学区）

目标1：幼儿通过制作柿饼锻炼动手操作的能力。

目标2：幼儿学习利用削皮刀、水果刀等工具，尝试制作柿饼。

指导建议：

1. 老师引导幼儿讨论如何制作柿饼，需要注意哪些事项。

2. 老师利用谈话、视频，让幼儿知道使用工具时的注意事项。

3. 幼儿自主制作柿饼，老师巡回指导，允许幼儿大胆地实现心中的计划。

4. 老师支持幼儿为本次活动做准备，如寻找制作柿饼的方法、收集工具等。

延伸活动：

1. 老师鼓励幼儿向班级其他幼儿介绍制作柿饼的方法，并请其他幼儿提出建议。

2. 幼儿在日常生活中时刻关注柿饼的变化。

3. 发现柿饼有变化时，例如长毛了，师幼讨论柿饼长毛的原因。

节气主题活动之“山楂红了”

10月

周芮宁

一、节气分析

进入霜降，在幼儿园里，红红的山楂格外显眼。虽然山楂树上的树叶都已落了，可是红彤彤的山楂还挂在树上，每当经过山楂树前，孩子们都迫不及待地想要采摘、品尝。老师充分利用和开发幼儿需求和兴趣及其教育价值，生成“山楂红了”系列活动，让孩子们在亲手采摘山楂、动手制作糖葫芦的真实体验中，感受劳动与丰收的喜悦，体味浓浓的秋意。

二、主题目标

◎ 幼儿感受霜降的节气特点，体会大自然的美与奇妙。

◎ 在采摘、制作活动中，幼儿会选择适当的方法和所需的工具。

◎ 在制作活动中，幼儿初步尝试解决制作活动中出现的问题。

◎ 在绘画活动中，幼儿尝试自主选择工具和材料，大胆设计、创作美术作品。

三、主题活动思路图

“山楂红了”主题活动思路图如图 13 所示。

四、活动举例

活动一：摘山楂（户外活动 · 实践）

目标 1：幼儿积极参加到采摘活动中，在活动中获得愉快、丰富的情绪体验。

目标 2：幼儿能按照自己的计划实施，在活动中可以发现问题并尝试初步解决问题。

目标 3：幼儿在采摘山楂的活动中知道保护自己不受伤害，同时注意不伤害他人。

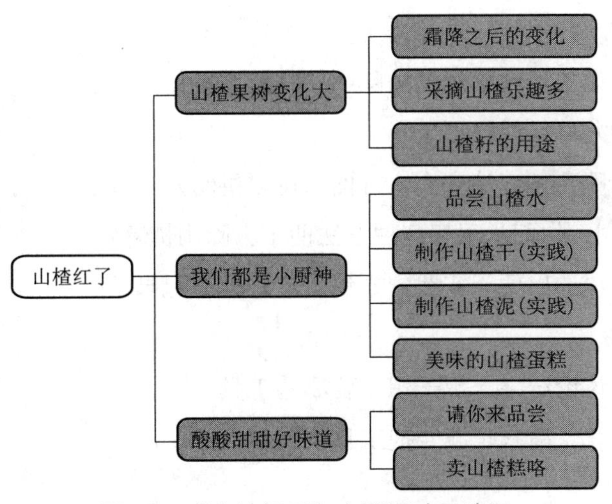

图 13 “山楂红了”主题活动思路图

指导建议：

1. 老师为幼儿提供安全、宽敞的采摘场地并提供合适的工具，方便幼儿按照自己的计划采摘山楂。

2. 幼儿在活动中遇到困难时，老师适时给予帮助。

3. 幼儿在尝试解决问题时，老师应以视频、照片的形式记录，活动结束后请幼儿分享。

延伸活动：

1. 利用放假时间，家长带着幼儿体验采摘其他果实，幼儿通过多次采摘，知道各种果实不同的采摘方式。

2. 幼儿回家后和家长说一说今天用什么方法采摘的山楂，分享收获的喜悦，品尝山楂的味道。

活动二：山楂去籽（集体活动·科学）

目标 1：幼儿在讨论中愿意表达自己的各种感受和想法，喜欢提问，积极回答问题。

目标 2：幼儿能够对如何去除山楂籽主动探究并大胆地实践。

目标 3：幼儿知道自己与别人有不同的想法，懂得尊重别人的意见。

准　备：物质准备：黑板、粉笔；经验准备：幼儿从多种途径收集去除山楂籽的方法。

过　程：

（一）开始部分

1. 老师出示山楂，引出需要去除山楂籽的话题。

2. 老师谈话导入，唤起幼儿已有经验。

老师：小朋友们，去除山楂籽，你们都有什么好办法？

（二）基本部分

1. 请幼儿说一说自己收集到的去除山楂籽的方法。

2. 老师帮助幼儿总结并做记录。

3. 请幼儿讨论哪几种方法安全、方便，可以供幼儿实践。

老师：小朋友们，你们觉得哪几种方法便于去除山楂籽？

4. 幼儿举手表决选出便于实践的方法，老师辅助记录。

（三）结束部分

1. 请幼儿针对讨论结果，想一想需要哪些工具。

2. 通过家园共育，请家长配合把工具带到幼儿园。

延伸活动：

1. 通过家园共育，尝试用工具为其他水果去核去籽等。

2. 老师把记录照片放到新闻播报站，方便幼儿交流如何去除山楂籽。

活动三：制作山楂干（区域活动·科学区）

目标 1：幼儿通过自己动手制作山楂干，获得生活经验，发展动手能力。

目标 2：幼儿体验亲自制作山楂干的快乐，获取制作食品的相关经验。

指导建议：

1. 老师利用谈话、视频让幼儿知道使用工具时的注意事项。

2. 老师引导幼儿讨论如何制作山楂干、如何使之变干。

3. 活动中，老师要给幼儿充分的动手机会，允许幼儿大胆地实现心中的计划。

4. 老师支持幼儿为本次活动做准备，如寻找制作山楂干的方法、收集工具等。

延伸活动：

1. 在美工区，老师提供多种材料，让幼儿以不同的艺术形式画山楂。

2. 活动后，幼儿用山楂干泡成水，品尝山楂水并说一说山楂水的味道。

3. 晾晒过程中，幼儿发现有的山楂干长毛，请幼儿找出存在的问题并想办法解决。

活动四：制作山楂泥（集体活动·科学）

目标 1：幼儿通过自己动手制作山楂泥获得生活经验，发展动手能力。

目标 2：幼儿品尝自己制作的山楂泥，感受成功的乐趣。

准　备：物质准备：蒸锅、容器、捣蒜器、擀面杖等；经验准备：幼儿了解过如何制作山楂泥。

过　程：

（一）开始部分

1. 老师出示山楂泥图片，请幼儿猜一猜是什么果酱。

2. 老师激发幼儿制作山楂泥的兴趣，鼓励幼儿产生初步合作的意识。

3. 老师提出制作山楂泥的注意事项。

（二）基本部分

1. 幼儿自愿分组，选择制作山楂泥的工具。

2. 幼儿用自己的办法把山楂捣成泥，加上适量的糖，放进容器搅拌。

3. 幼儿把山楂泥放进蒸锅蒸 10 ～ 15 分钟，老师提出注意事项。

（三）结束部分

1. 等山楂泥自然冷却后，放在冰箱里冷藏。

2. 幼儿把山楂泥送给平行班的幼儿品尝，并和其他幼儿说一说制作的过程。

延伸活动：

1. 在早来园，幼儿可以和同伴说一说制作山楂泥遇到的困难和解决的办法。

2. 家园共育，幼儿可以在家尝试制作其他的果酱。

活动五：美味的山楂蛋糕（区域活动 · 小超市）

目标 1：幼儿积极主动与同伴交往，初步学会交流、互助与合作，并能尝试解决活动中出现的问题。

目标 2：幼儿在为他人服务的过程中萌发初步的责任感。

指导建议：

1. 在活动中，老师要提醒幼儿注意食品卫生。

2. 老师引导幼儿与同伴一起商量“小超市”的内容和角色，不争抢，不霸道。

3. 在角色扮演中，老师鼓励幼儿运用礼貌用语。可以和幼儿共同收集和讨论“小超市”的礼貌用语有哪些，活动结束后评出“最有礼貌的服务员”和“最有礼貌的顾客”。

延伸活动：

1. 幼儿可以去超市实地考察，天气冷了都需要更换哪些商品，如防寒用品等。

2. 老师引导幼儿根据顾客需要，和美工区的同伴交流，共同制作商品。

节气主题活动之“好吃的红薯干”

10月

刘立娟

一、节气分析

进入霜降，不耐寒的作物已经收获或停止生长，经霜覆盖的蔬菜和水果吃起来味道更加鲜美香甜。霜降是重要的农作时期，俗话说：“霜降见霜，米谷满仓。”霜降后，大秋作物完成收获，这也是幼儿园最美的时刻，满枝头的柿子黄澄澄的，像一个个小灯笼；山楂红得发亮，像一颗颗红宝石；菜园里的白薯、玉米正在向小朋友们招手；班级的植物角也开展了“赏菊花、画菊花、做菊花”的活动。

红薯随处可种，耐旱易活，产量极丰，生熟都可食，可煮、可蒸、可烤、可熬，可切片晒干，是孩子们爱吃的甜食。人间霜花白，正是红薯登场时，每年霜降过后，红薯扑鼻而来的香味，存留在我们很多人的记忆里。古人说：“干久收藏，屑之旋作饼饵，胜用饧蜜。”把红薯晒成干，储藏起来，一边候着日渐寒冷的天气，一边吃着胜过糖蜜的薯干，是深秋天里最甜美的犒赏。

二、主题目标

◎ 幼儿通过查找资料、亲身参与体验霜降的传统民俗活动，感受霜降的节气特点，了解霜降节气对动物、植物、人们生活以及农事耕作的影响，感受古代劳动人民的智慧。

◎ 幼儿主动参加有关秋收的活动，观察、发现霜降节气的变化，主动适应天气变化，添衣保暖，预防感冒。

◎ 幼儿通过种植、观察、照顾、收获红薯的整个实践过程，认识红薯的生长过程，感受劳动的艰辛。

◎ 幼儿在收集、采摘活动中尝试制定计划，学会选择所需工具和适当的方法，能独立解决活动中出现的问题。

◎ 结合霜降养生，幼儿园制定节气食谱，以幼儿带动家长，全园共同感受传统节气的魅力，顺应节气，重构生活。

◎ 幼儿在实践活动中，大胆尝试一薯多吃，发展其观察、操作、探索的能力。

三、主题活动思路图

“好吃的红薯干”主题活动思路图如图 14 所示。

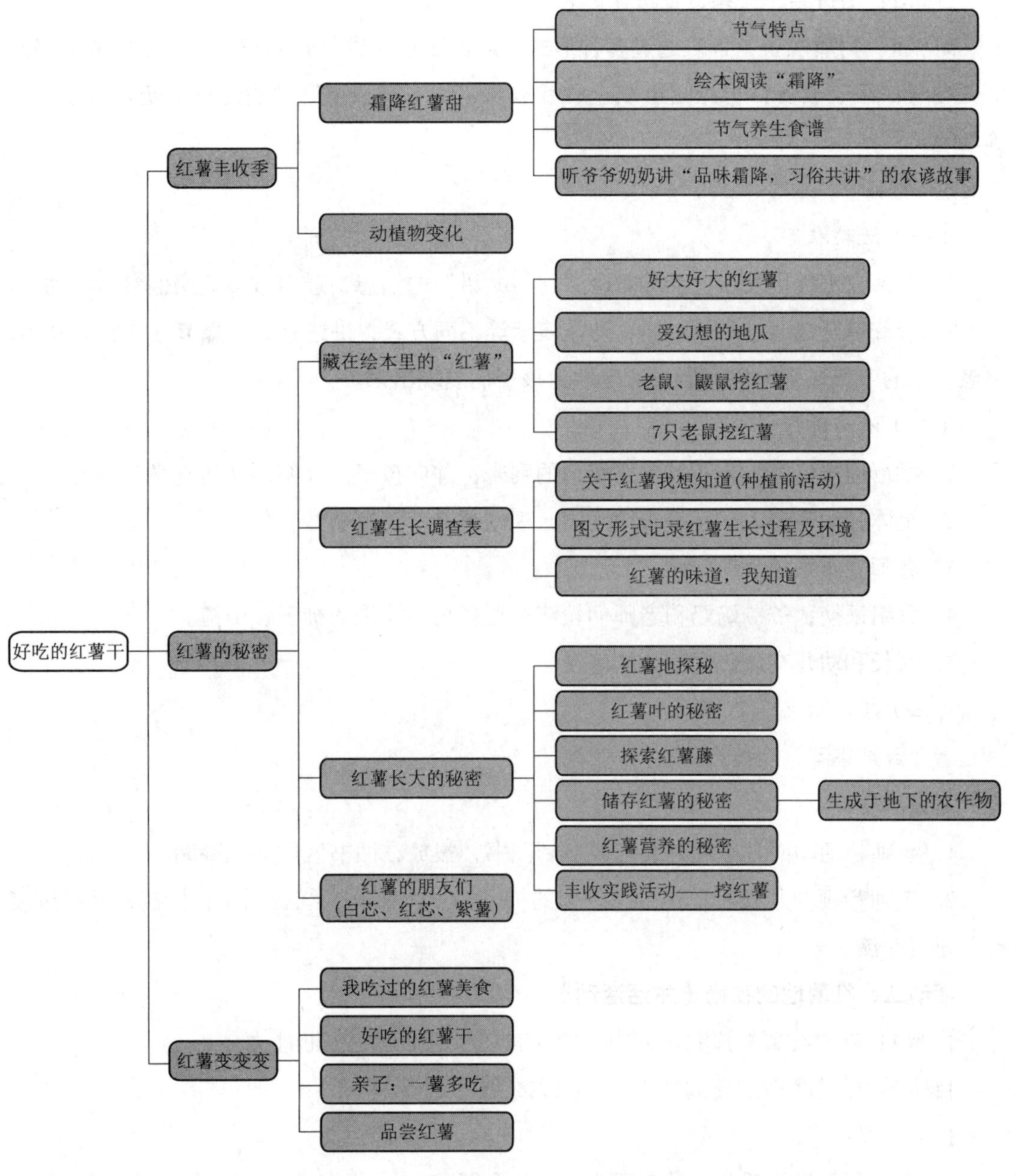

图 14 “好吃的红薯干”主题活动思路图

四、活动举例

活动一：爷爷奶奶讲霜降（亲子活动·语言）

目标 1：幼儿了解霜降的节气特点和习俗，知道节气与气候变化等因素的关系，对中国的传统文化有更多的了解。

目标 2：增进亲子关系，促进家园合作。

准　备：物质准备：各班通过多种形式，对此次活动进行介绍与宣传，鼓励爷爷奶奶踊跃参与；经验准备：幼儿园组织过“爷爷奶奶讲节气故事”“我给爷爷奶奶过重阳”等活动。

过　程：

（一）活动准备

1. 老师在班级里发布“品味霜降，习俗共讲”的消息，邀请爷爷奶奶们参与活动。

2. 请爷爷奶奶通过回忆讲述、动作演示等不同方式，讲述有关霜降节气的农谚故事，将老一辈的节气风俗习惯，活灵活现地为孩子们展现出来。

（二）活动进行

1. 举行迎接仪式，欢迎爷爷奶奶们的到来，并向孩子们介绍活动的意义。

2. 全体师幼与老人一起漫步幼儿园，观察霜降节气有哪些变化。

3. 老师宣布采摘活动开始。

4. 分组采摘，爷爷奶奶和老师们轮流指导各组幼儿采摘柿子、山楂。

5. 家长和幼儿交流此次活动的感受。

（三）活动结束

老师致结束辞，全体合影。

延伸活动：

1. 老师将活动照片整理并装订成自制图书，投放在图书区供幼儿翻阅。

2. 老师带领幼儿长期观察自己种植的柿子树、山楂树、红薯的生长情况，并在过渡环节进行交流。

活动二：红薯地的秘密（生活活动）

目标 1：在对红薯的探究过程中，幼儿有初步的推理、判断能力。

目标 2：幼儿了解红薯的特点，有探究红薯的欲望。

指导建议：

1. 老师利用集体活动、过渡环节向幼儿介绍霜降时节挖红薯、吃红薯的节气习俗。

2. 老师和幼儿交流吃过的有关红薯的美食。

3. 老师大胆引导幼儿猜测红薯的生长环境，红薯叶子叫什么，引导幼儿为自己认领的红薯地画一幅画。

4. 老师让幼儿猜一猜哪种工具挖红薯最方便，引导幼儿讨论、猜测、记录。

5. 老师带领幼儿到幼儿园的种植园观察种植地里的红薯。

延伸活动：

1. 家长和幼儿一起查找有关红薯的图片、图书等资料，引导幼儿获得各种有关红薯的知识。

2. 老师带着幼儿日常观察红薯的生长环境以及生长状况。

活动三：挖红薯（户外活动·实践）

目标 1：幼儿体验成功的喜悦和劳动的快乐。

目标 2：在实践活动中，幼儿寻找适合挖红薯的工具。

目标 3：在采挖过程中，幼儿验证“红薯怎么挖”前期的猜想，通过协商解决过程中遇到的问题。

准　备：物质准备：幼儿穿着轻便的衣服和鞋子并携带工具，邀请部分家长参加活动并为幼儿做好准备工作；经验准备：幼儿有日常照顾红薯的经验。

过　程：

1. 老师对幼儿进行安全教育，提醒幼儿注意工具的使用，在种植园地要爱惜农作物，不能有意破坏。

2. 老师引导幼儿欣赏红薯叶、藤的变化，幼儿讨论、猜测、记录“红薯怎么挖”。

3. 老师与幼儿实践挖红薯。在实践活动中，幼儿要对工具、红薯的各种猜想大胆进行验证，从而得出结论；老师要引导幼儿正确使用工具，观察幼儿的兴趣点，重点关注幼儿在挖红薯的过程中遇到的问题，例如红薯挖断不完整、伤到红薯、挖的方向和位置不合适等，及时发现问题，即时生成教育的机会。

4. 总结分享。回到活动室后，老师和幼儿分享活动中的收获，并进行总结。

活动四：阅读绘本《好大好大的红薯》（集体活动·语言）

目标 1：幼儿根据故事情节大胆猜测，表达自己的想法。

目标 2：幼儿通过猜猜说说体验活动的乐趣。

准　备：物质准备：绘本《好大好大的红薯》、绘本 PPT（呈现书的全部内容）、绘画纸；经验准备：幼儿已有自主阅读的相关经验。

过　程：

（一）导入部分

老师谈话导入，激发幼儿活动的兴趣。

老师：今天来了一位朋友，你们看看他是谁？（出示红薯图片）

（二）基本部分

1. 欣赏故事，理解故事内容。

（1）认识书本的封面，引发兴趣。

老师：幼儿园里要准备做什么事？结果出现了什么意外？小朋友们说了些什么？

老师：老师是怎么对小朋友说的？小朋友们听了，又是怎么想的呢？小朋友们想出了什么办法？

讨论：他们会画什么样的红薯呢？

（2）仔细观察画面，寻找趣味。

老师：小朋友们想了什么办法来画红薯？在画的过程中，他们遇到了什么问题？又是怎么解决的呢？

老师：画完了红薯，老师的反应是什么？

讨论：这么大的红薯，怎么搬运呢？

老师组织幼儿分组讨论，各自想办法解决搬运问题，每组一人代表发言。

（3）开动脑筋解决困难，激发想象。

老师：红薯搬到了幼儿园，这么脏怎么处理呢？你们有什么好办法吗？

老师：看看幼儿园的小朋友们是怎么做的？他们还把大红薯想象成了什么？

老师：最后的红薯宴会上有哪些好吃的红薯制品呢？你们还知道哪些红薯做的食品？

2. 老师有感情地讲述故事，引导幼儿想象并创作。

（1）引导幼儿观察图片，老师完整讲述一遍故事。

（2）欣赏视频。

（3）老师：小朋友们，你们想象中的大红薯是什么样子的？如果是你，你会怎么画红薯呢？

（4）幼儿自由创作。

老师引导幼儿交流、展示作品，描述自己设计的红薯有什么特别之处。

（三）结束部分

老师小结，结束活动。

活动五：一薯多吃（亲子活动）

目标 1：通过亲子制作活动，增进亲子之间的情感交流。

目标 2：幼儿了解红薯的特点，有动手烹饪的欲望。

指导建议：

1. 老师利用集体活动、过渡环节向幼儿介绍霜降时节挖红薯、吃红薯的节气习俗。

2. 老师和幼儿交流吃过的由红薯做成的美食，引导幼儿一薯多吃，如红薯丸子、红薯饼，激发幼儿创新想法。

3. 家长鼓励幼儿大胆设计并参与活动，活动过程中提高幼儿的参与性。

4. 将亲子制作的美食发到班级微信群，幼儿用语音、视频进行介绍。

5. 来园后幼儿交流吃过、做过的红薯美食。

延伸活动：

1. 家长和孩子一起查找有关红薯的图片、图书等资料，引导孩子获得各种有关红薯的知识。

2. 幼儿持续观察红薯的生长环境以及生长状况。

活动六：好吃的红薯干（区域活动·小厨房）

目标1：幼儿体验劳动的快乐，有初步的合作意识。

目标2：幼儿通过实践操作，体验红薯干的制作过程。

准　备：物质准备：红薯干的图片、红薯、锅；经验准备：幼儿通过前期活动已对红薯干的制作过程有所了解，并已有“小厨房”相关经验。

过　程：

（一）导入部分

老师谈话导入，激发幼儿活动兴趣。

老师：孩子们，你们想自己制作红薯干吗？我们一起回顾一下红薯干的制作过程吧。

（二）基本部分

1. 幼儿回顾制作过程，老师注重制作顺序。

老师：谁来说说红薯干是怎么做出来的？

幼儿回答后，老师通过图片进行小结。

2. 老师演示并提出安全要求。

3. 幼儿自愿结组，进行创作和实践。

可分为清洗组、蒸煮组、剥皮组、切片组、晾晒组。

（三）结束部分

老师引导幼儿复习、巩固红薯干的制作过程及制作时的注意事项。

延伸活动：

请孩子将自己的手洗净；切片组的幼儿用刀时须注意安全；本次活动为系列活动；晾晒成熟后请幼儿品尝；晾晒环节注意照看及保持卫生。

生活主题活动之“我和跟屁虫”

5月 第1周—第3周

绘本《我和妹妹》	马楠　王慧蕾

一、绘本分析

（一）语言分析

首先，《我和妹妹》一书的创作灵感来源于真实的二胎家庭，贴近幼儿生活，通俗易懂；其次，该绘本是以第一人称诠释的，让幼儿更有身临其境之感，容易理解和接受；再次，多采用排比句式，增强了语言的气势和表达效果，幼儿阅读起来郎朗上口；最后，动词运用形象生动，符合中班幼儿的年龄特点，例如“挤”进去、“踮”起脚、“塞”给我、“搂”住肩等，丰富了幼儿的词汇量，增强了幼儿对故事的理解和感受。

（二）画面分析

绘本大师松居直说过：“绘本里有非常出色的文章，非常出色的图画。”优秀的绘本都有一个共性，那就是图画一定具有艺术欣赏价值。《我和妹妹》整本书以彩铅画为主，色彩丰富、细腻，表现出清新、可爱的画面感，同时又富有轻盈、通透的质感。色调以暖色为主，给人温暖、亲切之感，妈妈以冷色调呈现，与画面中的哥哥和妹妹形成了鲜明对比，从而表现出妈妈的温柔和冷静。通过绘本画面阅读，幼儿可以拓展对色彩的感知和辨识，对色彩的内涵和表达的情感有初步了解。绘本中出现的小熊隐含着一条非常重要的情感线索，它原本是哥哥最爱的玩具，随着妹妹的出生，哥哥将其送给了妹妹，由此反映出哥哥的心理变化。

（三）主旨分析

故事主题贴近生活，符合当下的时代背景，非常适合即将或已经成为二胎家庭的亲子阅读。孩子们在阅读后或许不懂得“二胎”是什么概念，但是至少能在心理上有所准备，当弟弟或妹妹出生后，不会有突如其来的意外和孤独感。爸爸妈妈的思维是理性的，孩子的思维却是感性的，为了不让他们的心灵受到伤害，该书旨在为大宝做好心理与情感上的准备。本书对于启发父母正确地对待“大宝”和帮助“大宝”在心理上实现角色转换，也具有非常重要的意义；同时，本书还从侧面引导幼儿“心中有爱”，有爱就要大胆表达。

二、主题目标

◎ 培养幼儿良好的饮食、睡眠盥洗、排泄等生活习惯和生活自理能力。

◎ 鼓励幼儿帮助家人做力所能及的事（如收拾玩具、整理被褥、擦桌椅等），初步养成独立意识。

◎ 鼓励幼儿利用已掌握的艺术表现方法，自由创作“我与跟屁虫的故事”，并支持他们在绘画过程中出现的奇思妙想（如夸张的色彩、变形的线条、抽象的内容等）。

◎ 在绘本教学中，老师引导幼儿尝试说明、描述简单的事物或过程。

◎ 老师引导幼儿有目的地观察周围的常见事物，能对自己和弟弟妹妹的变化进行连续观察，并能发现事物或现象的差异或变化。

三、主题活动思路图

“我和跟屁虫”主题活动思路图如图 15 所示。

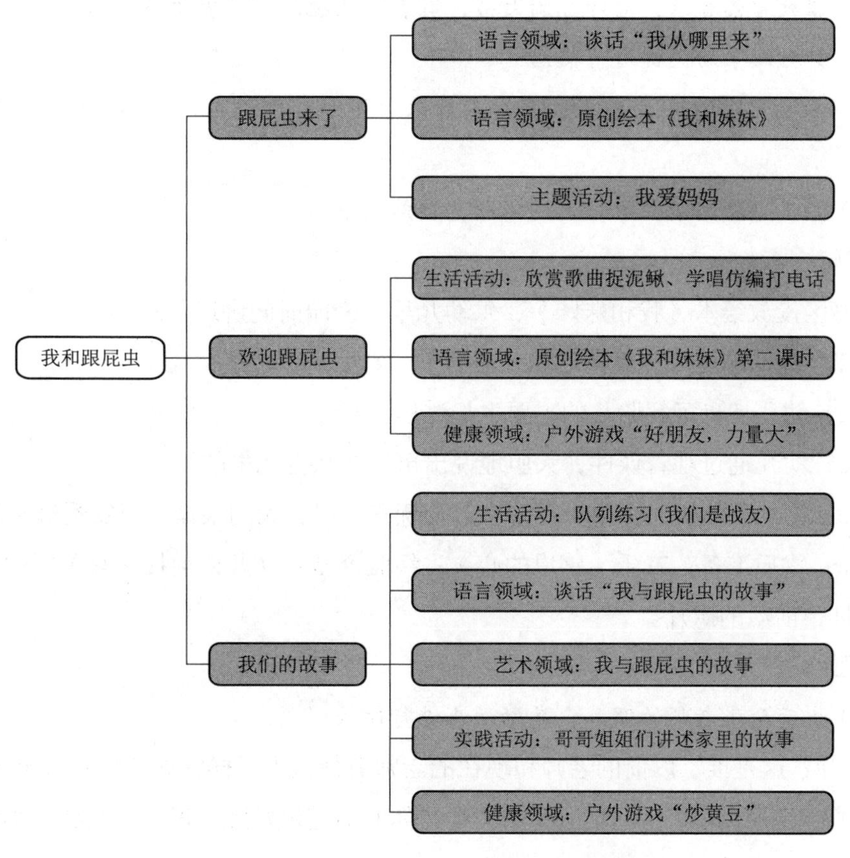

图 15　“我和跟屁虫”主题活动思路图

四、活动举例

活动一：阅读绘本《我和妹妹》（第一课时）（集体活动·语言）

目标1：幼儿通过阅读初步了解故事的情节内容，感受故事的诙谐、幽默。

目标2：幼儿萌发做哥哥或姐姐的光荣感及爱护弟弟妹妹的情感。

准　备：《我和妹妹》图书若干、课件PPT、轻音乐。

过　程：

（一）封面导入

1. 出示封面，引导幼儿观察。

老师：封面上有谁？她脸上的表情是什么样的？除了这个小妹妹，封面上还有什么？

2. 揭开封面上的文字并阅读。

（二）观察扉页

老师：图上画了谁？哥哥的表情是什么样的？妹妹的表情呢？

老师：哥哥为什么那么生气？妹妹又为何那么高兴呢？到底发生了什么事情？

（三）播放背景音乐，老师翻阅大书，有表情地把故事完整讲述一遍

（四）针对故事的关键进行提问

老师：你们觉得故事有趣吗？哥哥为什么会生气？哥哥为什么不害怕了？你从哪里看出来的？

（五）幼儿自主阅读，验证上述问题，自然结束

延伸活动；

在图书区投放绘本《我和妹妹》，供幼儿早上来园时间讲述。

活动二：我从哪里来（集体活动·语言）

目标1：幼儿初步了解胎儿的主要生长过程。

目标2：幼儿通过观看课件，大胆地说出自己是从哪儿来的。

目标3：幼儿了解妈妈怀孕十月的辛苦及抚养自己长大的艰辛，萌发爱母亲的情感。

准　备：物质准备：音乐《感恩的心》；经验准备：幼儿课前搜集有关树的图片和资料、老师怀孕前后的照片。

过　程：

（一）出示两张老师的照片，鼓励幼儿进行比较

1. 老师：这是谁？以前的老师和现在的老师有什么不一样？你从哪儿看出来的？

2. 老师：小朋友们，你们是从哪来的呢？你们知道妈妈肚子里为什么会有小宝宝吗？

（二）播放课件《我从哪里来 1》，让幼儿通过观看课件初步了解人生命的由来，同时鼓励孩子大胆发问

1. 老师：小朋友们，现在你们知道自己是从哪儿来的吗？

2. 老师：原来爸爸妈妈结婚以后，爸爸把身体里一种叫精子的东西送给了妈妈，它们在妈妈的身体里进行游泳比赛，游得最快的那个就会和妈妈身体里叫卵子的东西友好地结合在一起，并留在妈妈肚子里的一间小房子里，然后在小房子里一天天长大，形成一个受精卵，受精卵长大后就是一个小宝宝了，再经过 280 天左右，就从妈妈肚子里出来了。

（三）播放课件《我从哪里来 2》，让幼儿通过观看课件初步了解胎儿的主要生长过程

1. 老师：小宝宝住在妈妈身体里的什么地方？

2. 老师：小宝宝开始的时候有多大？后来慢慢地长出了什么？眼睛会睁开吗？

3. 老师：小宝宝会在妈妈的肚子里做些什么呢？宝宝的耳朵能听见声音吗？后来宝宝在妈妈的肚子里怎么样了？他会在妈妈的肚子里生活几个月？

4. 老师：原来小宝宝一直住在妈妈身体里的一个叫子宫的小房子里，开始的时候他像一粒种子那么大，慢慢地长出了眼睛、耳朵、嘴巴，到 180 天的时候眼睛还会睁开。小宝宝在妈妈的肚子里会游泳、吸吮手指、翻跟头，有时还会跟着音乐跳舞。后来小宝宝越长越大，妈妈的肚子再也装不下了，他就从妈妈的肚子里出来了。他整整在妈妈的肚子里住了十个月。

（四）播放音乐《感恩的心》，让幼儿表演

老师：小朋友都说得很好，下面让我们一起怀着感恩的心感谢我们的妈妈，感谢她把我们带到这个世界上，感谢妈妈为我们做的每一件事情。

延伸活动：

幼儿与家人一起绘画《小时候的我和现在的我》，感受自己的变化。

活动三：我来照顾蛋宝宝（集体活动・实践）

目标 1：幼儿在活动中能意识到自己已经长大，懂得自己的事情应该自己做的道理。

目标 2：幼儿乐于倾听别人说话并能大胆讲述，体会照顾蛋宝宝的快乐。

准　备：物质准备：《世上只有妈妈好》音乐磁带、每人一个鸡蛋、妈妈抚育婴儿一天的录像；经验准备：幼儿了解有关相互关爱的情感。

过　程：

（一）多媒体导入，激发幼儿活动兴趣

观看妈妈抚育婴儿一天的录像。

老师：妈妈是怎么爱护宝宝的？要是你，你打算怎么做？

老师出示鸡蛋，布置安排照顾蛋宝宝的任务。

（二）幼儿在一日生活中随身携带自己的鸡蛋加以照顾，尽量使它保持完整

发现问题，老师及时辅助。

老师跟踪拍照，为宝宝们留下美好瞬间。

（三）幼儿晚上离园前讲述这一天照顾蛋宝宝的方式、方法与技巧

老师：你是如何照顾蛋宝宝的？你开心吗？

延伸活动：

1. 幼儿了解爸爸妈妈的生日，用适当的方式表达对他们的爱。

2. 幼儿将自己照顾蛋宝宝的故事画出来。

活动四：我为妈妈做的事（生活活动）

目标1：幼儿能做力所能及的事（如收拾玩具、整理被褥、擦桌椅等）。

目标2：幼儿初步养成独立的意识。

指导建议：

1. 幼儿调查过妈妈的生日及喜好，用绘画的形式将其记录下来。

2. 幼儿回到家中，帮助妈妈做力所能及的事。

3. 幼儿在班级过渡环节交流、讲述自己帮助妈妈做了什么。

延伸活动：

家园合作，幼儿用绘画的形式将其为妈妈做的事表现出来。

活动五：阅读绘本《我和妹妹》（第二课时）（集体活动·语言）

目标1：幼儿愿意表达自己的各种感受和想法。

目标2：幼儿主动用语言与别人交往，体验语言交流的乐趣。

准　备：物质准备：《我和妹妹》图书、课件PPT、轻音乐、《我和妹妹》情境创设；经验准备：幼儿看过《我和妹妹》。

过　程：

（一）观看PPT，激发幼儿已有经验，承上启下

老师：谁能说一说这个故事讲了什么？我和妹妹发生了什么有趣的事？我们需要什么道具？

（二）师幼分角色阅读《我和妹妹》，熟悉故事内容和对话

老师：妹妹应该怎么演？哥哥应该怎么演？

（三）幼儿分角色试表演《我和妹妹》，抓住人物特征

（四）总结不足，在此提升经验

老师：我们的表演有什么优点？我们的表演有什么缺点？

延伸活动：

1. 幼儿在表演区表演《我和妹妹》。

2. 幼儿在美工区为《我和妹妹》制作道具。

活动六：我保护弟弟妹妹做游戏（户外活动·实践）

目标1：幼儿在帮助弟弟妹妹的过程中体验助人为乐的成功感和自豪感。

目标2：幼儿增进与小班弟弟妹妹的感情。

准　备：物质准备：户外游戏材料（滑梯、转椅、跷跷板、摇摇马、平衡木、跳圈）；经验准备：幼儿知道户外活动的相关规则，老师向幼儿讲述户外安全常识。

过　程：

（一）针对各项玩具设施，老师与幼儿一起梳理保护弟弟妹妹的方法

（二）幼儿分工，选择负责的小班班号

老师：我们自己应该注意哪些安全问题？我们应该怎样保护弟弟妹妹？

（三）幼儿和弟弟妹妹一起游戏，并且保护弟弟妹妹

（四）游戏后，幼儿讲述自己是怎么做的

老师：你和谁玩了？玩的什么？玩的过程中你怎么保护弟弟妹妹的？

老师总结：我们是哥哥姐姐，所以要爱护弟弟妹妹们！

延伸活动：

1. 幼儿在家里保护弟弟妹妹。

2. 幼儿将保护弟弟妹妹的方法画出来，在美工区展览。

活动七：我的跟屁虫（生活活动·谈话）

目标1：幼儿愿意表达自己的各种感受和想法。

目标2：幼儿主动用语言与别人交往，体验语言交流的乐趣。

指导建议：

1. 老师创设谈话情境，鼓励幼儿加入。

老师播放“找朋友”的音乐，引出话题。

老师：有朋友快乐吗？你家有弟弟妹妹吗？他们是跟屁虫吗？

2. 老师引导幼儿围绕话题自由交谈。

老师：你和跟屁虫之间有什么有趣的故事？

3. 老师鼓励幼儿当众分享自己的故事。

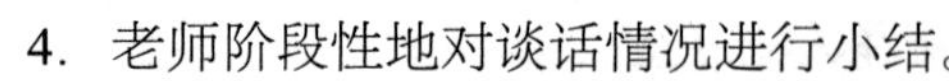

4. 老师阶段性地对谈话情况进行小结。

活动八：我与跟屁虫的故事（集体活动·艺术）

目标 1：幼儿利用已掌握的艺术表现方法，自由创作“我与跟屁虫的故事”。

目标 2：自由创作尊重和爱护别人的作品，理解每个人都可以有自己的表现方式。

准备：物质准备：水彩笔、油画棒、纸、展示板；经验准备：自由创作有讲述我和跟屁虫的故事的经验。

过 程：

（一）谈话导入，激发幼儿活动活动兴趣

老师：你们都有弟弟妹妹吗？你和他们发生过什么好玩的故事吗？你们最难忘的故事是什么呢？你要画什么？好好想一想！

（二）幼儿进行自由创作，老师指导

（三）作品展示，幼儿互相分享、讲述自己的作品

老师：你画的是什么故事？（幼儿主动展示）

老师请幼儿猜一猜作品中画的是哪一个小朋友？说说是怎样猜出来的。（教师引导展示）

（四）老师总结提升幼儿经验与绘画水平

老师针对幼儿作品中表现突出的地方给予评价，提升全体的绘画水平。

生活主题活动之“秋天在哪里”

10月 **第3周—11月第2周**

绘本《牤牛河的四季——秋》	周芮宁　孙旗帜

一、绘本分析

（一）语言分析

《牤牛河的四季——秋》属于散文诗，语句优美，语言简洁，富有意境和美感，便于幼儿在阅读中感受诗歌的美。中班幼儿掌握的词汇数量和种类迅速增加，例如“蓝蓝的天空”“金黄的玉米”“火红的高粱”“红彤彤的果子”等描写秋天景色的词汇有助于幼儿在积累词汇的基础上尝试模仿。“秋天来啦，秋天来啦，牤牛河的……秋天真美呀”等描写景色的排比句式可以唤起幼儿对秋天的喜爱，激发他们学习语言的积极性。

（二）画面分析

《牤牛河的四季——秋》一书采用水粉画的表现手法，整体色调为黄色、红色、绿色、橘色，色彩鲜艳浓厚，层次鲜明，画面饱满，运用的大色块突出了季节的特征。例如小蚂蚁备冬粮时回头张望、爬坡的姿态和形象，将秋天的小动物雕画得栩栩如生；幼儿园里的山楂树上挂满了玛瑙似的红果，每个山楂都像一个个红色的小灯笼，悬挂在枝头，叫人看了直流口水；操场上的大树在风中摇曳的身姿和身上金黄色的外衣，更能让幼儿发现秋天的变化。

（三）主旨分析

该书属于抒情散文诗，主要描写秋季自然变化的特点及规律。通过描写秋季优美的自然景物及丰收景象，激发幼儿热爱家乡的情感，从而感知季节对动植物生长、变化及对人们生活的影响。秋季的季节变化中蕴含了许多奥秘，可以从各个领域进行挖掘。中班幼儿对周边事物的变化非常感兴趣，他们喜欢寻找秋天留下了哪些足迹，因此以牤牛河的变化为切入点，可以激发幼儿观察季节变化的兴趣，进而对家乡、自然产生热爱之情。

二、主题目标

◎ 通过寻找秋天的主题活动，让幼儿在探究和发现中感受到秋天的明显特征。

◎ 通过绘本《牤牛河的四季——秋》，让幼儿萌发热爱家乡、热爱自然的情感。

◎ 通过实践活动，让幼儿在探索中发现每种树叶都有不同的结构、形状、颜色等，并从中体会到探究的乐趣。

◎ 幼儿通过调查落叶的规律，能对落叶进行连续的观察，发现其差异及变化。

◎ 通过对秋天的观察，幼儿能够大胆地用自己喜欢的方式进行艺术创造，富有个性地表达自己对秋天的情感和体验。

三、主题活动思路图

“秋天在哪里”主题活动思路图如图 16 所示。

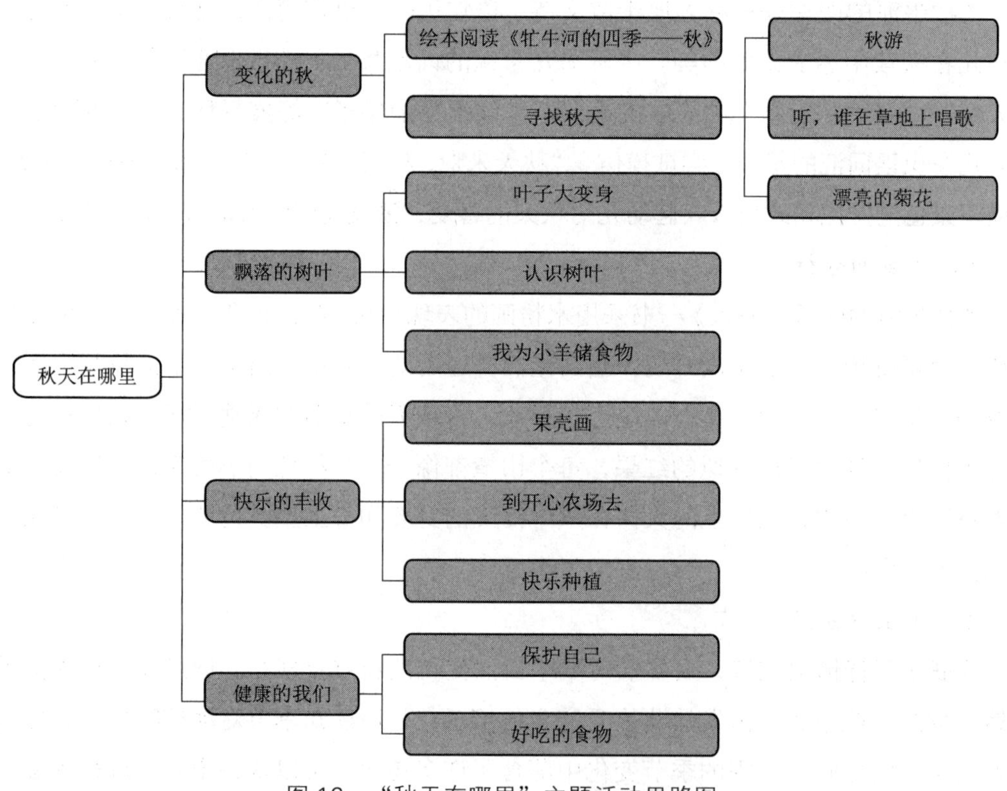

图 16 “秋天在哪里”主题活动思路图

四、活动举例

活动一：寻找秋天（集体活动・实践）

目标 1：幼儿能够发现深秋的明显特征，并从中体会到愉快。

目标 2：幼儿能简单制定“找秋天”的计划，并做相关准备。

目标 3：幼儿喜欢看图书，愿意讲述书中的内容。

准　备：物质准备：记录表、放大镜；经验准备：幼儿分组记录（种植角）、制定过活动计划。

过　程：

（一）开始部分

1. 回忆故事《牤牛河的四季——秋》，引出活动内容。

老师：小朋友们，咱们一起看了《牤牛河的四季——秋》的故事，你们还记得牤牛河的秋天是什么样的吗？

2. 经验分享

老师：除了书上这些，你们在出去玩、上学的路上，还看到过什么样的秋天？

（二）基本部分

1. 讨论“找秋天”都需要准备什么，如何记录找到的“秋天”，“找秋天”时应注意什么。

2. 老师请幼儿根据需要准备东西（记录表、收集袋等）。

（三）结束部分

幼儿和老师一起制定出寻找秋天的计划图表。

延伸活动：

1. 在图书区投放绘本《牤牛河的四季——秋》，满足幼儿反复阅读的需求。

2. 鼓励幼儿和家长一起出去游玩时，注意观察更多秋天的变化，可以用照片等形式记录下来。

活动二：叶子大变身（集体活动 · 艺术）

目标 1：幼儿体验创作过程中的乐趣和成功后的自豪感。

目标 2：幼儿根据不同形状的树叶拼图、组合，表现物体的主要形象特征。

准　备：物质准备：幼儿收集的各种落叶、乳胶、画纸、彩笔、彩色颜料；经验准备：幼儿已认识不同形状的树叶。

过　程：

（一）开始部分

欣赏老师拼贴的树叶，激发幼儿参加活动的兴趣。

老师：大家想创作这么漂亮的树叶粘贴画么？

（二）基本部分

1. 老师介绍树叶粘贴画所需的工具。

老师：使用这些工具的时候，大家要注意什么？

2. 老师介绍树叶粘贴画的方法。

老师：大家有什么好的办法可以把树叶粘得又牢固又平整。

3. 幼儿开始创作，老师巡回指导。

（三）结束部分

老师请幼儿把作品贴在黑板上自由欣赏，请大家说一说哪幅作品是其最喜欢的。

老师：你认为哪幅作品最漂亮，说一说你喜欢的原因。

延伸活动：

1. 老师可以把幼儿作品做成自制图书放在图书区，方便孩子翻阅。

2. 老师可以在树叶粘贴画上添画，引导幼儿创作出一幅有情景的画。

活动三：漂亮的菊花（区域活动·美工区）

目标 1：幼儿能够积极主动地展示自己的作品，喜欢与人分享交流。

目标 2：幼儿能够自主地选择材料，制作菊花。

目标 3：幼儿自主观察菊花，并能用语言表达出菊花的特征。

指导建议：

1. 本次活动可根据幼儿的实际情况分两次进行。

2. 引导幼儿观察菊花的特征时，老师可从颜色、形状等方面说一说。

3. 在画菊花时，幼儿自选材料并自主创作，引导幼儿仔细观察菊花并在自己的画中体现出来。

延伸活动：

1. 请家长带着幼儿观察其他花，并引导幼儿说出花的特征。

2. 老师引导幼儿更仔细地观察菊花（如菊花的叶子是锯齿状等），请幼儿把菊花的特征全部体现在画中。

活动四：果壳画（区域活动·美工区）

目标 1：幼儿尝试运用秋季干果的果壳进行美术创作，感受不同果壳表现出的美感。

目标 2：幼儿探索果壳粘贴牢固的方法，初步尝试和老师、同伴一起解决问题。

指导建议：

1. 在观察果壳画图片时，老师引导幼儿用语言描述自己看到的果壳画的样子。

2. 讨论：怎样创作果壳画。老师鼓励幼儿根据自己的经验，发挥想象想出多种方法创作果壳画，例如使用不同的纸（打印纸、废纸箱、硬卡纸等），使用不同的画笔（油画棒、水粉笔、粉笔、排刷等）和颜料。

3. 老师创造条件，鼓励幼儿大胆尝试自己的想法，给幼儿提供反复操作、多次尝试的机会。每次尝试后，引导幼儿总结经验并积极与同伴沟通交流。老师应将幼儿的典型经验在全班分享，例如怎样把果壳粘贴牢固等。

活动五：保护自己（集体活动·健康）

目标 1：幼儿能够发现深秋的明显特征，知道天气变化与人的关系。

目标 2：幼儿简单了解保护自己的方法。

准　备：物质准备：有关保护自己方法的图片；经验准备：了解缺勤幼儿的情况。

过　程：

（一）开始部分

老师：小朋友们，现在是什么季节？天气有什么变化？你们有什么变化？

（二）基本部分

1. 请幼儿说一说怎样做能减少生病。

老师：我们班有的小朋友因为生病了没有来园，那么我们应该怎么做才能不生病呢？

2. 幼儿自由发言说一说预防疾病的办法（多喝水、少去人多的地方、多锻炼等）。

（三）结束部分

老师出示预防疾病图片，帮助幼儿巩固相关知识。

延伸活动：

1. 老师制成“预防疾病”的自制图书，供幼儿观看。

2. 幼儿与家长讲述预防的方法。

活动六：认识树叶（集体活动·科学）

目标 1：幼儿能够积极探索，发现秋季的季节变化。

目标 2：幼儿观察、认识各种树叶，了解树叶的名称、形状以及结构等。

准　备：物质准备：各种不同形状的树叶实物、图片、大树的图片、PPT；经验准备：幼儿有观察树叶的经验。

过　程：

（一）开始部分

1. 老师引导幼儿回忆秋天落叶的景象。

老师：秋天的树有什么变化？叶子什么样子的时候会落下来？

2. 请幼儿带来收集的树叶，并和小朋友说一说树叶的样子。

（二）基本部分

1. 老师和幼儿一起将收集的树叶进行分类并告诉幼儿树叶的名称（银杏叶、杨树叶、枫叶、柿子树叶）、形状（扇形、心形、手形、椭圆形）。

2. 老师出示 PPT，让幼儿进一步了解树叶的结构（叶脉、叶柄等）。

3. 老师利用户外时间，请幼儿观察树叶的形状、颜色结构，加深对树叶的印象。

（三）结束部分

请家长协助幼儿收集不同的树叶，并告诉其树叶的名称，将树叶带到幼儿园进行分享等。

延伸活动：

1. 幼儿与家长制作树叶粘贴画。

2. 幼儿制作树叶拓印画。

活动七：快乐种植（户外活动·实践）

目标1：幼儿积极参加到种植活动中，在活动中获得愉快、丰富的情绪体验。

目标2：幼儿会正确使用一些简单的工具，如铲子、喷壶等。

目标3：幼儿学会照料萝卜的简单方法。

指导建议：

1. 老师为幼儿提供安全、宽敞的种植场地并提供合适的工具，方便幼儿种植萝卜。

2. 幼儿在活动中遇到困难时，老师适当、适时给予帮助。

3. 在种植活动之前，老师和幼儿应充分了解萝卜应该如何种植并学会简单的方法照顾萝卜。

延伸活动：

1. 幼儿可分组对萝卜进行照顾，初步体验分工合作。

2. 幼儿可以根据萝卜的生长情况和老师一起制作《观察记录表》。

活动八：我的游玩计划（集体活动·社会）

目标1：幼儿愿意表达制定计划的想法。

目标2：幼儿学习初步制定活动计划，能初步尝试解决游戏及活动中遇到的问题。

准　备：物质准备：白纸、彩笔；经验准备：幼儿有出游的经验，以及游玩时所需的安全知识。

过　程：

（一）开始部分

1. 老师激发幼儿出去游玩的兴趣。

2. 老师向幼儿介绍游玩前学习制定活动计划的意义。

老师：活动计划是什么？我们应该如何制定活动计划？

（二）基本部分

1. 老师请幼儿选择旅游物品。

2. 请幼儿分别说说自己制定的计划书的内容。

3. 幼儿和老师共同分析制定计划，解决计划书中的问题，并能说明理由。

（三）结束部分

老师对幼儿制定的计划给予表扬。

延伸活动：

请家长和幼儿一起利用假期时间，按照计划表去快乐农场游玩，结束后针对计划表和幼儿一起谈论需要改进的地方并进行修改，周一带回幼儿园和其他小朋友分享计划表改进的地方。

活动九：树叶（区域活动·表演区）

目标：幼儿尝试按儿歌的节拍、速度、力度朗诵儿歌。

指导建议：

1. 在表演区投放自制小麦克风及幼儿自制的儿歌谱，引导幼儿回忆并朗诵学过的各种歌曲。

2. 准备表演服装和乐器。

延伸活动：

1. 在表演区开展儿歌表演。

2. 老师制作简单的图谱，供幼儿练习打击乐。

3. 在表演区提供小舞台，请幼儿做简单的律动。

附儿歌：

柳树叶，像眉毛，两头尖尖一笔描；槐树叶，像鸟蛋，排列整齐挺好看；
梧桐叶，五对尖；好像一座五指山；梧桐叶，大又圆，拿在手里像蒲扇；
紫荆叶，不一般，像只桃子嘴儿尖；冬青叶，闪银光，一年四季绿汪汪；
银杏叶，不常见，玲珑小巧像合扇；松树叶，像衣针，一年到头绿荫荫。

大班主题活动

节日主题活动之“学做情绪小主人”

4月 第1周

绘本《黑黑，你在哪里》	刘立娟

一、绘本分析

（一）语言分析

《黑黑，你在哪里》属于叙事性儿童散文，绘本中的语言对话描写，如“喵喵觉得有点儿没意思”“有些睡不着觉”，把角色内在的隐性情绪用更加直观的行为表现出来，幼儿从中不仅能够掌握这些情绪词汇，而且学会将说出自己的内心感受作为表达自己情绪的重要方法。“喵喵决定从窗户溜出去，到外面找一找”，在不停寻找黑黑的过程中，不断调节自己的情绪，直到最后，喵喵在朝霞里看到黑黑，变得“那样的开心，那样的快乐！”整个过程中，借助绘本提供的体验，大班幼儿易于从这些语句中理解情绪的特点和强度，易于掌握和习得，进而加强自身的消极情绪管理。

（二）画面分析

《黑黑，你在哪里》一书采用色彩剪纸的表现手法，通篇使用黄、绿、蓝三种颜色。小猫刚开始寻找时，整体呈现为深绿色，随着寻找过程的推进，情绪释放出来，表现为淡蓝色，展现出较为轻松、明快的情感基调，突出了咪咪情绪情感转化的过程。书中角色取材于儿童的现实生活，并将抽象的情绪付诸于幼儿熟悉的小猫喵喵、小狗黑黑身上，例如，小猫喵喵向下耷拉着耳朵，无助的眼睛、下垂的尾巴向读者传达它低落、难过的情绪；眼尾上调、嘴角弯弯微笑传递的是快乐的情绪，尾巴和毛直立则表示生气，等等。夸张的表情，将看不见的情绪转化为可以看见和感受的视觉体验，更加有利于幼儿观察和理解。画面细节处理得当，能极大地帮助幼儿转移情绪，有助于幼儿积累阅读经验，慢慢地从绘本走向现实生活，学会关注自身以及同伴的情绪情感。

（三）主旨分析

该绘本的内容契合生活。教育部颁发的《3—6岁儿童学习与发展指南》针对5～6岁幼儿的情绪健康问题做了具体和明确的要求，体现了幼儿情绪对幼儿健康发展的重要性以及国家对幼儿情绪健康的高度重视。《黑黑，你在哪里》选取幼儿熟悉的小猫喵喵和小狗黑黑的动物形象，以小动物故事的形式趣味地展示了儿童常见的离别情绪问题。

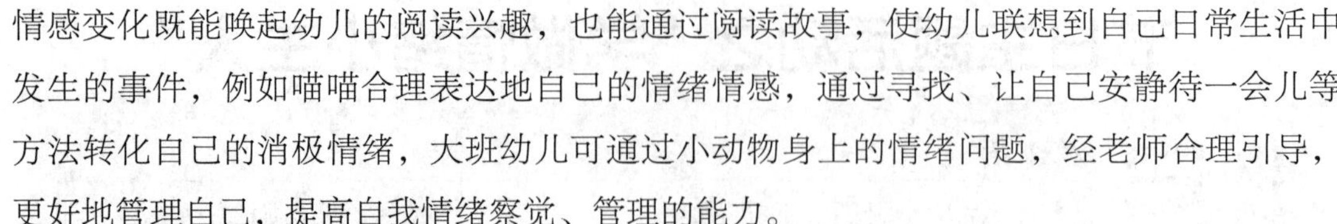

情感变化既能唤起幼儿的阅读兴趣，也能通过阅读故事，使幼儿联想到自己日常生活中发生的事件，例如喵喵合理表达地自己的情绪情感，通过寻找、让自己安静待一会儿等方法转化自己的消极情绪，大班幼儿可通过小动物身上的情绪问题，经老师合理引导，更好地管理自己，提高自我情绪察觉、管理的能力。

二、主题目标

◎ 以培养情绪管理能力为目标，培养幼儿的情绪管理能力，促进幼儿心理健康发展。

◎ 引导幼儿在观察、感知中察觉自我情绪，并了解人的基本情绪特征。

◎ 通过学习并掌握情绪管理的方法，使幼儿懂得保持良好的情绪有利于身心健康。

◎ 使幼儿知道不开心是正常的情绪反应，初步学会用正确的方式排解不良情绪。

◎ 鼓励幼儿与同伴分享自己的心情，表达自身的情感体验，提高幼儿消极情绪的转化能力。

◎ 引导幼儿合理地进行情绪宣泄，寻找排解消极情绪的方法，学会自我调节，最终成为情绪的小主人，在童年期建立完整的情绪内在系统。

三、主题活动思路图

“学做情绪小主人”主题活动思路图如图 17 所示。

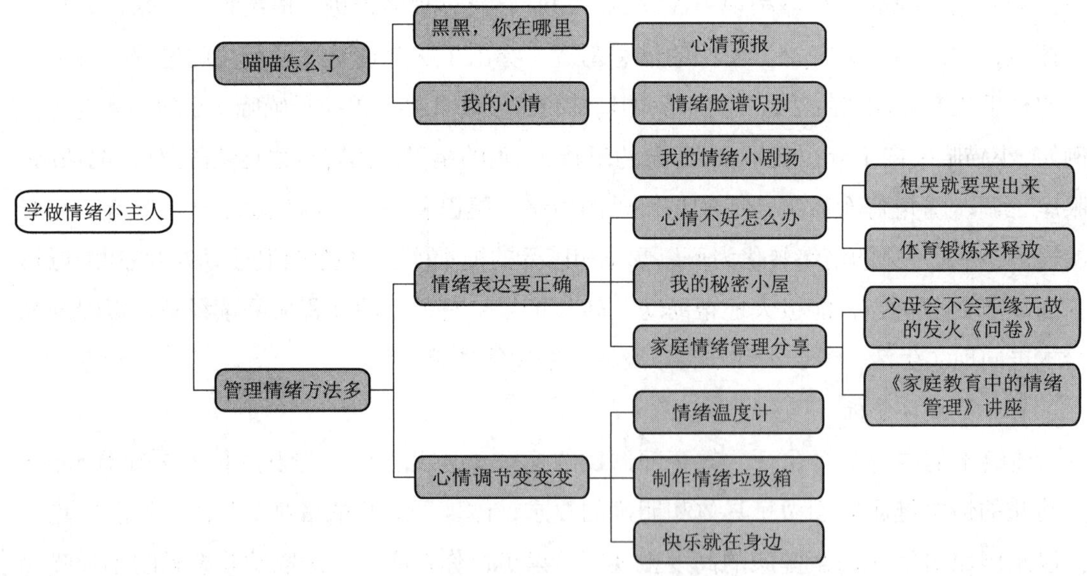

图 17 “学做情绪小主人”主题活动思路图

四、活动举例

活动一：阅读绘本《黑黑，你在哪里》（集体活动·语言）

目标 1：幼儿能够仔细倾听，理解故事中喵喵心情转变的原因，学会合理排解自己的不良情绪。

目标 2：幼儿知道不开心是正常的情绪反应，了解长时间不开心会影响人的健康。

目标 3：幼儿乐意表达自己的情绪情感体验，保持快乐的心情。

准　备：物质准备：每个幼儿 1 本《黑黑，你在哪里》、绘本 PPT（呈现书的全部内容）；经验准备：幼儿在生活活动中开展过有关情绪的讨论。

过　程：

（一）开始部分

老师出示封面和引出故事内容。

老师：你看到了什么？小猫要干什么去？

老师介绍书名、作者、园标、环衬。

（二）基础部分

1. 老师带读第 1 ～ 4 页。了解人物关系，重点引导幼儿观察画面上喵喵的表情和动作，为感知情绪变化做准备。

2. 师幼共读第 5 ～ 12 页。知道伤心是正常的情绪反应，了解长时间伤心会影响人的健康。

老师：喵喵找不到黑黑，心情怎么样？它的情绪有什么变化？你有过像喵喵这样的感受吗？

PPT 演示：展示喵喵觉得没意思、睡不着的画面。

3. 幼儿自主阅读第 13 ～ 24 页。了解故事中喵喵转变心情的方法，学会合理排解自己的不良情绪。

老师：你在伤心的时候有什么好办法让自己的心情平静下来？喵喵是怎么做的？

（三）结束部分

老师播放 PPT，完整赏析故事。

老师：小朋友，现在喵喵的心情怎么样？原来不开心并不可怕，这都是我们正常的情绪变化。

老师总结：转变心情的办法有很多，其实伤心、生气都很正常，我们每个人都有各种各样的情绪。如果你碰到不开心的事情，可以用刚才的办法让自己的心情好起来，千万不要让坏情绪伤害到自己。

延伸活动：

1. 在图书区投放绘本《黑黑，你在哪里》，满足幼儿反复阅读的需求。

2. 老师和幼儿一起创设新闻角，播报有关清明节见闻的新闻、园内有关清明节活动的新闻等。

3. 请家长分享有关积极面对伤心等负面情绪的方法，创设轻松愉悦的家庭环境。

活动二：我的心情（集体活动·社会）

目标 1：幼儿通过观察、感知了解人的基本情绪特征。

目标 2：幼儿初步学会用正确的方式排解不开心的情绪。

目标 3：幼儿愿意与同伴分享自己的心情，知道好心情的重要性。

准　备：物质准备：家长与老师共同收集幼儿情绪变化的事件，以及相关视频、图片记录；经验准备：生活、活动中幼儿每天记录属于自己的心情预报。

过　程：

（一）开始部分

师幼跟随音乐表演《表情歌》，激发幼儿参与活动的兴趣。

（二）基础部分

1. 观看记录的有关幼儿心情的视频、图片，了解不同的情绪特征及成因。

老师：他们怎么了？什么原因呢？平时你也会这样吗？为什么？你心情不好的时候对待别人的态度和表现会一样吗？

老师小结：每个人遇到各种不同的事情时，都会有不同的感受，比如喜、怒、哀、乐，这种感受叫心情。

2. 老师引导幼儿与同伴分享自己的心情，讨论排解不开心的情绪的方法。

（1）幼儿讨论自己喜欢的心情及理由。

（2）幼儿说说自己不同心情时候的做法。

老师：当你心情很好的时候，你会怎么样？心情不好时，你会用什么方式让自己的心情好起来？

老师小结：认识了不同情绪，每个人都能做自己情绪的主人。现在我们长大了，当我们不开心或害怕、想哭的时候，可以想很多办法，把不高兴的原因讲给别人听，或做一些自己喜欢的事，比如跑步、做游戏、唱歌、跳舞等，慢慢就会把不开心的事给忘了。另外，当别人不高兴的时候，我们也要帮助他。当我们遇到困难时，要变得坚强、勇敢，只有保持快乐的情绪，我们的身体才会更加健康。

（三）结束部分

播放音乐《歌声与微笑》，自然结束活动。

延伸活动：

1. 在教室中部设专门的“心情预报”墙饰，由幼儿的名字、头像和各类表情图案构成，幼儿可根据自己的心情，将相应的图案贴在自己的头像上，以表达自己的情绪状态，同时还可以观察其他幼儿的心情状态。老师及时有效地引导有负面情绪的幼儿。

2. 开展“情绪脸谱识别”活动，老师向幼儿展示情绪脸谱，如“生气脸谱”，使幼儿了解人在生气时的面部表情；接着让幼儿模仿生气时的动作，了解生气时的状态、表情；然后让幼儿倾听生气时的讲话录音，使幼儿了解人在生气时的语音语调。

3. 在表演区，幼儿可开展“我的情绪小剧场”活动，通过扮演不同角色，创造性地反映与再现个人生活。通过这一活动，幼儿不仅能将自己代入不同的角色情境，站在自己所演角色的角度上思考问题，而且能通过切换不同角色，体验不同角色的情绪。

活动三：我的秘密小屋（生活活动）

目标 1：幼儿积极与同伴交流自身的情绪体验，增强社会交往能力。

目标 2：幼儿合理进行情绪宣泄，寻找排解消极情绪的方法。

指导建议：

1. “我的秘密小屋”注重发挥幼儿自我发泄的作用，旨在让幼儿通过其喜欢的方式，把情绪释放出去。孩子在里面说一说、哭一哭、发发脾气，从而在自我宣泄中恢复心理平衡，整个过程中老师应留给幼儿充足的活动时间。

2. 环境布置上，可在“我的秘密小屋”里铺上地毯，适当提供一些表达情绪的材料，如橡皮泥、画笔等，并准备拳击手套、气垫、沙袋、皮球、书籍、乐器之类的东西，供幼儿自主选择。

3. 开始阶段，当孩子感到愤怒、委屈时，允许他哭泣，使其情绪通过哭声流淌出去。老师引导幼儿不要逃避或者压抑情绪，要勇于面对，鼓励幼儿到“我的秘密小屋”里表达和释放。

4. 最初幼儿可能不知道道具的使用方法，老师可以示范怎么使用，并且告诉他道具可以玩、可以用，但不能破坏。

延伸活动：

1. 在图书区投放有关情绪的绘本，如《我不想生气》《菲菲生气了》等，引导幼儿通过倾诉宣泄情绪，并寻找合适的倾诉对象，例如父母、朋友，合理宣泄自身的情绪。

2. 户外活动中，老师引导幼儿参加需发挥力量的体育活动或劳动、跳舞、绘画等。

3. 幼儿情绪控制能力的培养离不开家庭环境，父母应在情绪调节方面为幼儿树立良好的榜样，可组织家长开展诸如《父母会不会无缘无故的发火》《家庭教育中的情绪管理》等调查问卷活动。

活动四：情绪温度计（集体活动·健康）

目标1：幼儿知道人的情绪会变化，每个人都会有开心与不开心的时候。

目标2：幼儿会用“情绪温度计”调节自己的情绪，对情绪有初步的认识。

目标3：幼儿懂得保持良好的情绪对身体有好处。

准　备：物质准备：温度计一个，画好刻度的温度计卡片若干；经验准备：幼儿已认识数字，并在生活、活动中每天记录属于自己的心情预报，且部分幼儿已观察过温度计。

过　程：

（一）通过欣赏音乐旋律体验不同情绪感受，知道人的情绪是会发生变化的

老师：老师这里有两段音乐，请小朋友听一听，听完之后说说你们有什么感受。

1. 老师引导幼儿倾听《欢乐颂》和《二泉映月》，让幼儿感受自己情绪的变化。

2. 老师鼓励幼儿大胆讲述自己的想法。

3. 老师小结：《欢乐颂》节奏比较欢快，让人听了很高兴，《二泉映月》听了却给人以伤心的感觉。

（二）通过认识“情绪温度计”，知道情绪同气温一样会变化、可调节

1. 老师：这是什么呀？你们认识吗？（鼓励幼儿大胆猜测）

2. 老师总结：这是情绪温度计，是用来测量我们的情绪的，温度高表示高兴，温度低表示不高兴、伤心等。

3. 老师组织幼儿和同伴说说自己刚才听完音乐的情绪温度。

4. 老师引导幼儿根据自己的情绪调试情绪温度计。

（三）幼儿讨论让心情变好的方法

老师小结：可以哭、向同伴倾诉、唱歌、看书、画画等，做一些自己喜欢的事情，这样就会慢慢忘掉不开心的事情。

（四）情绪温度计的记录方法

讨论：怎样在情绪温度计上记录自己的心情呢？

（五）画情绪温度计并记录自己的心情故事

1. 幼儿画情绪故事。

2. 幼儿分享自己的情绪温度故事。

老师小结：小朋友记录了许多开心的事情，如跳绳、唱歌等，但也有不开心的事情，我们要成为自己情绪的主人，调控自己的心情温度计。我们都知道，天天都高兴、开心，这样我们的身体才会变得更健康。如果经常生气或是不开心，就会生病。

延伸活动：

1. 在图书区适时投放指偶、面具、由废旧材料设计的表情包及有关情绪管理的绘本，

如《我好难过》《我好害怕》、特蕾西 · 莫罗尼所著的小兔子系列情绪管理绘本，拓展幼儿转化消极情绪的方法，如安静、独自地待着，做喜欢的事情，听喜欢的音乐等。

2. 家园宣传工作：父母善于处理、转化自己的情绪，表现得愉悦、开心、乐观向上，使幼儿生活在温馨的家庭氛围中，则会对幼儿学习情绪、理解情绪和调节情绪产生潜移默化的积极作用。

活动五：制作情绪垃圾桶（区域活动 · 美工区）

目标 1：幼儿主动参与制作情绪垃圾桶，愿意和同伴分享自己的心情故事。

目标 2：幼儿尝试用各种工作和材料设计、制作情绪垃圾桶。

指导建议：

1. 讨论：垃圾桶里都有些什么？里面的大部分东西对我们来说有用吗？我们生活中的不开心是不是也是没用的东西，应该丢掉？

2. 做两个盒子，可选用纸杯，一个上面画上喜怒哀乐的表情，另一个杯子画上人物，眼睛和嘴巴位置掏空，并将其组合起来。

3. 将不开心的事情画出来或折成一架小飞机，或弄成一个小纸团，放在垃圾桶里，通过旋转垃圾桶改变心情，体会心情的转变。

延伸活动：

1. 老师鼓励幼儿寻找其他转化消极情绪的好方法，如户外体育活动等。

2. 老师引导幼儿将自己的心情用绘画的形式记录下来，制成自制图书。

节日主题活动之“小不点话端午”

6月 第1周—第2周

绘本《小不点游端午》	王慧蕾　杜寅

一、绘本分析

（一）语言分析

《小不点游端午》故事幽默风趣，通过“喊”“扭”“吸”“挺”“钻”“翻”“落”等动词表现主人公“小不点”的动作，突出“小不点”调皮可爱的形象。全书以排比段落进行讲述，例如，在每段讲述习俗时，都以“他看到……”开始，进而讲述端午节赛龙舟、挂艾草、编五彩绳、包粽子等习俗。

（二）画面分析

画面采用中国画的表现手法，线条简洁清晰，形象可爱，表情动作丰富，通过“小不点”的表情和肢体动作的变化表现其好奇—害怕—抗拒—挣扎—惊讶—骄傲的心理变化。例如“小不点”看到同伴被舀起放进苇叶时，它使劲抓紧盆的边缘，双眼紧闭，努力爬出的样子，表现出害怕的情绪；从楚国穿越回来后，它骄傲地站在粽子上，一手叉腰，一手举起，微眯眼睛，大声向同伴讲述自己所见所闻的样子，表现出骄傲、自豪的情绪。该绘本细节处理微妙，例如“小不点”扒着盆沿看小朋友赛龙舟的游戏时，只看到背影，给幼儿留下了猜测、推理的想象空间。

（三）主旨分析

《小不点游端午》以叙述的手法，围绕“小不点”的所见所闻讲述了端午节赛龙舟、艾草驱蚊药水、戴五彩线、包粽子等习俗，有助于幼儿了解端午节的习俗由来及习俗的传承。借助这一民俗资源，利用绘本可开展“端午节我知道”“端午活动我做主”“端午活动我展示”等系列活动，让幼儿通过动手实践、品尝美食、展示活动等方式进一步感知端午节习俗，体验民俗特色。

二、主题目标

◎ 幼儿积极参加端午节活动，从多种途径收集端午节信息，并与其他幼儿分享。

◎ 幼儿主动参与端午节有关话题的讨论，能清楚、连贯地表达自己的想法和看法。

◎ 幼儿喜欢科学探究活动，用猜想、实验等方式探究自制驱蚊产品的实用性。

◎ 幼儿主动参与包粽子活动，不断丰富活动中的体验。

◎ 幼儿在编织五彩绳过程中，学习克服困难，独立解决问题。

◎ 幼儿乐意和同伴协商，分工制作、装饰龙舟，体验合作的快乐。

◎ 幼儿尝试制定关于“端午节展示会”的计划，并努力实现计划。

三、主题活动思路图

“小不点话端午”主题活动思路图如图 18 所示。

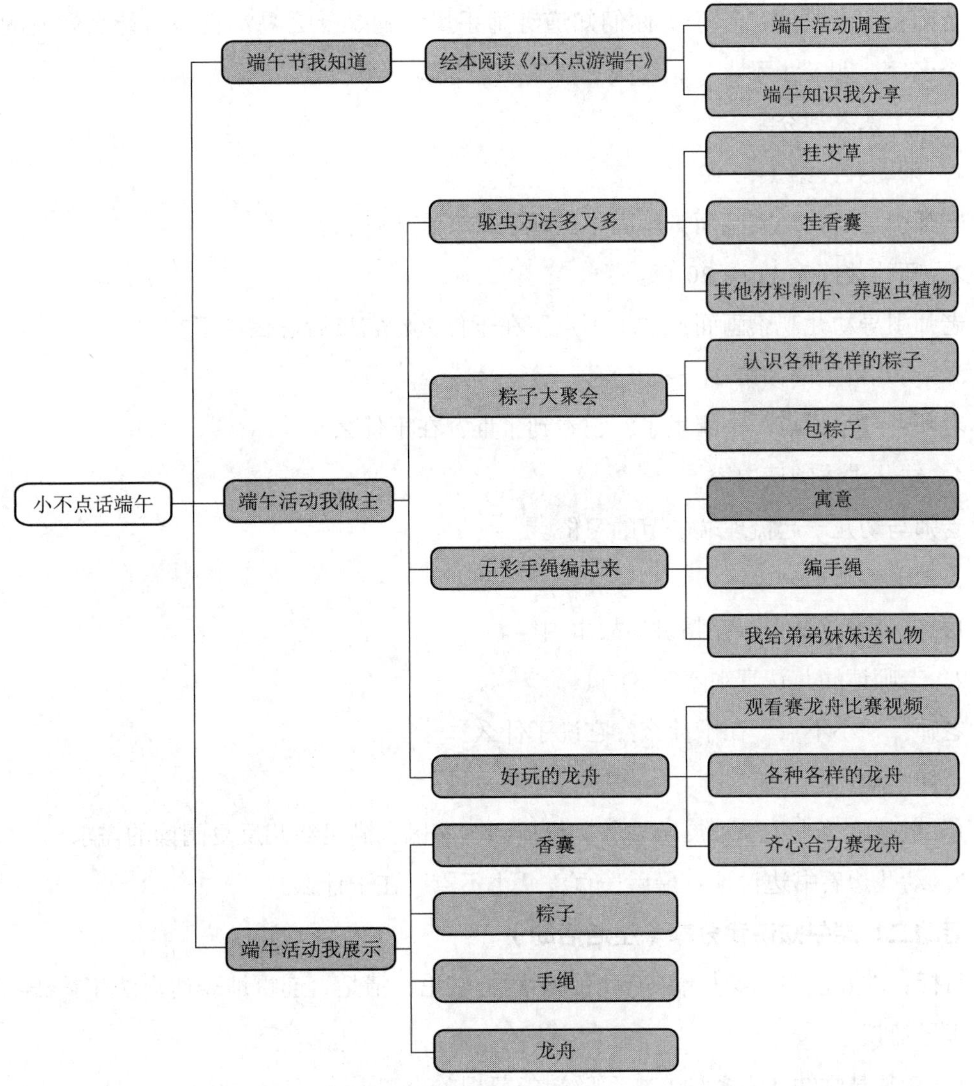

图 18 “小不点话端午”主题活动思路图

四、活动举例

活动一：阅读绘本《小不点游端午》（集体活动·语言）

目标 1：幼儿了解端午节的名称、来历和有关习俗，知道端午节是中国的传统节日。

目标 2：幼儿阅读绘本，理解绘本内容，并能用语言讲述画面内容和情节。

准　备：物质准备：绘本《小不点游端午》、绘本 PPT（呈现书的全部内容）；经验准备：幼儿有自主阅读的经验。

过　程：

（一）开始部分

谈话导入，引出幼儿原有经验。

老师：（老师拿出粽子）你们知道老师手里拿的是什么吗？它是由什么做成的？它有一个名字，叫“小不点”，今天它带着咱们去看一个故事。

（二）基本部分

1. 师幼共读第 1 ～ 10 页。

老师引导幼儿观察画面：画面中出现了谁？在干什么？

2. 师幼共读第 11 ～ 20 页。

老师引导幼儿观察画面：“小不点”在干什么？它最后怎么样了？

3. 幼儿自主阅读第 21 ～ 30 页。

老师：“小不点”去哪里了？它看到了谁？在干什么？

4. 幼儿讲述阅读内容。

老师与幼儿一起梳理端午节的习俗。

（三）结束部分

1. 老师播放 PPT，完整讲述故事内容。

2. 老师请幼儿认真观察第 31 页。

老师：“小不点”在干什么？它说了什么？

延伸活动：

1. 老师将绘本《小不点游端午》投放到图书区，满足幼儿反复阅读的需求。

2. 幼儿边看书边讨论：最后一页，“小不点”在干什么？

活动二：端午知识我分享（生活活动）

目标：幼儿能主动参与端午节相关话题的讨论，清楚、连贯地表达想法和看法。

指导建议：

1. 老师鼓励幼儿用多种方式了解端午节相关小知识。

2. 老师利用早来园时间和过渡环节，鼓励幼儿分享端午节小知识。例如，端午节不只吃粽子，有的地方还吃打糕、煎堆等；端午节除了赛龙舟，还可以放风筝；端午节将雄黄酒洒在墙角，防止蛇虫出现；端午节洗草药澡，去晦气；端午节在芒种和夏至两个节气中间。

活动三：巧手做香囊（集体活动 · 艺术）

目标 1：幼儿知道端午节有挂香囊的习俗。

目标 2：幼儿初步了解香囊的功能及制作材料。

目标 3：幼儿尝试自制香囊，感受自制香囊的快乐。

准　备：物质准备：制作香囊的香料（干花）、各种材质的布（纯色、花色）、针线、棉花、彩色缎带、剪刀以及各种彩纸、糖纸、包装纸；经验准备：幼儿已有使用针线的基础。

过　程：

（一）开始部分

幼儿观察并了解香囊的用处，激发自制香囊的兴趣。

老师：端午节人们为什么要挂香囊？

（二）基本部分

1. 讨论、探索制作香囊的方法以及注意事项。

（1）制作香囊的方法、过程。

老师：做香囊需要的材料有哪些？如何使用材料来制作香囊？

（2）做香囊的注意事项。

老师：做香囊的时候需要注意什么？

2. 尝试自制香囊。

（三）结束部分

幼儿把做好的香囊挂好，相互欣赏，体验自制香囊的快乐。

延伸活动：

1. 幼儿尝试将多种材料放在香囊里，如薄荷、蒲棒、栗子花等。

2. 幼儿养驱虫植物，如猪笼草、驱蚊香草等，观察驱蚊虫的效果。

活动四：驱虫方法多又多（区域活动 · 科学区）

目标 1：幼儿喜欢科学探究活动，认识、收集驱蚊方法，采摘驱蚊植物。

目标 2：幼儿尝试制作驱蚊药水，并试验驱蚊药水的效果。

指导建议：

1. 幼儿讨论驱蚊的方法，猜想驱蚊产品如何制作而成。

2. 幼儿在班内、园内收集驱蚊材料、驱蚊植物。老师将驱蚊植物以及制作驱蚊产品的书籍投放在图书区，供幼儿阅读。

3. 鼓励幼儿将寻找到的驱蚊植物以及驱蚊物品制作成驱蚊药水，例如，可以将艾草碾压成汁，加入部分清水；用肥皂制作成肥皂水等。

4. 幼儿制作驱蚊效果记录表，探究自己所制作的驱蚊产品的效果，例如，将驱蚊产品放在班级蚊虫较多的角落，观察并记录每天蚊虫的数量。

5. 鼓励幼儿大胆分享自己的实验结果。

活动五：粽子花样多（生活活动）

目标 1：幼儿知道吃粽子是端午节的习俗之一，感受中国文化习俗。

目标 2：幼儿能主动参与话题，清楚、连贯地表达自己的想法和看法。

指导建议：

1. 幼儿利用早来园的时间翻阅图书，知道吃粽子是端午节的习俗之一。

2. 幼儿讨论为何端午节要吃粽子，老师从旁观察，引导幼儿知道，在古代，人们为了救爱国诗人屈原，防止他被河里的鱼吃掉，将粽子扔到河里，以此来纪念他。

3. 观察图片时，幼儿能讲述出粽子的形状、馅料等。老师可以从旁观察，引导幼儿说出正确的形状，如正三角形、正四角形、尖三角形、方形、长形等；幼儿相互讨论，说出粽子是由哪儿部分组成的，如粽叶、粽子馅、粽子绳等；分别有什么馅料，如红枣馅、豆沙馅、肉馅、咸蛋黄馅等。老师从旁观察，必要时做出正确引导。

4. 幼儿讨论自己喜欢吃什么馅的粽子。

活动六：粽子甜又香（区域活动·小厨房）

目标 1：幼儿知道端午节吃粽子的习俗，体验民俗节日特有的文化。

目标 2：幼儿主动参与包粽子活动，不断丰富自己在活动中的体验。

目标 3：幼儿在包粽子时学习互助、合作以及分享。

指导建议：

1. 在包粽子之前，幼儿观察粽子的形状（正三角形、正四角形、尖三角形、方形、长形等）。

2. 幼儿观察包粽子的步骤图，第一次尝试如何操作。

3. 幼儿讨论第一次操作的感受，分享成功或者失败的原因。老师可以引导幼儿在操作中认真看操作步骤，当遇到困难时不要放弃，可以向他人或者老师求助。

4. 幼儿继续进行包粽子活动，老师从旁观察。

5. 将包好的粽子煮制，在煮制的同时总结本次活动的经验。

6. 举行粽子分享会。

延伸活动：

了解我国不同地方端午节的其他食物，例如朝鲜族的打糕（将艾蒿与糯米饭放置于独木凿成的大木槽里，用长柄木捶打制而成的米糕）、福建晋江地区的煎堆（将糯米粉加糖、油炸花生碎、芝麻等，放到锅里用油煎成）。

活动七：五彩手绳编起来（区域活动 · 美工区）

目标 1：幼儿编织五彩绳，锻炼小肌肉群动作协调能力。

目标 2：幼儿学习克服困难，独立解决问题，完整编织五彩绳。

指导建议：

1. 在编织五彩绳之前，幼儿观察五彩绳的结构。老师从旁观察，引导幼儿说出五彩绳的颜色、形状、材质、粗细、长短。

2. 幼儿观察编织五彩绳的步骤图，第一次尝试如何操作。

3. 幼儿讨论第一次操作的感受，分享成功或者失败的原因。老师可以引导幼儿在操作中认真看操作步骤，当遇到困难时不要放弃，可以向他人或者老师求助。

4. 老师鼓励幼儿大胆尝试自己的想法，给幼儿提供反复操作、多次尝试的机会。

5. 幼儿将编织五彩绳的经验分享给其他孩子。

延伸活动：

端午节，孩子们要在手腕脚腕系上五色丝线用以驱邪，可以开展名为“美好的祝愿”的大带小活动，将编织好的五彩绳送给弟弟妹妹，给弟弟妹妹佩戴好，祝福他们快乐长大、不生病等。

活动八：各种各样的龙舟（区域活动 · 美工区）

目标 1：幼儿尝试运用硬纸板、瓶子、卡纸、一次性筷子等多种材料制作龙舟。

目标 2：幼儿和同伴共同协商，分工制作、装饰龙舟，体验合作的快乐。

指导建议：

1. 在制作龙舟前，老师引导幼儿观察龙舟的结构（龙头、龙尾、船身），并用语言表述出来。

2. 讨论：用什么样的材料做龙舟？老师鼓励幼儿发挥自己的创造力，可以用同一种材料制作龙舟，例如用卡纸绘画、剪、贴制作龙舟，也可以用多种材料制作龙舟，包括用硬纸板做龙头和龙尾，用瓶子做船身等。

3. 幼儿选择同伴，并与同伴交流制作龙舟的方法，以及选择的材料。老师可以把幼儿的典型经验进行分享，例如龙头、龙尾、船桨如何固定，使用不同材料时选择更适合的粘贴方法等。

4. 布置龙舟作品展。

延伸活动：

开展“龙舟动起来”实验活动，让幼儿将自己制作的龙舟放入水中，观察哪些会沉下去、哪些能漂浮起来。漂浮起来的龙舟，如何让它动起来，例如借助水的动力、借助幼儿吹气等。

活动九：齐心合力赛龙舟（户外活动·健康）

目标1：幼儿知道赛龙舟是端午节的传统习俗，感受龙舟赛中相互团结、相互竞争的气氛。

目标2：幼儿能多人合作，在龙舟比赛的过程中发展身体的平衡能力。

目标3：幼儿能清楚、连贯地表达自己在龙舟比赛中的缺点和不足。

准　备：物质准备：大脚板、小红旗、小鼓；经验准备：幼儿已观看赛龙舟的视频，初步了解赛龙舟的过程。

过　程：

（一）回忆赛龙舟的过程

老师：请你们想一想，赛龙舟时所有的队员应该注意的事项。

（二）观察“龙舟”构造，并分组尝试

老师：请仔细观察，一艘龙舟需要几个人，尝试如何才能又快又安全地划到终点。

1. 第一轮尝试，总结经验。

老师：在比赛中你们出现了哪些问题？如何解决？

老师观察：龙舟游戏时，幼儿能否步调一致、有节奏地向前走。

2. 第二次尝试，总结经验。

老师观察，根据幼儿游戏的情况，进行个别指导。

（三）正式比赛

（四）赛龙舟比赛经验分享

老师：请获胜的小组分享胜利经验。

延伸活动：

幼儿拥有一定的相互协调性之后，老师在河里加入“石头”，让幼儿想办法绕过“石头”，例如，前面的人步子迈小一点，后面的人步子迈大一点；绕过“石头”的时候，一定要慢，等等。

活动十：我们的端午节（亲子活动）

目标1：幼儿主动参与活动，并担任引导员、讲解员、小老师等，不断丰富活动中的体验。

目标2：幼儿乐于为自己的活动做计划，在活动中能与同伴商讨并达成一致。

准　备：物质准备：师幼共同制作的宣传板（包括端午节的来历、端午节的习俗、端午节的传承与发展、端午节的国际影响力等信息），主题活动中制作好的香囊、龙舟、粽子，活动过程中开展游戏所需的材料、操作步骤图、游戏成果等，本次活动的海报、袖标等，以及家长活动宣传、布展设计图、活动相关音乐等；经验准备：幼儿参与筹备活动，明确活动的内容、流程及自己负责的部分，老师和家长沟通了注意事项及如何支持孩子的活动顺利进行。

过 程：

（一）活动准备

1. 老师和幼儿共同回顾布展情况，幼儿进一步明确分工和任务。

2. 幼儿分组张贴宣传海报，和老师一起检查是否准备充分。

（二）活动开始

1. 欢迎家长进园，幼儿引导员指引家长签到，到指定场地就座。

2. 主持人（幼儿）宣布活动开始。

老师对活动开展的整体情况进行介绍。幼儿依次介绍自己的角色和任务（分为展板宣传组、端午习俗展示组、游戏活动组等）。

3. 小引导员引领家长到各小组参加活动。

幼儿将班上家长分成 4 组，每组由 1 名引导员带领，顺次参加宣传活动。

（三）活动结束

1. 请家长代表发言，谈一谈自己参加活动的感受，重点对幼儿的表现进行鼓励。

2. 主持人致谢，感谢家长对活动的支持。

3. 合影留念。

延伸活动：

将“端午活动我展示”的活动向园内其他班级开放，邀请全园小朋友参与。

节日主题活动之"果刻子的中秋之旅"

9月 第3周—10月第2周

绘本《老孙家的好手艺》	吴克辉　刘立娟

一、绘本分析

（一）语言分析

《老孙家的好手艺》属于儿歌体儿童文学，内容浅显，易为幼儿理解，篇幅短小精巧，结构简单，语言活泼，节奏明快，适宜幼儿诵唱。大班幼儿能初步理解图文信息，对图形、符号有观察和辨别能力。文中出现的"刮""刨""凿""嵌""刻""切""剔"等一系列动词生动地展现了模具的雕刻过程，丰富了幼儿的词汇量，为幼儿今后开展制作简单模具的活动奠定了基础。"先用大刀削出形，再按尺寸凿出坑，坑里铅笔打细稿……"语言浅显易懂，使幼儿进一步了解了模具的制作工艺和步骤。

（二）画面分析

绘本通篇都是"中国红"，充满了传统民俗特色。图画采用了版印画的表现手法，与制作模具的方式有异曲同工之妙。画面细节处理得当，有助于幼儿积累阅读经验，发现与学习内容相关的信息，初步收集和使用信息。绘本中的月饼采用了多种纹样和形式设计，为幼儿后续设计月饼、制作月饼提供了经验。

（三）主旨分析

孙氏祖传糕点模具手工技艺是市级非物质文化遗产保护项目，它以雕刻精致、种类繁多、传统套路完整为特色。曾经，孙氏糕点模具名噪一时，传承数辈，随着机械化的冲击，传统模具经营的现状大不如前。直到2007年，孙氏糕点模具被列为市级非物质文化遗产，这门有着无数传奇故事的技艺才越来越多地为人所知。《老孙家的好手艺》一书将孙氏祖传糕点模具的历史、传承及现如今的影响表现得淋漓尽致，激发了幼儿爱家乡、爱祖国的情绪情感和民族自豪感。

二、主题目标

◎ 幼儿积极与园内外环境"对话"，从多种途径收集有关中秋节的信息，积累有关中秋节的相关经验。

◎ 在“参观老孙家模具厂”活动计划中，幼儿了解计划的内容，尝试制定计划，并努力实现计划。

◎ 幼儿主动参与制作果刻子的相关活动，发展观察、操作、探索的能力。

◎ 在“中秋展览会”活动中，幼儿能在表演中大胆展示自己，并欣赏同伴的表演，充分感受表现与合作的乐趣。

◎ 幼儿通过丰富多彩的主题活动感受高丽营镇深厚的中秋传统文化底蕴。

三、主题活动思路图

“果刻子的中秋之旅”主题活动思路图如图 19 所示。

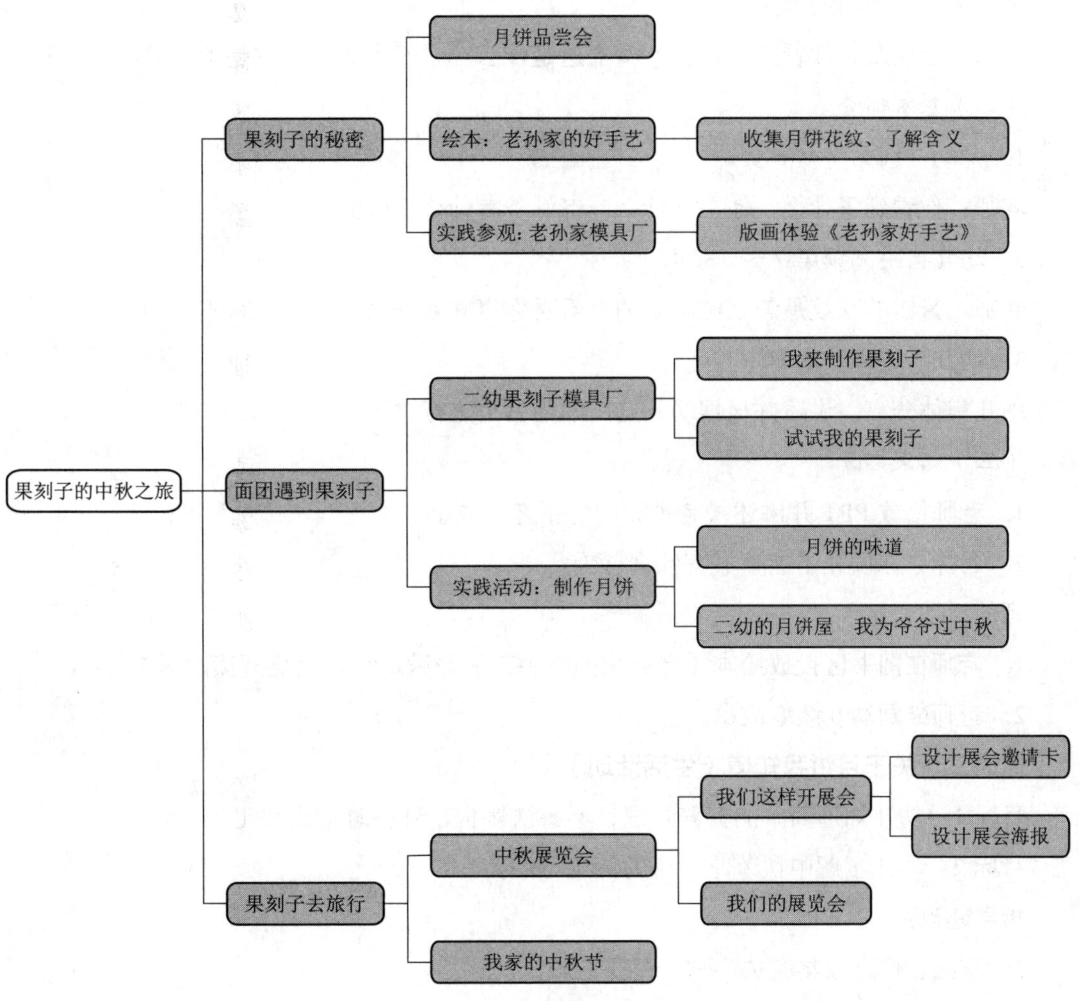

图 19　“果刻子的中秋之旅”主题活动思路图

四、活动举例

活动一：阅读绘本《老孙家的好手艺》（集体活动 · 语言）

目标 1：幼儿通过观察画面，理解故事内容，初步了解老孙家手艺的历史传承。

目标 2：幼儿积极参与困惑页的讨论，发展自主阅读能力。

目标 3：幼儿喜欢阅读绘本，并与他人一起谈论图书中的相关内容。

准　备：物质准备：《老孙家的好手艺》20 本、绘本 PPT（呈现书的全部内容）；经验准备：幼儿有自主阅读的经验和良好的阅读习惯。

过　程：

（一）开始部分

观察封面，引出绘本主题。

老师：小朋友，你看到了什么？猜猜这是什么？它们上边的花纹是怎么做出来的？

（二）基本部分

1．师幼共读第 1 ～ 6 页。

老师：你看到了什么？他在干什么？老佛爷有什么反应？

2．幼儿自主阅读第 7 ～ 13 页。

老师：月饼的花纹是怎么做出来的？看看你喜欢哪一页？哪一页有不懂的内容？

3．幼儿讲述阅读内容。

幼儿集体分享、讲述并根据幼儿选出的困惑页进行讨论。

（三）结束部分

1．老师播放 PPT 并讲述《老孙家的好手艺》故事。

2．老师：你读完了这本书有什么感受？

延伸活动：

1．老师在图书区投放绘本《老孙家的好手艺》，满足幼儿反复阅读的需求。

2．老师鼓励幼儿续编故事。

活动二：关于月饼我知道（生活活动）

目标 1：幼儿知道简单的营养知识，不暴饮暴食，进餐时举止文明。

目标 2：幼儿了解中秋节吃月饼的传统习俗。

指导建议：

1．家园合作，收集有关中秋、月饼的知识。

2．老师利用过渡环节等机会向幼儿介绍中秋节吃月饼的习俗，有计划地引导幼儿观察月饼及月饼上的花纹。

3. 利用晨间入园后的时间，幼儿围绕中秋吃月饼、饮食健康的话题进行交流。

4. 在集体活动前，老师请个别幼儿分别交流，引导幼儿达成共识。

延伸活动：

1. 引导家长参与到活动中，带着幼儿了解有关月饼和饮食健康的知识，并交流自己的发现。

2. 在美工区开展设计月饼活动、制作月饼活动等，为幼儿创造机会。

3. 老师鼓励、协助幼儿将自己的发现制成自制图书。

4. 老师在生活中引导幼儿欣赏《爷爷为我打月饼》等歌曲。

活动三：月饼版画（集体活动·艺术）

目标 1：幼儿从生活出发，有独特的创造性思维。

目标 2：幼儿体验版画活动的乐趣。

准　备：物质准备：绘画用纸、笔、范画等；经验准备：幼儿读过《老孙家的好手艺》。

过　程：

（一）导入活动，激发幼儿的活动兴趣

老师创设游戏情景，让幼儿对学习产生浓厚兴趣。

老师：经过刚才的欣赏，你觉得这些画漂亮吗？

老师引导幼儿从颜色、形状等方面观察。

（二）激发幼儿作画兴趣

1. 老师通过范画，让幼儿对版画有一个直观、形象的了解，同时为幼儿的创作提供一定的技能基础。

2. 老师示范，讲解做版画的要求以及步骤：先将硬纸板剪出所需的图形，然后拼贴组合图形，最后上颜色、转版。

（三）幼儿作画

老师巡回指导，每组幼儿完成一幅画。

（四）作品展示

老师："你们的版画真漂亮啊，我们来布置一个美丽的画展吧。

老师将幼儿的作品贴在展示墙上。

老师："我们的画展真漂亮，都是我们小朋友自己设计的。真棒！"

延伸活动：

1. 老师进一步收集有关中秋节的知识，丰富幼儿对中秋节的认识，并和幼儿一起创设新闻角，播报关于中秋节的新闻。

2. 家长帮助收集关于中秋节的资料，并提供给大家分享。

3. 家长和幼儿收集月饼盒，利用月饼盒制作手工。

活动四：制定参观老孙家计划（集体活动・社会）

目标 1：幼儿能够清楚、连贯地表达自己的想法和愿望。

目标 2：幼儿会制定、讨论参观计划，讨论时能认真听取别人的意见。

目标 3：幼儿积极参与计划的制定，学会与同伴合作。

准　备：物质准备：记录纸、笔；经验准备：幼儿已有参观经验。

过　程：

（一）调动原有经验

老师：你们参观过什么？都是怎么参观的？

（二）谈话导入，引发讨论话题

老师：你们知道老孙家是什么样的吗？你想象中的老孙家是什么样子的？

（三）分组商讨去老孙家的参观计划

1. 老师提问并导入。

老师：我们在参观前应该准备什么？应该遵循什么规则？你们觉得会看到什么？想了解哪些内容？

2. 制作计划书。

（1）老师观察幼儿分工情况。

（2）老师鼓励幼儿向其他小朋友或老师寻求帮助。

（3）老师把幼儿制定的内容加以记录和归类。

（四）集体分享

老师：我们一起交流一下，看一看哪个参观计划更合理。

延伸活动：

针对已经制定的计划表，家长和幼儿发表自己的看法和建议，根据提供的建议，对参观计划不断调整和完善，使这一活动成为一次快乐的活动。

活动五：参观老孙家（亲子活动・实践）

目标 1：幼儿愿意参与活动，并能按计划参观，表达自己的感受。

目标 2：幼儿敢于在人多的场合下自然、大方地讲话。

准　备：物质准备：师幼共同制定的参观计划、生活用品；经验准备：幼儿参与了此次活动的计划和筹备，明确活动的内容、流程，同时老师和家长就作为“观众”的注意事项及如何支持孩子的参观活动顺利进行做了沟通。

过　程：

（一）活动准备

老师和幼儿回顾参观计划，进一步明确流程和任务。

（二）活动开始

1. 欢迎家长进园，幼儿引导员指引家长签到，到指定场地就座。

2. 主持人（老师和幼儿）宣布活动开始。

老师对活动的整体情况进行介绍。

3. 园领导致开幕词，家长代表和幼儿代表讲话。

4. 老师提示家长和幼儿有关活动的注意事项。

5. 老师带领幼儿参观老孙家。

（三）活动结束

1. 幼儿分组自由交流自己的感受。

2. 主持人致谢，感谢家长对活动的支持。

3. 合影留念。

延伸活动：

在参观活动结束后，进行一次全部大班的采访活动，让幼儿了解别的班级小朋友、老师的参观情况，使参观活动变得更有意义、更快乐！

活动六：自制果刻子（区域活动·美工区）

目标 1：幼儿能够运用多种材料，大胆制作果刻子。

目标 2：幼儿探索多种制作形式，积极发现问题、解决问题。

指导建议：

1. 在活动开始前时，老师引导幼儿用语言描述自己对于果刻子制作的想象。

2. 老师鼓励幼儿根据自己的想象，运用多种材料，大胆表现，例如使用不同的材料，包括橡皮泥、硬纸板、橡皮、木头等。

3. 老师创造条件，鼓励幼儿大胆尝试自己的想法，给幼儿提供反复操作、多次尝试的机会，每次尝试后引导幼儿总结操作经验并积极与同伴沟通交流。老师注意把幼儿的典型经验在全班分享。

4. 布置“我制作的果刻子”作品展。

活动七：香喷喷的月饼（集体活动·实践）

目标 1：幼儿锻炼手部动作的灵活性，大胆制作，有想象力、创造力。

目标 2：幼儿了解做月饼的过程，练习团、压、捏、刻、印等技能。

目标 3：幼儿感受中秋节的欢乐气氛，体验自己的劳动成果。

准　备：实物月饼、音乐（《爷爷为我打月饼》）、做月饼的面团、馅泥等材料、各种形状的月饼卡片。

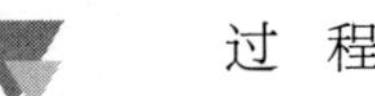

过　程：

（一）谈话导入

老师：你们吃过月饼吗？你们吃的月饼是什么形状和味道的？里面都有些什么？

老师出示不同的月饼让幼儿观察。

（二）制作月饼

1. 老师出示月饼制作步骤图，引导幼儿观察制作月饼的步骤。

（1）先将面揉好，用手团、压，然后包馅，一手托皮，另一手沿皮的边缘包上、捏紧。

（2）将包好的面团放入模具，摁一下，然后磕出来。

（3）将做好的月饼送入厨房烤熟。

2. 幼儿尝试自己制作月饼，老师巡回指导，教授幼儿团、压、捏、刻、印等技能，引导幼儿做出不同形状、不同花纹的月饼。

3. 把制作好的月饼送到厨房烤熟。

（三）幼儿欣赏、品尝月饼，体验成功的喜悦

幼儿品尝月饼，评选最受欢迎的月饼。

延伸活动：

幼儿将自己做的月饼带回家，将成功的果实分给家人品尝。

活动八："中秋展览会"欢迎你（亲子活动）

目标1：幼儿积极参加"中秋展览会"体验活动，主动承担宣传员、演员、实验游戏引导员等任务。

目标2：敢于在人多的场合下自然、大方地讲话。

准　备：物质准备：师幼共同制作的宣传板（包括"果刻子的秘密""面团遇到果刻子""我们的活动"等内容以及主题活动中幼儿的美工作品等），主题活动中制作的果刻子，过程中开展游戏所需的材料、操作步骤图、游戏成果等，本次活动的海报、袖标等，活动场地布置及演出舞台布置以及家长活动宣传、布展设计图、活动相关音乐等；经验准备：幼儿参与了此次活动的计划和筹备，明确活动的内容、流程及自己负责的部分，同时老师和家长就作为"观众"的注意事项及如何支持孩子的活动顺利进行做了沟通。

过　程：

（一）活动准备

1. 老师和幼儿回顾布展设计图，进一步明确分工和任务。

2. 老师带领幼儿分组张贴宣传海报，和幼儿一起检查各场地的准备是否充分，完善活动准备。

（二）活动开始

1. 欢迎家长进园，幼儿引导员指引家长签到，到指定场地就座。

2. 主持人（老师和幼儿）宣布活动开始。

老师对活动的整体情况进行介绍。

幼儿依次介绍自己的角色和任务（分为展板宣传组、果刻子宣传组、表演宣传组、游戏活动介绍组等）。

3. 小引导员引领家长到各小组参加活动。

将班上家长分成 4 组，每组由 1 ～ 2 名引导员带领，顺次参加宣传活动。

（三）活动结束

1. 请家长代表发言，谈一谈自己参加活动的感受，重点对幼儿的表现进行鼓励。

2. 主持人致谢，感谢家长对活动的支持。

3. 合影留念。

延伸活动：

将“中秋展览会”活动向园内其他班级开放，邀请全园小朋友参与。

节日主题活动之“爱在重阳”

10月 第4周

绘本《我和爷爷》	蒋晴　刘菲

一、绘本分析

（一）语言分析

绘本通篇了记录幼儿和爷爷的真实故事，语言真实、质朴且富有童趣。经老师、家长的整理，语句语法合理通畅，读起来押韵，更加符合幼儿的阅读习惯。在与老师、同伴、家人分享的过程中，幼儿用最单纯的情感让人有了最真切的感动。

（二）画面分析

该书以幼儿水彩画和广告纸剪贴的形式呈现，暖色为主，主要突出幼儿和爷爷之间其乐融融的祖孙情。通过学习重阳节儿歌、菊花水彩画、制作重阳糕等活动，幼儿融入其中，感受不一样的节日气氛。画面中幼儿用简单却温暖的方式传递着尊老敬老之心，学会去爱身边的每一个人。

（三）主旨分析

农历九月初九是我国的重阳节，重阳节又称“老人节”，尊老、敬老是中华民族的传统美德。许多年轻父母平时整日忙于工作，把照顾和教育孩子的重任托付给孩子的爷爷奶奶。他们无怨无悔地奉献着，孩子们也一直享受着老人们无限的关爱与呵护。为了更好地培养幼儿尊老、敬老的优良习惯，将原创绘本《我和爷爷》与重阳节结合起来，开展一系列关于尊老、敬老的活动，是一种切实可行的方法。通过活动，孩子了解了重阳节的风俗习惯，体验了与老人间浓浓的亲情，并用自己的行动表达了对长辈们的情感。同时，把享受“长辈的爱”的感情进行迁移，孩子们会爱自己身边每一位老人，帮助弱者，老人们也将为自己孩子的成长与进步感到欣慰与骄傲。

二、主题目标

◎ 幼儿了解重阳节的来历和风俗习惯。

◎ 老师引导幼儿主动参与制作、绘画、实践等相关活动，发展幼儿观察、操作、探索的能力。

◎ 幼儿明白爷爷奶奶对自己的爱，学会用自己的方式回馈爷爷奶奶。

◎ 在“走进敬老院”活动计划中，幼儿了解计划的内容，尝试制定、调整计划，并努力实现计划。

◎ 在“敬老大联欢”活动中，幼儿懂得敬老爱老是中华民族的光荣传统，要尊敬长辈。

三、主题活动思路图

“爱在重阳”主题活动思路图如图 20 所示。

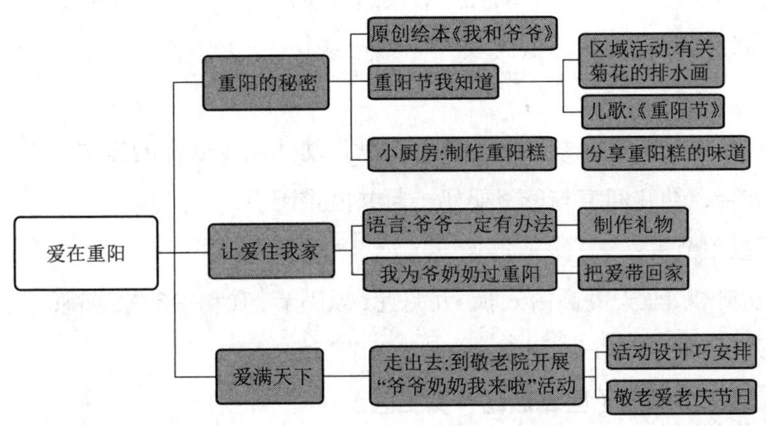

图 20 “爱在重阳”主题活动思路图

四、活动举例

活动一：儿歌《重阳节》（集体活动 · 语言）

目标 1：幼儿感受《重阳节》儿歌的情感，对爷爷奶奶有崇敬之情。

目标 2：幼儿理解《重阳节》儿歌的内容，了解重阳节的风俗习惯。

目标 3：幼儿能用“谁……什么时候……在干什么”清楚、连贯地表达自己的想法。

准 备：物质准备：幼儿和爷爷奶奶在一起的照片及相关图片；经验准备：老师课前帮助幼儿了解一些有关重阳节的知识。

过 程：

（一）开始部分

师幼观察图片，引出儿歌主题。

老师：小朋友，你看到了什么？你和爷爷奶奶做过什么事情？

（二）基本部分

1. 老师完整朗诵儿歌，幼儿欣赏。

老师：儿歌的名字叫什么？

2. 老师结合图片，边讲述边帮助幼儿进一步理解儿歌。

老师：你听到了什么？都有谁？什么时候？他们在干什么？

3. 幼儿讲述儿歌内容。

幼儿集体分享喜欢的语句。

（三）结束部分

1. 老师完整朗诵儿歌内容，幼儿边看图边欣赏。

2. 老师带领幼儿完整朗诵童谣。

延伸活动：

1. 老师在图书区投放儿歌《重阳节》，满足幼儿反复欣赏的需求。

2. 家园配合，幼儿回家与爷爷奶奶一起共度重阳节。

附儿歌《重阳节》：

红叶飘，黄叶飘，蓝天高高白云飘；九月九，重阳节，我和爷爷来登高；我们俩，手拉手，爷爷登高不服老；爷爷爷爷你真棒，我祝爷爷节日好。

活动二：菊花排水画（区域活动·美工区）

目标 1：幼儿在观赏、讨论的基础上，能通过绘画表现菊花的基本形象和基本特征。

目标 2：幼儿感受排水画与其他绘画的不同风格。

指导建议：

1. 师幼共同探索用排水画的手法表现菊花的形态。

2. 老师提醒幼儿尽量把菊花画得大些，鼓励幼儿用浅色和鲜艳的颜色表现菊花，且涂色要用力，颜色要深一些。

3. 老师组织幼儿有序地涂颜色，图画好后，涂底色，提醒幼儿有序地刷底色，尽量保持桌面和画面整洁。

延伸活动：

1. 在美工区开展“赏菊捏花品重阳”系列区域活动，展览幼儿作品，幼儿相互欣赏，并向同伴介绍自己的作品。

2. 家园共育，幼儿可以和家长一起探索更多绘画菊花的方法。

活动三：制作重阳糕（区域活动·小厨房）

目标 1：幼儿在创作的过程中感受亲手制作的快乐，享受成功的愉悦。

目标 2：幼儿正确地运用搓、团、捏、压等技法制作重阳糕。

指导建议：

1. 活动开始前时，老师让幼儿了解重阳糕的制作方法和步骤，引导幼儿学习塑造不同造型的重阳糕。

2. 老师鼓励幼儿发挥想象，除了用搓、团、捏、压等技法制作重阳糕外，还可使重阳糕变形甚至做得更为夸张。

3. 老师引导幼儿用语言描述自己对于重阳糕制作的想象。

4. 幼儿乐意在探索过程中努力地思考，勇敢地克服困难。

5. 老师创造条件，鼓励幼儿大胆尝试自己的想法，为幼儿提供反复操作、多次尝试的机会，每次尝试后引导幼儿总结操作经验并积极与同伴沟通交流。老师注意须把幼儿的典型经验在全班分享。

6. 布置幼儿为“我制作的重阳糕”拍摄照片。

延伸活动：

1. 老师引导家长参与活动，带领幼儿在家制作重阳糕，给爷爷奶奶品尝。

2. 幼儿制作重阳糕，给老师和小朋友品尝。

活动四：制定参观计划（集体活动·社会）

目标 1：幼儿结合生活经验，与同伴共同制定计划，尝试安排自己的活动。

目标 2：在协商、讨论、分工等过程中尝试调整计划。

准　备：物质准备：白纸、水彩笔等；经验准备：幼儿有制定计划的经验。

过　程：

（一）开始部分

老师谈话导入：九月初九是什么节日？

老师：我们要去哪儿？

（二）基本部分

1. 师幼共同讨论。

老师：以前，我们出去总是爸爸妈妈为我们做准备，现在我们长大了，想不想为自己制定一份计划？

2. 师幼共同讨论出行的时间、地点及内容。

老师：想一想，除了这些还需要做什么准备？

3. 遵守规则。

老师：去敬老院是一次集体活动，除了准备东西，我们还应该遵守什么规则？

4. 讨论分工。

老师：计划制定好了，怎么分工呢？

5. 老师帮助幼儿记录计划书。

（三）结束部分

分享交流，各小组讨论内容并补充。

延伸活动：

1. 在美工区，制作送给爷爷奶奶的邀请函、礼物，运用剪、贴、撕、捏等方法装扮教室。

2. 在表演区，继续排练幼儿准备的节目。

活动五：爷爷奶奶我来啦（集体活动·实践）

目标1：幼儿养成敬老、爱老、助老的传统美德。

目标2：幼儿懂得敬老爱老是中华民族的光荣传统，要尊敬长辈。

指导建议：

1. 老师准备外出活动必需品，对幼儿进行安全规则教育。

2. 师幼在园准备节目和爱心礼物。

3. 参观敬老院，与老人交流，了解老人，亲近老人。

4. 举行“童叟皆欢 老少同乐”幼儿表演，合唱《朋友越多越快乐》，表演舞蹈《小宝贝》，和老人一起制作手工并与老人共同合影留念。

延伸活动：

1. 在美工区开展“爱在重阳”等活动，为幼儿创造表达爱的机会。

2. 在生活中持续引导幼儿尊敬老人、关爱老人，并开展相关活动，鼓励、协助幼儿将自己的活动照片制成自制图书。

3. 在生活中引导幼儿欣赏《让爱住我家》等歌曲。

4. 活动后组织交流活动，鼓励孩子说说自己是怎样为爷爷奶奶服务的，以及对活动的感受。

5. 将爱带回家，鼓励幼儿回家为爷爷奶奶做件事，请家长们记录孩子在家的爱老敬老行为，并在班级群中分享传播。

节日主题活动之“新年我做主”

12月 第3周—1月第2周

绘本《赶集》	李亮　孙旗帜

一、绘本分析

（一）语言分析

《赶集》是一则幼儿生活故事，以时间为序记录了“我”和家人年前赶集、置办年货的过程及大集上的见闻。高丽营大集远近闻名，每逢周六，远近的商贩、十里八村的村民、市里的老北京齐聚于此，《赶集》便取材于高丽营大集。它源于幼儿生活，13路公交车、买菜用的小拉车等，都为幼儿所熟悉，易让幼儿产生亲近感；它又高于幼儿生活，通过介绍商品，孩子们了解过年的习俗，通过摇元宵、刨笤帚、刀削面、爆米花等传统技艺感受人们的智慧与勤劳。

（二）画面分析

绘本以儿童画的方式创作而成，画面色彩温馨，充满了喜庆的节日气氛与中国年的韵味，例如主人公穿的红衣服、高丽营大集的热闹、摆满年货的摊位等。同时，画面与文字一起向幼儿生动地介绍了传统的年文化和高丽营的地方特色，如莽氏元宵的制作、刨笤帚扫房子、用盖垫放包好的饺子、连年有余、贴福字、贴春联、挂红灯笼等，幼儿能在阅读中感受传统文化的魅力，激发幼儿动手试一试的愿望。

（三）主旨分析

《赶集》题材贴近幼儿生活，幼儿在阅读过程中唤起自己对赶集经历的回顾和新年习俗的关注，为幼儿自由交流提供了话题。同时，激发了幼儿亲自去大集调查体验、动手置办年货、规划新年活动等愿望。在这一系列活动中，幼儿积极制定计划，想办法实现计划，积极实践，充分发挥了大班幼儿在活动中的自主性，感受到了节日气氛和民族文化的多样性。

二、主题目标

◎ 帮助幼儿了解赶集活动的意义，体会赶集带来的快乐。

◎ 幼儿认识我国传统的春节，知道过年的由来，了解过年的传统风俗。

◎ 幼儿了解春节的风俗习惯，运用多种材料进行制作美食，感受合作的快乐。

◎ 在活动中，幼儿积极参加小组讨论和探索，并尝试自主制定计划，发展合作学习的意识和能力，学习用多种方式表现，交流、分享探索的过程和结果。

◎ 幼儿敢于当众表演，表演时自然、从容、自信并能欣赏他人的表演，为同伴喝彩。

三、主题活动思路图

“新年我做主”主题活动思路图如图 21 所示。

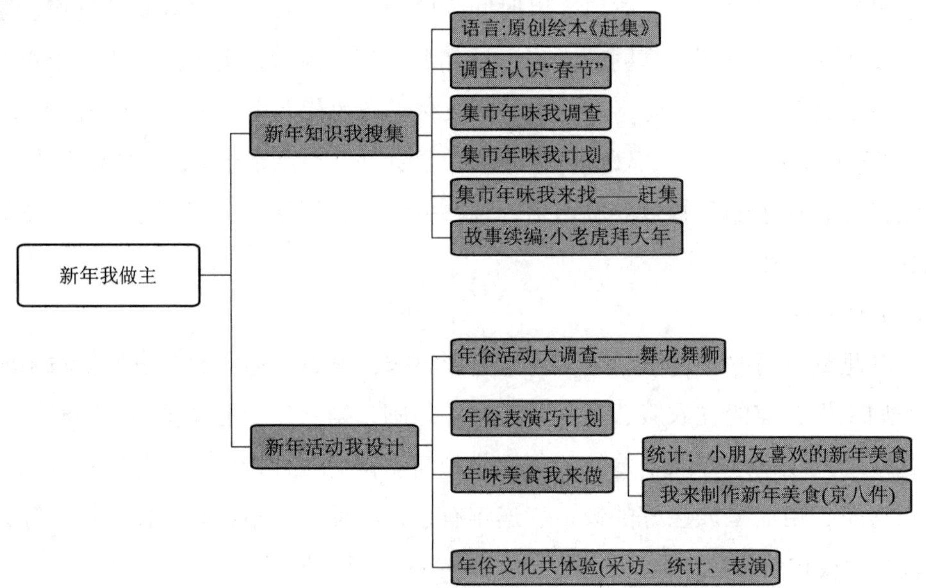

图 21 “新年我做主”主题活动思路图

四、活动举例

活动一：阅读绘本《赶集》（集体活动·语言）

目标 1：幼儿专注阅读绘本《赶集》，感受故事的趣味性。

目标 2：幼儿根据故事中的困惑页，初步理解故事的内容。

目标 3：幼儿尝试连贯、清楚地讲述故事的内容。

准　备：物质准备：《赶集》绘本、PPT 课件、记录纸；经验准备：幼儿有过赶集的经验。

过　程：

（一）开始部分

老师出示封面，提示故事人物和线索。

老师：小朋友们，你们都去过大集么？大集上有什么？今天有一位小朋友，他们全家也要去赶集了，我们一起来看一看，他们在大集上看到了什么？

（二）基础部分

1. 幼儿带着问题自主阅读，写出困惑页。

老师：他们在大集上都看到了什么？做什么用的？

（问题情境：激发兴趣、理解故事内容）

2. 交流讨论，自主表达困惑页。

老师：你知道的工具有哪些？

老师根据幼儿的阅读情况选出困惑页，并进行讨论、交流。

（三）结束部分

完整播放 PPT，幼儿一起讲故事。

延伸活动：

1. 在图书区投放绘本《赶集》，供幼儿继续阅读。

2. 请家长在家与幼儿收集过年的习俗，帮助幼儿更深入地了解民俗节日春节。

活动二：认识“春节”（集体活动 · 语言）

目标 1：幼儿知道过年的由来，了解我国过年的传统风俗。

目标 2：幼儿感受过年的喜庆气氛，并会正确对别人说一句祝福语。

准　备：过年时的影像资料、照片等，结合上次活动中幼儿收集的材料。

过　程：

（一）开始部分

1. 让幼儿回忆《小老虎拜大年》绘本，引起有关过年的话题。

2. 幼儿讨论自己对年的认识，例如“为什么要过年”“过年是怎样的”，等等。

（二）基本部分

1. 老师讲有关过年的故事、传说。

2. 请幼儿讲述自己收集的有关春节的故事及传说。

3. 分组讨论：春节都有哪些传统风俗？小组讨论并记录。

4. 分享过年的传统风俗。

（三）结束部分

老师与幼儿共同总结过年的传统习俗。

延伸活动：

1. 在美工区投放剪纸、春联等，引导幼儿大胆尝试，体验过年传统风俗。

2. 在图书区投放关于过年的吉祥画。

附故事：

相传，中国古时候有一种叫“年”的怪兽，头长尖角，凶猛异常。年兽长年深居海底，每到除夕，便爬上岸来吞食牲畜、伤害人命，因此每到除夕，村村寨寨的人们扶老携幼，逃往深山，以躲避伤害。这年除夕，乡亲们正忙着收拾东西逃往深山，此时村东头来了一个白发老人，对一户老婆婆说，只要让他在她家住一晚，他定能将年兽驱走。众人不信，老婆婆劝他还是上山躲避为好，老人却坚持留下。众人见劝他不住，便纷纷上山躲避去了。当年兽像往年一样准备闯进村子肆虐时，突然传来白发老人燃放的爆竹声，年兽浑身战栗，再也不敢向前。原来年兽最怕红色、火光和炸响声。只见大门大开，院内一位身披红袍的老人哈哈大笑，年兽大惊失色，仓皇而逃。第二天，人们从深山回到村里，发现村子安然无恙，这才恍然大悟，原来白发老人是帮助大家驱逐年兽的神仙。人们同时发现了白发老人驱逐年兽的三件法宝。从此，每年除夕，家家都贴红对联，燃放爆竹，户户灯火通明，守更待岁。这风俗越传越广，逐渐成了中国民间最隆重的传统节日——过年。

活动三：集市年味我调查（生活活动）

目标：幼儿利用多种方法调查过年的传统美食，并能清楚地介绍自己的调查结果。

指导建议：

1. 幼儿在家利用网络、书籍等多种渠道了解集市上的年味有什么。

2. 家长利用假期带幼儿去逛大集，帮助幼儿完善调查内容。

3. 幼儿利用自己知道的标记记录自己的调查结果。

4. 老师引导幼儿将自己收集的年味调查投放在班级中，利用区域活动或过渡时间给大家讲述，共同学习。

延伸活动：

老师引导幼儿将调查结果进行分类，布置成活动墙饰，针对幼儿感兴趣的内容开展相关活动。

活动四：集市年味我计划（集体活动 · 社会）

目标1：幼儿尝试分工合作，制定赶集计划，并用适宜的方式记录。

目标2：幼儿能用较连贯的语句大胆地表达自己的意见与想法。

准　备：物质准备：幼儿自己准备的“大集年味活动调查表”、彩笔、记录纸等；经验准备：幼儿有过做计划的经验。

过　程：

（一）导入环节，激发幼儿的活动兴趣

1. 老师：我们已经完成了“大集年味活动调查表”，谁愿意介绍一下你的调查表？

2. 老师：新年快到了，大集上有那么多过年物品，我们也去采购一些吧。

（二）基本部分

1. 老师：赶集之前我们要制定计划，我们的计划里都应该有哪些内容呢？

2. 幼儿和好朋友一起，3～4个人一组，制定赶集计划。

老师：想一想，你们组准备买什么？要做什么准备？都由谁负责？

老师：每组选出一个小组长，负责组织讨论并记录你们组讨论的内容。

3. 幼儿讨论制定计划。

老师鼓励幼儿大胆地表达自己的意见，尝试用自己感兴趣的方式记录讨论的结果。

（三）结束部分

1. 分享交流各组制定的参观大集的计划。分享时，大家说一说各组计划好在哪里，还有什么需要改进。

2. 讨论、修改、完善每组的参观计划。

延伸活动：

老师引导幼儿按照计划各自准备需要的材料。

活动五：赶集（集体活动·实践）

目标1：幼儿体会赶集带来的快乐。

目标2：幼儿能按照计划参加赶集活动，并在买卖活动中大胆交流。

目标3：幼儿在赶集活动中有安全意识。

准　备：物质准备：各小组按照计划自备赶集所需的物品，老师与家长协调分工并为幼儿赶集活动提供保障；经验准备：幼儿清楚各自的赶集计划，有初步的买卖经验。

过　程：

（一）开始部分

1. 各小组回顾本组的赶集计划，检查所需物品是否齐全。

2. 讨论：赶集过程中应该注意哪些安全问题？

（二）基本部分

1. 老师和家长一起带领幼儿去赶集，引导幼儿注意交通安全。

2. 老师和各组幼儿约定返回时间和集合地点。

3. 幼儿根据自己的计划表进行采买，并做好记录。在采买过程中，老师及时鼓励幼儿大胆交流，并用相机记录幼儿采买的过程。

4. 集合返回，各组整理自己采购的物品。

（三）结束部分

1. 老师利用照片或视频帮助幼儿回忆采买经历。

2. 交流：你的采买计划完成情况如何？在活动过程中有没有发生什么困难？怎样解决的？

延伸活动：

老师利用过渡时间引导幼儿讲讲赶集遇到的问题及解决方法，帮助幼儿交流分享。

活动六：年味美食我来做（区域活动 · 小厨房）

目标 1：幼儿观察年味小吃的特点，尝试用各种材料制作年味美食。

目标 2：幼儿积极利用参考图片、同伴交流、寻求成人帮助等方法探索制作年味美食的方法。

指导建议：

1. 老师鼓励幼儿一起收集制作美食所需的材料和制作方法。

2. 幼儿观察年味美食，看一看它用什么材料做的？怎样做的？

3. 幼儿自选材料制作小吃，在幼儿制作过程中，老师少干扰，多鼓励。

4. 幼儿之间互相介绍自己的作品，欣赏别人的作品。

5. 幼儿之间进行交流，共同解决制作过程中出现的问题。

延伸活动：

将制作的年味美食分享给幼儿园里的弟弟妹妹，一起感受浓厚的民俗氛围。

活动七：年俗表演巧计划（集体活动 · 社会）

目标 1：幼儿能清楚、连贯地表达自己的想法和愿望。

目标 2：幼儿尝试分组制定表演计划，增强幼儿的合作能力。

准　备：物质准备：记录用纸、笔；经验准备：幼儿制作过计划表。

过　程：

1. 引发讨论话题。

老师：马上就要开展迎新年活动了，你们愿意自己来安排庆祝活动吗？你希望我们班的庆新年活动做什么事情？

2. 分组讨论、设计表演计划并用符号记录下来。

老师：庆新年活动有什么表演形式？需要那些准备？请用喜欢的方式记录下来。

3. 老师巡回指导，在幼儿需要时给予指导。

4. 分享小组计划。

5. 通过大家一起筛选，师生共同制定一份完整、合理的庆祝计划。

延伸活动：

老师引导幼儿按计划分头进行庆祝前的准备，并将制订好的计划表贴在表演区，提示幼儿按照计划排练节目。

活动八：年俗表演我彩排（区域活动）

目标 1：幼儿通过彩排发现表演中存在的问题并讨论调整表演计划。

目标 2：幼儿学习和同伴共同商量解决问题的方法。

指导建议：

1. 幼儿按计划进行彩排准备，提醒负责后勤保障的幼儿计时。

2. 幼儿彩排，老师在旁观察。

3. 幼儿彩排后讨论：节目时间、顺序是否合理？是否还需要调整？哪个节目表演得最好？为什么？我们还应该注意什么？

4. 调整计划。老师与幼儿一起明确彩排过程中应关注和思考的问题。

延伸活动：

老师引导幼儿按计划分头进行庆祝前的准备。

活动九：过年啦（集体活动·美工）

目标 1：幼儿运用多种绘画方式表现过年的热闹气氛，对新年有一定的了解与认识。

目标 2：幼儿运用已有的生活经验，根据自己的意愿绘画过年的欢乐场景。

目标 3：幼儿感受新年的热闹氛围。

准　备：物质准备：不同材质的纸张、吸管、纸盘、彩笔、油画棒等；经验准备：幼儿了解过年的习俗。

过　程：

（一）开始部分，谈话导入

老师：过年了，你最喜欢过年时的哪些事情？

（二）基本部分

1. 老师出示不同形式的过年作品。

老师：我们看一看人们过年喜欢做什么事情，他们是怎样表现过年的。

2. 幼儿根据自己的意愿自主绘画。

老师：过年这么快乐，你想不想把它记录下来？你的新年里有什么？你想用什么方式绘画新年？

3. 老师介绍材料，幼儿自主选择材料绘画，老师巡回指导。

（三）结束部分

1. 展示交流。

老师：你是怎样表现新年的？在活动中遇到了什么问题？

2. 老师小结。

延伸活动：

1. 老师在美工区提供彩纸、纸盒等废旧材料，引导幼儿利用不同的方式表现新年。

2. 老师在班级设定展示区，展示幼儿的作品。

节气主题活动之“快乐丰收节”

9月

梁琪　孙旗帜

一、节气分析

秋分是二十四节气中的第16个节气，是秋天的第4个节气，时间一般为每年的9月22日或23日，秋分当天日夜平分。秋分时节，暑热退尽，我国大部分地区进入凉爽的秋季，天高云淡，昼夜温差加大，人们要注意添衣保暖、清淡饮食、防秋燥。幼儿园里，山楂、柿子、苹果、沙果一日红过一日，银杏果变黄掉落，核桃成熟脱去青壳。细心的孩子还发现喇叭花、茉莉花的种子变黑了，就连小草也打了籽儿。菜园里辣椒红了，南瓜黄了，葫芦、丝瓜满藤架。进入秋忙时节，小朋友们忙得不亦乐乎，在劳动中品味秋的喜悦。

二、主题目标

◎ 幼儿通过亲身参与体验秋分的传统民俗活动，感受秋分的节气特点，体会大自然的美与奇妙，热爱大自然。

◎ 幼儿观察、发现秋分节气里动物、植物和人们生活的变化，主动适应天气变化。

◎ 幼儿积极围绕有关秋分的话题展开讨论，能清楚地进行自我表达。

◎ 幼儿主动参与秋收相关活动，发展自己观察、操作、探索的能力。

◎ 在庆祝“中国农民丰收节”活动之际，通过举办户外采摘系列活动，让幼儿感受传统节气，尝试制定计划，并实现计划，收获劳动的快乐。

三、主题活动思路图

“快乐丰收节”主题活动思路图如图22所示。

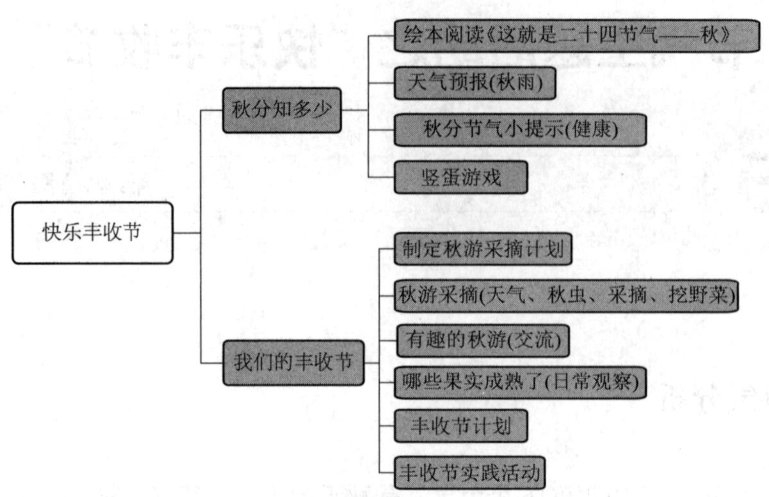

图 22 “快乐丰收节”主题活动思路图

四、活动举例

活动一：阅读绘本《这就是二十四节气——秋》（集体活动 · 语言）

目标 1：幼儿通过观察画面，理解故事内容，初步了解秋分节气的习俗。

目标 2：幼儿积极参与困惑页的讨论，发展自主阅读能力。

目标 3：幼儿喜欢阅读绘本，并与他人一起谈论图书中有关的内容。

准　备：物质准备：《这就是二十四节气——秋》20 本、绘本 PPT（呈现书的全部内容）；经验准备：幼儿有自主阅读的经验，有良好的阅读习惯。

过　程：

（一）开始部分

观察封面，引出绘本主题。

老师：小朋友，你看到了什么？他们在干什么？他们为什么做这些事情？

（二）基本部分

1. 师幼共读。

老师：你看到了什么？他们在干什么？

2. 幼儿自主阅读。

老师：你观察到了什么？看看你喜欢哪一页？哪一页有不懂的内容？

3. 幼儿讲述阅读内容。

幼儿集体分享讲述，老师根据幼儿选出的困惑页进行讨论。

（三）结束部分

1. 老师播放 PPT，讲述《这就是二十四节气——秋》中的故事。

2. 老师：你读完这本书有什么感受？

延伸活动：

1. 老师在图书区投放绘本《这就是二十四节气——秋》，满足幼儿反复阅读的需求。

2. 老师引导幼儿观察秋天的季节变化。

活动二：秋分知多少（生活活动）

目标 1：幼儿知道中国传统节气——秋分的时间。

目标 2：幼儿了解秋分节气的气候特点。

目标 3：幼儿通过实际活动体验秋分的特点，加深对传统文化的了解与认同。

指导建议：

1. 家园合作，收集关于秋分的知识。

2. 老师利用过渡环节等机会向幼儿介绍秋分的相关习俗，包括吃秋菜、粘雀嘴、放风筝、竖蛋游戏等。

3. 幼儿利用晨间入园后的时间，围绕秋分农事话题进行交流。

4. 在集体活动前，老师请个别幼儿分别交流，引导幼儿达成共识。

5. 老师在科学区投放鸡蛋，引导幼儿探索怎么样能把鸡蛋竖起来。

延伸活动：

1. 老师引导家长参与到活动中，带着幼儿了解有关秋分的知识，将收集到的资料分享到班级群，幼儿来园后交流自己的发现。

2. 老师在美工区开展设计彩蛋、粘雀嘴等活动，为幼儿创造表现美的机会。

3. 老师鼓励、协助幼儿将自己的发现制成自制图书。

4. 老师在区域活动中引导幼儿玩竖蛋游戏。

活动三：秋分小提示（集体活动·健康）

目标 1：幼儿乐于参与活动，培养健康生活的意识。

目标 2：幼儿了解秋天的保健常识，知道秋季容易得的疾病及传播途径。

目标 3：幼儿根据已有经验说出预防疾病的方法，并大胆表达。

准　备：有关秋天的 PPT，感冒、水痘、手足口病等疾病的特征图片，每人一个判断牌。

过　程：

（一）认知秋天的变化

引导语：夏天过去了，秋姑娘来到了我们身边，她轻轻地一吹，我们的天气就发生

变化了！你们看……（播放 PPT）

老师：秋天有什么变化？

（二）了解秋天的疾病

1. 老师：现在就是秋天，请小朋友们说一说秋天我们自己有什么变化。有的小朋友今天没来，为什么？

2. 出示图片，认识疾病。

（1）感冒、咳嗽、打喷嚏。

老师：她怎么了？

（2）水痘。

老师：他怎么了？

（3）手足口病。

老师：你看到了什么？哪里有红疹？

3. 请幼儿讲述自己生病的经历和感受。

4. 疾病的传播途径及预防。

老师讲述感冒、水痘、手足口病的传播途径。

老师：我们应该怎样预防传染病？

（三）小小裁判员

幼儿根据秋季保健常识和经验，对图片上的行为举牌判断正确、错误。

延伸活动：

老师引导幼儿从衣、食、住、行的角度有目的、有选择地为自己制订保健计划。

活动四：哪些果实成熟了（生活活动）

目标：幼儿尝试用多种方法，对果实的成熟顺序进行记录。

指导建议：

1. 老师利用谈话、展示等方法，帮助幼儿理解什么是记录。

2. 老师引导幼儿学习制定观察果实成熟的计划，讨论要怎么观察，什么时间观察，准备用什么方法记录。

3. 老师为幼儿设计好果实成熟记录单，幼儿在记录单上添画自己的想法。

4. 老师支持幼儿为实现计划做准备。

5. 活动中，老师要给幼儿充分的表达和讨论的机会，允许幼儿不断修改自己的计划，使计划逐步变得更具可行性。

延伸活动：

1. 老师鼓励幼儿向班级里的其他幼儿介绍观察果实成熟计划，并征求大家的意见。

2. 家园合作，亲子记录果实的成熟顺序。

3. 来园后，幼儿互相交流自己的果实成熟记录单。

活动五：制定秋游采摘计划（集体活动·社会）

目标1：幼儿能够清楚、连贯地表达自己的想法和愿望。

目标2：幼儿会制定、讨论秋游采摘计划，在讨论中能认真听取别人的意见。

目标3：幼儿积极参与计划的制定，学会与同伴合作。

准　备：物质准备：记录纸、笔；经验准备：已有秋游、采摘经验。

过　程：

（一）调动原有经验

老师：你们去采摘过吗？采摘时会做些什么？

（二）谈话导入，引发讨论话题

老师：如果我们要去采摘，需要准备什么？你想象中的秋游采摘是什么样子的？

（三）分组商讨去秋游采摘的计划

1. 老师：我们在采摘前应该准备什么？应该遵循什么规则？你想邀请谁参加？你们觉得采摘时会做些什么？

2. 制作计划书。

（1）老师观察幼儿分工情况。

（2）老师鼓励幼儿向其他小朋友或老师寻求帮助。

（3）老师把幼儿制定的内容加以记录和归类。

（四）集体分享

老师：我们一起交流一下，看一看哪个秋游采摘计划更合理。

延伸活动：

家园合作，发动家长为秋游采摘提供意见和建议，进而完善、调整计划。

活动六：一起去秋游采摘（亲子活动·实践）

目标1：幼儿愿意参与活动，并能按计划秋游、采摘，表达自己的感受。

目标2：幼儿敢于在人多的场合下自然、大方地讲话。

准　备：物质准备：师幼共同制定的秋游采摘计划和所需的生活用品；经验准备：幼儿参与了此次活动的计划和筹备，明确活动的内容、流程，同时老师和家长就注意事项及如何支持孩子的秋游采摘活动顺利进行做了沟通。

过　程：

（一）活动准备

老师和幼儿回顾秋游采摘计划图，进一步明确流程和任务。

（二）活动开始

1. 欢迎家长进园，幼儿引导员指引家长签到，到指定场地就座。

2. 主持人（老师和幼儿）宣布活动开始。

老师对活动开展的整体情况进行介绍。

3. 园领导致开幕词，家长代表和幼儿代表讲话。

4. 老师提示家长和幼儿活动的注意事项。

5. 老师带领幼儿和家长去往秋游采摘地点。

（三）活动结束

1. 幼儿分组自由交流自己的感受。

2. 主持人致谢，感谢家长对活动的支持。

3. 合影留念。

延伸活动：

在参观活动结束后，进行一次全部大班的采访活动，让幼儿了解别的班级的小朋友、老师的秋游采摘情况，使秋游采摘活动变得更有意义、更快乐！

活动七：我们的丰收节（亲子活动）

目标 1：幼儿积极参加“丰收节”体验活动，主动承担宣传员、演员、实验游戏引导员等任务。

目标 2：幼儿敢于在人多的场合下自然、大方地讲话。

准　备：物质准备：师幼共同制作的宣传板（包括“丰收的果实”“果实的储存”“果实大变身”“我们的活动”等内容以及主题活动中幼儿的美工作品等），主题活动中制作的图书，过程中开展游戏所需的材料、操作步骤图、游戏成果等，本次活动的海报，活动的场地布置及演出的舞台布置以及家长活动宣传、布展设计图、活动相关音乐等；经验准备：幼儿参与了此次活动的计划和筹备，明确活动的内容、流程及自己负责的部分，同时老师和家长就作为“观众”的注意事项及如何支持幼儿的活动顺利进行做了沟通。

过　程：

（一）活动准备

1. 老师和幼儿回顾布展设计图，进一步明确分工和任务。

2. 老师带领幼儿分组张贴宣传海报，和幼儿一起检查各场地的准备是否充分，完善活动准备。

（二）活动开始

1. 欢迎家长进园，幼儿引导员指引家长签到，到指定场地就座。

2. 主持人（老师和幼儿）宣布活动开始。

老师对活动开展的整体情况进行介绍，幼儿依次介绍自己的角色和任务（分为展板宣传组、图书宣传组、表演宣传组、游戏活动介绍组等）。

3. 小引导员引领家长到各小组参加活动。

将班上家长分成 4 组，每组由 1 ～ 2 名引导员带领，顺次参加宣传活动。

（三）活动结束

1. 请家长代表发言，谈一谈自己参加活动的感受，重点对幼儿的表现进行鼓励。

2. 主持人致谢，感谢家长对活动的支持。

3. 合影留念。

延伸活动：

将“丰收节”活动向园内其他班级开放，邀请全园小朋友参与。

节气主题活动之“我来播种冬小麦”

10月

古雪飞

一、节气分析

寒露是二十四节气中的第 17 个节气，是秋天的第 5 个节气，时间一般为每年的 10 月 8 日前后。寒露节气是天气转凉的象征，标志着天气由凉爽向寒冷过渡，露珠寒光四射，正如俗语所说的那样，“寒露寒露，遍地冷露”。我国古代将寒露分为三候：“一候鸿雁来宾；二候雀入大水为蛤；三候菊有黄华。”

寒露时节秋高气爽，习俗活动诸多，有赏菊、登高等，风俗食物有竖蛋、吃秋菜、花糕等，最盛行的风俗食物是饮菊花酒。

秋日褪尽了酷暑气息，天地呈现一派崭新的光景，有了许多物候的变化，幼儿可以带上自己的画笔，走进大自然，寻找寒露印记，记录下秋的美好，感受大自然的变化与美妙。菊花是秋季特有的花卉，自魏汉以来就有秋天赏菊的风俗，顺义区拥有著名的鲜花港，每到秋季，品种丰富的菊花竞相开放，幼儿来此赏菊、画菊、品菊，不但能感受到秋季特有的魅力，而且社会交往、解决问题的能力都能得到发展。寒露是一个收获的季节，红彤彤的柿子，金灿灿的稻谷，鱼肥藕壮……例如在挖红薯、摘柿子等体验活动中，幼儿能感受到劳动的快乐，品尝到自己的劳动成果。“寒露种植正当时”，一句谚语颠覆了幼儿春种秋收的原有经验，一起查阅资料、了解气候特点、筛选适合种植的植物，探索种植冬小麦之旅便拉开了帷幕。

二、主题目标

◎ 幼儿通过观察、体验，了解寒露是一个丰收的季节，享受秋天为人们带来的欢乐，懂得珍惜粮食，尊重农民伯伯的劳动。

◎ 幼儿积极参加秋季种植活动，探究节气、农事和生活的关系。

◎ 幼儿能大胆地在集体面前背诵或熟练地演唱有关寒露、秋天的诗歌、歌曲等，利用美术、手工等多种方式表达自己对秋天的认识。

◎ 幼儿认识秋天收获的果实，并能进行分类，感受自然界的神奇和多样性。

三、主题活动思路图

“我来播种冬小麦”主题活动思路图如图 23 所示。

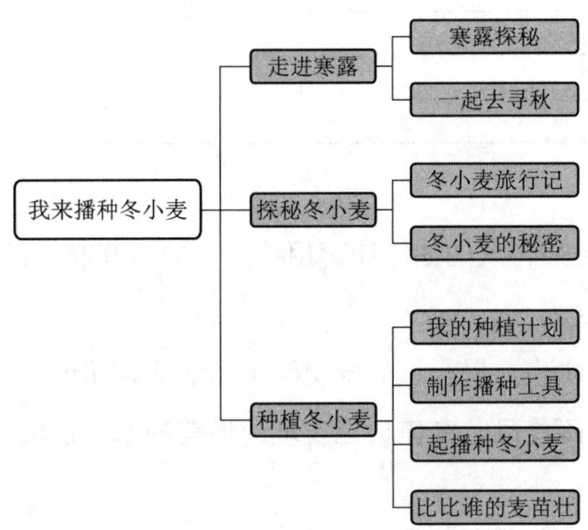

图 23　“我来播种冬小麦”主题活动思路图

四、活动举例

活动一：一起去寻秋（集体活动·实践）

目标 1：幼儿通过观察田野、果园等，知道寒露时节许多农作物和瓜果都成熟了，是丰收的季节。

目标 2：幼儿体验寒露节气的明显特征，对探索自然现象产生浓厚的兴趣。

目标 3：幼儿产生喜欢秋天、热爱大自然的情感。

准　备：物质准备：可用于幼儿体验的农田和果园，幼儿分组制定寻秋活动计划；经验准备：幼儿了解寒露节气，通过家园互动查阅过相关资料，并有瓜果等种植、观察的经验。

过　程：

（一）开始部分

各组出示寻秋计划，向全体小朋友介绍本组计划完成的任务。

（二）基础部分

1. 出发至体验园。路上师幼一起背诵关于寒露的诗歌，积累关于季节特点的经验。

2. 分组寻找寒露的印记。

各组按照本组计划中的体验地点，根据观察记录表中的内容开展观察、体验活动。观察记录表详见下表。

时间： **队标：** **成员：**

植物印记	动物印记	景观印记	我的感受印记

3. 寒露留影。

老师鼓励幼儿把自己最喜欢的寒露印记用绘画、拍照等形式表现和记录下来。

（三）结束部分

1. 幼儿利用观察记录表，以小组形式交流本组的寒露印记。

2. 幼儿利用个人绘画作品，交流自己发现的最美的寒露景象。

延伸活动：

1. 亲子活动：幼儿和爸爸妈妈一起为自己的寒露印记配上美妙的诗词或者文字。

2. 举办寒露印记画展。

活动二：跳舞的小露珠（集体活动·语言）

目标 1：幼儿欣赏散文，并感受散文中露珠的拟人化形象，了解露珠与太阳的关系。

目标 2：幼儿能根据经验积极参与讲述，提高讲述能力。

准　备：物质准备：有关散文内容的图片、课件；经验准备：幼儿已在户外寻找、观察过露珠。

过　程：

（一）开始部分

老师引发谈话，引起幼儿兴趣。

老师：前几天我们去寻找寒露印记发现了露珠，它是什么样的？你们猜一猜，它来自哪里？

（二）基础部分

1. 欣赏散文，感受意境。

老师完整朗诵散文。

老师：你记住了散文中哪一句是描述小露珠的？和大家分享一下，说一说你为什么会记得这个句子。

老师分段朗诵理解散文内容。

（1）老师出示图片，朗诵第 1 ～ 5 句。

老师：小露珠在哪里跳舞？她是怎么跳的？请你学一学。散文中是怎么描述小露珠跳舞的？你感受到的小露珠是什么样的？

（2）老师出示图片，朗诵第 6 ～ 9 句。

老师：通过这段散文，你明白了关于小露珠的哪些内容？散文中是怎么说的？

（3）老师边放映课件边朗诵散文。

老师：为什么太阳总是第一个看到它跳舞？小露珠突然不见了，它到哪里去了？（老师帮助幼儿理解太阳与露珠的关系）它还会来吗？为什么？

2. 幼儿根据经验讲述“小露珠的踪迹”。

（1）小组内互相讲述“小露珠的踪迹”。

（2）全班分享，老师提升：小露珠是热空气遇到冷空气后凝结成的小水珠。

（三）结束部分

1. 老师：你还在哪些地方见到过它呢？

幼儿互相讲述（例如小草上、花朵上、滑梯上、铁门上等地方）。

2. 老师：是一年四季都可以见到小露珠吗？

延伸活动：

1. 幼儿回家后利用早晨时间自己去找找，看小露珠还会停留在哪些地方。

2. 揭秘小露珠：揭露小露珠和寒露的关系。

老师：你还知道哪些和小露珠相似的踪迹呢？

附散文《跳舞的小露珠》：

每天早晨，小露珠总是第一个醒来。

小露珠在嫩绿的草上轻轻地跳着舞，好像怕惊醒了小草的梦。

小露珠踮着脚，从草叶上轻轻地跳跃到花朵上。哎呀，小花朵闭着眼睛呼吸着，太阳不出来，它是不会醒来的。

小露珠在田野上跳着、舞着，田野上一片安静。

小露珠的嗓子痒痒的，它好想对大家说：“哎，醒醒，大家都醒醒，看看我优美的舞蹈！”这时，东方的天空露出一线光亮。

是太阳！太阳马上就要出来了。

小露珠等待着，太阳总是第一个看到它跳舞。

“啊——”小露珠终于等到了太阳，太阳的光明照亮了大地，照亮了田野，小花朵睁开了眼睛，小草展开了手臂——小露珠呢？小露珠的身影不见了，它消失在空气里。

等明天吧，明天小露珠还会再来跳舞的。（选自《幼儿教育》）

活动三：冬小麦旅游记（集体活动·社会）

目标 1：幼儿尊重农民的辛勤劳动，养成爱惜粮食的习惯。

目标 2：幼儿认识小麦的生长过程及其与人们生活的密切关系。

准　备：物质准备：录有小麦生长过程的视频、儿歌《大馒头，哪里来》、小麦的结构图片、麦粉制的食品和麦秆工艺品；经验准备：幼儿观察过小麦，品尝过面粉加工成的食品。

过　程：

（一）开始部分

老师出示馒头、蛋糕、面包，请小朋友品尝。

（二）基础部分

1. 自由发言。

老师：制作这些食品的主要食材是什么？

画一画：冬小麦大变身（小麦→麦粒→面粉→食品）。

2. 游戏“麦爷爷找孩子”。

一个幼儿带上小麦头饰当麦爷爷，其余幼儿当面粉、麦秸制品。麦爷爷说：“我的孩子不见了，他们都变了样，哪个是我的孩子呀？”幼儿依次说：“我是面包，是麦爷爷的孩子。”“我是饼干，是麦爷爷的孩子。”“我是麦秸做的草帽，是麦爷爷的孩子。”

幼儿了解麦子的用途：麦粒可磨成面粉；面粉可做成馒头、面条、饺子、蛋糕、饼干、面包等；麦秸可编制各种草帽、扇子、垫子、背包等，也可作燃料和泥墙皮。

3. 认识小麦。

老师：小朋友们，你们知道小麦长什么样子吗？

（1）小组讨论交流小麦的样子，幼儿用自己的方式记录下来。

（2）老师出示小麦图片。结合小组讨论，介绍小麦的外形特征和组成部分，认识其根、茎、叶的形状：小麦的茎俗称麦秸，空心、有节、光滑、叶狭长；茎的顶端长麦穗，麦穗有针一样的麦芒，麦穗成熟时是金黄色的。

（3）老师播放课件：春天麦苗长得绿油油的，逐渐长大、抽穗、开花、结籽；5 月底至 6 月初，麦子慢慢由绿变黄并成熟，农民伯伯收割小麦，然后磨面、制作美味的食品。

4. 猜一猜。

老师：这么神奇的小麦是什么季节播种的呢？

老师鼓励幼儿表述自己的想法，并做记录整理。

（1）春天（冬天）的时候种植小麦苗。

（2）春天（冬天）种植小麦种子。

（三）结束部分

关于小麦，还想解决哪些问题，并收集。

（1）幼儿自由发言。

（2）老师归纳幼儿想要继续探索的关于小麦的问题。

延伸活动：

开展关于冬小麦种植相关活动的调查。

活动四：冬小麦的秘密（户外活动·实践）

目标 1：幼儿能够围绕感兴趣的有关冬小麦的种植问题展开探究，并进行讨论。

目标 2：幼儿在讨论过程中大胆表述自己的想法并说明理由。

指导建议：

（一）回顾幼儿选择的有关冬小麦的研究问题

1. 冬小麦什么季节种植？

2. 冬小麦种麦苗还是麦种？

（二）猜一猜冬小麦的种植，幼儿自由发言

（三）按照探究问题自由分组

1. 幼儿自主确定分组标准，明确探究的问题。

一组：春天种植麦苗；二组：春天种植麦种；三组：冬天种植麦苗；四组：冬天种植麦种。

2. 幼儿分组查阅资料，设计本组陈述方案。方案信息表见下表。

时间： **队标：** **小组人数：**

成员	观点	理由

围绕上表中的 3 个方面收集信息，用幼儿喜欢的方式呈现。

（四）交流分享探究结果

1. 讨论、制定陈述方案。

（1）每组轮流发言，猜拳决定发言顺序，每次一个小朋友发言，发言结束后小组其他成员做补充。

（2）每次发言的小朋友首先表明本组观点，然后阐述理由。

2. 围绕本组探究的问题进行发言。

老师记录主要观点，尊重幼儿在探究过程中对于原有认知进行修正或者改变此前的观点。

（五）结束部分

师幼一起归纳总结。

1. 老师：冬小麦什么季节种植？幼儿：秋季——秋分早，霜降迟，寒露种麦正当时。

2. 老师：冬小麦种植麦苗还是麦种？幼儿：麦种，水稻种植稻秧。

延伸活动：

调查：你的家乡是否种植小麦？什么节气播种？

活动五：播种冬小麦（户外活动·实践）

目标 1：幼儿了解不同季节有不同的植物以及动物们在不同季节里的变化。

目标 2：幼儿掌握种植冬小麦的步骤和方法，体验自主种植和管理。

目标 3：幼儿关注植物的生长变化，发展爱心、耐心、责任心及观察能力。

准　备：物质准备：整理园内的种植园地和班级的自然角，以及小麦种子、室内种植器皿等，还有观察记录本；经验准备：家长和孩子一起收集秋季种植的资料，丰富幼儿前期经验，同时幼儿有测量的经验。

过　程：

（一）幼儿分组讨论

1. 选择种植地点，并说明为什么要种在这里。

2. 分享种植冬小麦的注意事项。

（1）师生共同归纳正确的种植方法。

（2）讨论并准备种植所需的工具。

（3）讨论并确定人员分工。

（二）幼儿分组操作

1. 幼儿运用绘画、文字、数字等不同的符号记录讨论的过程。老师引导幼儿记录时突出重点想解决的问题，启发幼儿用自己喜欢的方式共同记录。

2. 幼儿在操作过程中出现矛盾或困难时，老师要给予必要的支持与帮助。

（三）幼儿体验种植冬小麦

1. 按照计划选择不同的种植地点和环境。

（1）将小麦分别种在沙子、锯屑、石头、土中，并用该材料盖住种子。

（2）给种子适当浇水。

2. 猜测小麦在哪种材料、哪种环境下先发芽，并记录。每日观察并记录观察结果。冬小麦发芽日期记录表见下表。

种植地点	种植环境	
	户外种植园	室内自然角
土壤		
沙地		
石头		
锯末		

（四）谁会长得壮

1. 统计 8 种生长环境下发芽的顺序，感知种子发芽和温度、水分的关系。

2. 猜想谁会长得壮呢？

（1）制定评比标准。讨论：你认为冬小麦长得壮的标准是什么？

（2）选择测量工具。讨论：我们该怎样测量？

（3）制作测量工具。

3. 观察、测量并记录。记录表见下表。

种植地点	户外种植园				室内自然角			
	第一周	第二周	第三周	第四周	第一周	第二周	第三周	第四周
土壤								
沙地								
石头								
锯末								

4. 尝试制作冬小麦生长柱状统计表。

（1）感知土里种植的冬小麦谁生长得最壮。

（2）懂得了土地是人类的好朋友，要珍惜土地，不能浪费土地资源。

延伸活动：

秋季种植。调查：秋季还可以种植什么？

节气主题活动之“我帮果树过冬天”

11月 | 陈思宇

一、节气分析

小雪是二十四节气中的第20个节气，是冬天的第2个节气，时间一般为每年的11月22日或23日。进入该节气，中国广大地区西北风开始成为常客，气温逐渐降到0℃以下，不过大地尚未过于寒冷，虽开始降雪，但雪量不大，故称小雪。此时万物失去生机，天地闭塞而转入严冬。黄河以北地区会出现初雪，提醒人们该御寒保暖了。小雪后气温急剧下降，天气变得干燥，北方地区，果农开始为果树修枝，并用草秸绑缚树干，防止受冻。很多农家开始动手腌菜、串山楂、吃糍粑等。

高丽营第二幼儿园在户外种植了十余种不同的果树供幼儿开展生活实践活动，为了让幼儿更好地了解传统文化，传承中国节气的智慧，每年都会结合果园里的果树对幼儿展开有关小雪节气的主题教育活动。

二、主题目标

◎ 幼儿感受小雪节气的天气变化，了解小雪节气的特点与相关习俗。

◎ 幼儿通过谈话、交流等方式，了解小雪节气人类、植物、动物的变化。

◎ 幼儿了解树木过冬的方式，感知冬季树木与气候变化的关系。

◎ 幼儿了解为果树保暖的方式，激发幼儿爱护树木的情感。

◎ 幼儿懂得冬季如何防寒，保护自己。

◎ 幼儿愿意与同伴主动交流，共同完成活动。

◎ 加强亲子间的沟通交流，促进家园共育。

三、主题活动思路图

“我帮果树过冬天”主题活动思路图如图24所示。

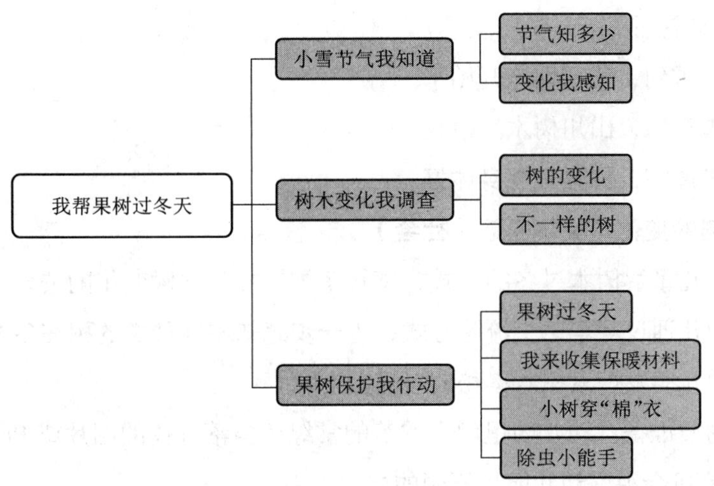

图 24 “我帮果树过冬天”主题活动思路图

四、活动举例

活动一：节气知多少（生活活动）

目标 1：幼儿了解小雪节气的气候变化特点及习俗。

目标 2：幼儿了解小雪节气中人类、植物、动物与气候变化的关系，对该节气气候的特点有一定的认知。

目标 3：幼儿知道冬季如何防寒，保护自己。

指导建议：

1. 幼儿在家里与爸爸妈妈收集一些有关小雪节气的风俗习惯。

2. 幼儿通过儿歌《小雪》了解小雪节气是什么时候，小雪的天气是怎样的，并发现了哪些变化。

3. 幼儿将发现的变化通过绘画、儿歌、表演等方式与班级其他幼儿分享。

4. 开展风俗习惯亲子分享活动。

5. 老师进行总结。

延伸活动：

1. 幼儿通过观察，了解雪花的形状，并在美工区做小雪花。

2. 幼儿做小小天气预报员，把当天的天气情况放到气象预报站，提醒其他幼儿关注天气变化，增减衣物。

附儿歌《小雪》：

小雪到，小雪到，天寒地冻开始了。

冷风吹，雪花飘，山川树木尽萧条。

穿厚衣，带厚帽，加强锻炼身体好。

活动二：树的变化（集体活动 · 社会）

目标 1：幼儿了解树木过冬的方式，感知冬季树木与气候变化的关系。

目标 2：幼儿通过观察、交流等方式，进一步感知不同种类的树在冬季的不同状态。

目标 3：幼儿萌发探索树木奥秘的兴趣。

准　备：物质准备：幼儿园里四个季节的常绿树与落叶树的图片或 PPT；经验准备：幼儿利用散步等机会观察幼儿园里不同的树。

过　程：

（一）交流经验

老师：今天我们一起来聊聊树，看看我们幼儿园有哪些树。我们为什么要种那么多树呢？想一想，我们周围有哪些东西是树木做的？

（二）观察比较

老师：想一想，怎么判断树木是常绿树还是落叶树？

老师出示两种不同的树木图片，让幼儿进行比较。

老师：两种树的树叶有什么不同？它们在冬天是什么样子的？如果将两种树的树叶混在一起，你们还可以区分出来吗？想一想，不同种类的树在四季中有哪些变化？

老师引导幼儿有重点地观察个别树木的状态，帮助幼儿观察树木的变化，并组织幼儿分组讨论，再班级交流分享。

（三）小结

原来不同的树在四季中有着不同的变化，小朋友们可以回家后跟爸爸妈妈一起再去发现树木更多的变化。

延伸活动：

1. 幼儿在美工区将自己猜想的树木明年春天的样子画下来，与小朋友们分享。

2. 老师带领幼儿走到幼儿园外，自主观察大树和果树的变化。

活动三：果树过冬天（集体活动 · 语言）

目标 1：幼儿根据图片提供的线索，大胆想象并说出故事的完整情节。

目标 2：幼儿能够多思考，找到解决问题的方法。

目标 3：幼儿体验助人为乐的情感。

准　备：物质准备：背景、录音机、3 种动物、小火炉的相关图片以及草绳树干。

过　程：

（一）导入部分

老师提问导入，激发幼儿兴趣。

老师：冬天的树木有什么变化？落光了树叶的果树在冬天会发生什么事呢？（出示故事书《给果树穿冬装》的背景图）

（二）基本部分

1. 老师引导幼儿观察图片并设计提问。

老师：这三棵果树怎么了？冬天的果树为什么会发抖呢？

2. 老师有序出示小熊、小兔、小山羊的图片，引导幼儿找到果树取暖的方法。

老师：（出示小熊图片）你觉得小熊会对冻得发抖的果树说些什么？假如你是小熊，你有什么办法让果树变得暖和一点？

老师：（出示小兔图片）你觉得小兔会用什么方法让果树变得暖和一点？（出示录音机图片）你觉得这个方法适合果树吗？为什么？

老师：（出示小山羊图片）小山羊笑着说“别着急，我有更好的方法”，你猜得到是什么办法吗？

老师：（出示小火炉图片）小火炉有什么用呀？给果树烤火的方法可行吗？为什么？你们有什么好的方法可以让果树变得暖和起来？（请幼儿自由发言）

老师：小熊拍着脑袋说“我也想到了最适合果树保暖的方法”，是什么办法呢？（取下小熊图片，换上小熊拿草绳的图片并将草绳的图片一次贴在树干上）

老师：果树的表情告诉我们它现在的心情怎么样？

老师：得到了别人的帮助会很高兴，你们也做一个快乐的表情吧！当然，帮助了需要帮助的人会是一件更快乐的事情。来，做一个更快乐的表情！

3. 老师完整讲述故事。

（三）结束部分

老师：我们生活在一个温暖的大家庭里，当你发现有人需要帮助而你能给予帮助时，要及时伸出双手！得到帮助的人很快乐，帮助别人的人会更快乐。

活动四：我来收集保暖材料（生活活动）

目标 1：幼儿感受歌曲的优美，能够有感情地唱歌。

目标 2：幼儿有关心爱护果树的情感。

目标 3：幼儿大胆尝试准备果树过冬需要的物质材料。

指导建议：

1. 老师播放《小雪花》歌曲，幼儿一起唱歌，感受小雪节气的到来。

2. 老师带领幼儿走到户外观察果树，思考果树如何过冬。

3. 老师引导幼儿就果树用什么材料进行保暖这一问题展开讨论。

4. 幼儿与爸爸妈妈一起收集果树过冬所需的材料，如稻草、麻绳、尼龙袋、塑料袋等。

5. 幼儿将收集的材料带到幼儿园进行“果树穿衣”活动。

延伸活动：

1. 幼儿根据“果树穿衣”活动自制图书，创作绘本。

2. 根据《小雪花》创编舞蹈，在表演区进行表演。

活动五：果树穿“棉”衣（集体活动·实践）

目标 1：幼儿了解为果树保暖的方法，萌发爱护树木的情感。

目标 2：幼儿能与同伴合作交流，共同开展活动。

准　备：物质准备：麻绳、五彩线、彩纸、棉花、稻草、剪刀；经验准备：幼儿观察天气变化并能自己穿衣服。

过　程：

1. 幼儿小组讨论：怎样为果树穿冬衣？

2. 幼儿分组参与实践活动。

（1）老师引导幼儿选择合适的工具材料。

（2）老师鼓励幼儿遇到困难时自己解决，老师适时给予帮助。

（3）老师引导幼儿与同伴相互配合，共同完成果树穿衣任务。

3. 想一想还可以怎样保护果树？

延伸活动：

1. 老师引导幼儿找一找，幼儿园里除了果树，还有哪些果树需要穿上冬衣，并和家长为身边的果树穿上冬衣。

2. 老师在图书区投放有关动物过冬的图书，帮助幼儿了解动物过冬的方法。

生活主题活动之“安全小卫士”

4月 第3周—第4周

绘本《狗狗之家》	刘立娟

一、绘本分析

（一）语言分析

《狗狗之家》属于儿童故事文学，语言富于动作性。该绘本以小狗为故事的主角，更易吸引幼儿。整个故事没有过多的心理活动、大段的对话和繁复细腻的景物描写，而是侧重于故事过程的描述，强调情节的生动性和连贯性，适于幼儿口头讲述，更适合幼儿理解、表演。

该绘本寓教于乐，将小动物遇到的安全问题一一呈现，让幼儿通过“不小心掉进了很深的土坑里”“一阵大风刮来，篝火瞬间燃着了树木”两段有关安全隐患的内容，有效地认识到生活中存在的危险，拓宽了大班幼儿对安全知识的了解，提高了幼儿消防安全的意识。随着故事的发展，“壮壮拼命地叫喊”、小伙伴们共同商量并描述一起营救壮壮的过程，易于幼儿掌握和习得自救知识，培养团结一致解决困难的情感。

（二）画面分析

《狗狗之家》一书采用撕贴画和蜡笔添画相结合的表现手法，部分场景选择废旧物，大胆且有创意，用拓印树干的方式表现树的纹理，形式较为新颖，画面细节具有一定的艺术感染力。

画面方面，运用大色块表现故事场景，通过狗狗的表情、动作、眼神表现不同场景及其包含的内容和情绪。随着故事的推进，色块的颜色、故事主角的比例也在不断发生变化，细碎的纸片叠加平铺，类似颜色和形状的纸片粘贴，色块背景与撕贴主体结合，核心人物形象突出，狗狗表情富于变化，细节处理手法巧妙。例如画面中的主角掉落土坑时感到无助，同伴们齐心合力将其救出后露出喜悦，使得画面极具层次感和主体感。这些画面都有助于幼儿积累阅读经验，尤其是通过老师的言语渗透，幼儿经观察便能发现书中精彩之处，从而增强撕贴的兴趣，培养想象力和创造力。

（三）主旨分析

绘本内容贴合生活，随着身体、动作和智力的发展，大班幼儿对外界事物充满好奇，喜欢探索，竞争意识强烈而自我保护意识和能力薄弱，容易暴露在危险之中。为了保证

幼儿健康成长，将安全教育课程列为幼儿园常规课程显得尤为必要。

以该绘本中狗狗间发生的故事所蕴含的深刻的安全教育思想为契机，可以教导幼儿外出活动时的注意事项，包括安全用火意识、危险发生后的自救措施，以及消防、交通安全、用电、食品等方面的安全知识。该书特别就该年龄段儿童“应掌握的安全法则和注意的问题，以及遇到危险时如何寻找帮助”这一问题进行了讨论，让孩子明白危险发生后如何保护自己，以及如果不这样做会有什么样的后果；同时，让幼儿自己去探究，或者与家人、同伴讨论，如何避免这些危险，进一步寻找在家、在园、在外的安全隐患，总结自我保护的方法，并在生活、活动中加以运用。

二、主题目标

◎ 幼儿能积极掌握各种安全知识，争做安全小卫士。

◎ 幼儿通过学习保护自己，在遇到危险时不慌张，机智运用所学知识摆脱困境。

◎ 幼儿了解安全事件发生时简单的自救方法，初步养成自我保护的意识和能力。

◎ 幼儿学习用多种方法收集信息，并学会用语言连贯、完整地讲述有关信息。

◎ 幼儿能积极参与各项活动，乐于与同伴分享、交流。

三、主题活动思路图

“安全小卫士”主题活动思路图如图 25 所示。

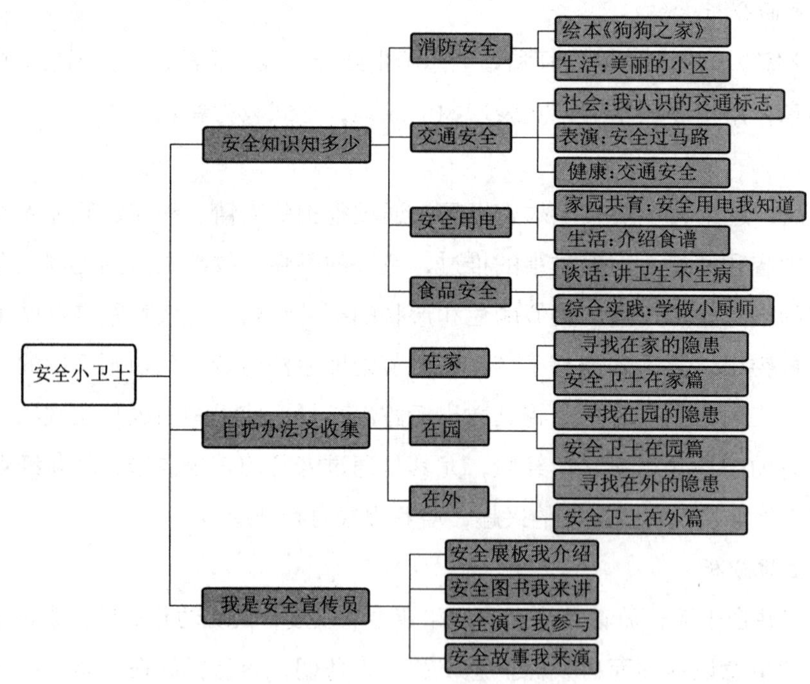

图 25　“安全小卫士”主题活动思路图

四、活动举例

活动一：阅读绘本《狗狗之家》（集体活动·语言）

目标 1：幼儿对狗狗之家的故事产生兴趣，积极参与阅读活动。

目标 2：幼儿通过猜想、表达、理解故事内容，知道同伴间要团结友爱，相互帮助。

目标 3：幼儿能积极解决阅读中遇到的问题，并能清楚、连贯地表述自己对故事的理解。

准　备：物质准备：每个幼儿 1 本《狗狗之家》绘本、绘本 PPT（呈现书的全部内容）；经验准备：幼儿具有一定的自主阅读经验。

过　程：

（一）开始部分

老师出示封面，引出绘本人物。

老师：封面上你看到了什么？小狗在做什么？

老师介绍书名、作者、园标、环衬。

（二）基础部分

1. 师幼共读第 1 ～ 4 页。

老师：出示第 1 ～ 4 页，小狗都在做什么？壮壮发生了什么事情？它的心情是怎样的？接下来小狗壮壮为了解决这个问题，想了哪些办法？它是怎么做的？后来发生了什么事？它们用了什么方法？结果怎么样？小朋友们，去书中找答案吧，如果哪一页有问题，请记录下来，看完以后咱们一起分享。

2. 幼儿自主阅读第 5 ～ 20 页，根据幼儿的问题进行讨论。

老师：后来发生了什么事情？它们用了什么方法？结果怎么样？

根据幼儿问题进行交流。

（三）结束部分

播放 PPT，完整欣赏故事。

老师：小朋友们，如果在生活中遇到了困难，你们要怎么做？

延伸活动：

1. 老师在图书区投放绘本《狗狗之家》，满足幼儿反复阅读的需求。

2. 老师鼓励幼儿在表演区表演《狗狗之家》。

活动二：表演绘本剧《狗狗之家》（区域活动·表演区）

目标 1：幼儿能够提高自主发现问题、解决问题的能力。

目标 2：幼儿在表演中学会与同伴协商、合作。

指导建议：

1. 师幼共同准备相关材料，包括绘本《狗狗之家》、展板、幼儿姓名卡片、大树、石头、头饰、记录统计表等。

2. 幼儿自由选择角色进行表演。老师观察表演游戏，组织评价游戏情况（回顾任务，幼儿自评；同伴互评，找出表演的亮点和不足；观众点评，提出意见，老师点评，提升经验），幼儿自由选择角色，根据同伴的建议再次排练。

老师：你们喜欢谁的表演？游戏中出现了什么问题？怎么解决的？还有什么需要改进的地方？如果是你，怎么演？为什么？

延伸活动：

1. 角色、道具统计活动，幼儿分组商讨角色分配，了解角色的特征，分组讨论表演时需要的道具，统计在纸上。

2. 幼儿制作绘本剧《狗狗之家》的道具。

3. 幼儿寻找生活中的安全隐患。

活动三：勇敢的消防员（集体活动・健康）

目标 1：幼儿初步体验消防队员勇敢助人的精神。

目标 2：幼儿知道消防员的工作职责，以及消防与人们生活的关系。

目标 3：幼儿能沉着有序地参与活动，活动中大胆翻越、快速奔跑，发展手脚协调的能力。

准　备：物质准备：方便面塑料盒做的头盔、皮带和雪碧瓶做的喷洒龙头（系在腰间）等消防队员的装束，室外场地一块（设有滑梯、小桥），垫子若干，轮胎、标记若干，娃娃等小物件若干；经验准备：幼儿前期观看过消防队员训练和生活的录像和图片，有过往返跑跳的经验。

过　程：

（一）开始活动

消防队员操练。

（1）队形练习。幼儿根据老师提供的标志，听口令走队形。

（2）训练操。幼儿跟着老师做走、跑练习，听音乐做头部、上肢、下蹲、体侧、体转、腹背专项练习，主要是腹部和颈部。跳操时幼儿须认真，动作要做到位，充分活动身体。

（二）基本活动

1. 消防队员集训。

（1）老师交代任务：小朋友们，老师今天要请你们当一回小小消防员，和老师一起去帮助有困难的人们。但是在开始任务之前，小小消防员要学习一个新的本领，那就是爬过绳网。

请两名幼儿示范如何攀爬，老师和幼儿一边看一边讨论攀爬的要点。

（2）师幼小结：小朋友们，你们要看清楚了，爬的时候上面的手抓牢了，再开始抬脚，等脚踏稳了，再往上爬。眼睛要看好，手要抓得牢，脚要踏得稳，身体一定要保持平衡，东摇西晃是很容易摔下来的。

老师要提醒幼儿知道，前面一人爬上去后，第二个人才可以上去，活动中要注意安全。

（3）区域活动。场地布置成 4 个区域：爬绳网、过小桥、爬小山、过轮胎。

老师将幼儿分成 4 组，轮流在 4 个区域游戏。活动时，幼儿须注意安全，并且注意小组队员之间的配合，互相加油鼓劲。

2. 幼儿接受任务。

老师：小朋友们，现在有地方失火了，需要消防员救出被困住的小动物和物品。你们有信心完成任务吗？

幼儿进行循环练习，练习时要注意动作的连贯性和整齐度。

（三）结束活动

听音乐，做拉伸、放松手腿的动作。

活动四：制作各种安全标志（区域活动·美工区）

目标 1：幼儿初步了解标志的设计要求，并会用简单形象的图案设计标志。

目标 2：幼儿结合自己的生活经验，展开想象，大胆设计并说出安全标志的含义。

目标 3：幼儿关注安全标志，懂得遵守规则，增强安全意识。

指导建议：

1. 老师用多媒体演示、回顾安全标志，引导幼儿了解安全标志的设计特点。

2. 讨论：创设这些标志可真是神奇，图案虽然简单但是很形象，让人一看就明白哪里存在什么危险；颜色对比性强，鲜明醒目，容易引起别人的注意。

老师引导幼儿寻找“安全回家”情境图中缺少标志的不安全因素，激发幼儿的设计欲望。

3. 老师创造条件，引导幼儿寻找出图中 1 处危险的地方并示范设计标志。鼓励幼儿大胆尝试自己的想法，引导幼儿加深对标志设计特点的认识，提醒幼儿画的图案要简单、形象，颜色要对比鲜明。

4. 幼儿交流、介绍标志，分享想象的成果，增强安全意识。老师利用他评的方式引导幼儿从设计的标志中选出一幅贴到图中危险处，总结操作经验并积极与同伴沟通交流。

延伸活动：

老师引导幼儿寻找身边的安全隐患，例如家中、幼儿园、马路等处还有哪些危险的地方缺少安全标志，激发幼儿设计的兴趣。

活动五：自制安全图书（区域活动·图书区）

目标1：幼儿能在老师的引导下，按步骤自制图书。

目标2：幼儿能有序、清楚地讲述图书内容。

指导建议：

1. 老师可适当提供图谱、图表等，帮助幼儿组织素材，梳理叙述顺序，帮助幼儿有序表达。

2. 老师在材料投放时可选择多种多样的装饰材料供幼儿筛选，例如贴贴纸、剪纸等，使图书更为丰富多彩。

3. 在制作图书的过程中，老师要引导幼儿注意图片的顺序。可按照一定的顺序加以说明，例如时间顺序、空间顺序，或将两者巧妙地结合起来。

4. 老师通过观察幼儿参与游戏的过程，引导幼儿就图书制作的小细节进行调整，尽量使版面更加饱满充实，并适当加以修饰，让画面更加精美，避免个别幼儿因为急于完成作品而敷衍了事。

延伸活动：

1. 老师鼓励幼儿与班级其他幼儿分享自己的自制图书，并讲述图书的内容，体验分享的乐趣。

2. 老师引导幼儿当宣传员，向家长宣传自己的图书，并邀请家长参与其中并在日常生活中注意孩子的安全教育。

活动六：消防总动员（集体活动·实践）

目标1：幼儿在演习体验中提高自我保护意识和能力。

目标2：幼儿了解消防安全知识和火灾逃生的方法，发生火灾时不慌张。

准　备：物质准备：水桶、条幅、口哨、绳索、水桶、灭火器、幼儿饮水壶、擦手纸、消防服装等；经验准备：老师提前与幼儿讲解沟通事项，确定本次活动流程和需要注意的事项。

过　程：

1. 幼儿喊出已征集并确定的消防安全活动的口号，集合列队。

2. 老师、幼儿通过火场撤离、报警示范、灭火演示、火场救扶等环节，进行消防演习，认识火灾的危险性。

3. 整个活动以户外游戏为活动主架构，活动现场设置了火桶、浓烟、灭火器、救护担架等消防道具。

4. 幼儿代表、老师代表、园长交流此次消防安全主题活动的感受。

5. 主持人致结束辞，全体合影。

延伸活动：

阶段性地举办全园性的消防安全主题大型活动，老师与幼儿一起，共同培养他们的安全意识。

活动七：我是安全小卫士（亲子活动·实践）

目标 1：幼儿积极参加“我是安全小卫士”体验活动，主动承担宣传员、演员、引导员等任务。

目标 2：幼儿敢于在人多的场合下自然、大方地讲话。

准　备：物质准备：师幼共同制作的宣传板（包括安全标志、安全图书展、消防知识、应急电话、家庭安全等内容），主题活动中制作的图书，过程中所需的图片，本次活动的海报，活动场地布置及演出的舞台布置，以及家长活动宣传、布展设计图、活动相关音乐等；经验准备：幼儿参与了此次活动的计划和筹备，明确活动的内容、流程及自己负责的部分，同时教师和家长就作为“观众”的注意事项及如何支持孩子的活动顺利进行做了沟通。

过　程：

（一）活动准备

1. 老师和幼儿回顾布展设计图，进一步明确分工和任务。

2. 老师带领幼儿分组张贴宣传海报，和幼儿一起检查各场地的准备是否充分，完善活动准备。

（二）活动开始

1. 欢迎家长进园，幼儿引导员指引家长签到，到指定场地就座。

2. 主持人（老师和幼儿）宣布活动开始。

老师对活动开展的整体情况进行介绍。

3. 幼儿依次介绍自己的角色和任务（分为展板宣传组、图书宣传组、表演宣传组、游戏活动介绍组等）。

4. 幼儿引导员引领家长到各小组参加宣传活动。

（三）活动结束

1. 请家长代表发言，谈一谈自己参加活动的感受，重点对幼儿的表现进行鼓励。

2. 主持人致谢，感谢家长对活动的支持。

3. 合影留念。

延伸活动：

将“我是安全小卫士”的活动向园内其他班级开放，邀请全园小朋友参与。

附《狗狗之家》绘本剧剧本：

角色：5 只狗、火苗 5 个人、消防员 3 个人。

道具：各种狗的头饰、纱巾、水管。

旁白：在高丽营小镇上，一年一度的狗狗之家森林舞会就要开始了，瞧，它们来了……

第一幕：

（狗狗们跟随音乐依次出场，音乐停止后定格，简短自我介绍）

金毛：我是聪明的金毛，我很热情，大家都很喜欢我。

哈士奇：我是哈士奇，除了玩儿我啥也不会，除了玩儿就是玩儿。

贵妇：Hi，我是贵妇，我高贵又优雅，你看我美么？

松狮：我是松狮，我很懒，除了睡觉我什么都不想干。

藏獒：我是一只藏獒，谁敢惹我我就把它吃掉。

旁白：它们随着音乐跳起舞来，看它们的舞姿多么可爱。

五只狗随音乐跳集体舞。

第二幕：

狗狗们跳舞。

旁白：（集体舞）天色渐渐地暗下来，伴随着音乐的旋律，狗狗们陶醉在舞蹈之中。天空中隐藏许久的星星也露出了可爱、神秘的笑容。

哈士奇：这么快天就黑了，我还没和大家玩够呢！

金毛：要不我们举行个篝火晚会吧。

篝火上（音乐同上）狗狗们一起跳舞、游戏（音乐声音变小）。

松狮：都这么晚了，我又困了，明天咱们再玩儿吧。（打一个哈欠）

旁白：狗狗们相互告别，结束了这一天的舞会。

第三幕：

旁白：夜幕降临，此时狗狗们已经进入了梦乡！大风（音效）却燃起了没有完全熄灭的炭火。

火苗：（音乐）（先偷偷地看一看）兄弟们，现在是我们的天下啦！哈哈哈哈……

金毛：把狗狗们都叫醒。

五只狗表现出特别累、特别热的表情，金毛打火警电话。

金毛：您好，这里是高丽营镇狗狗之家，我们这里着火了，需要您的帮助！

消防车来了（音效），消防员拿着水管开始灭火。

第四幕：

旁白：这场火被及时扑灭了，狗狗之家又恢复了往日的平静。

消防员：小朋友们，我们如何才能预防火灾呢？

金毛：不玩明火。

哈士奇：不要让爸爸在森林里抽烟。

松狮：用完的火要及时熄灭。

旁白：小狗们又在一起高兴地唱起歌来，听它们的歌声是多么动听呀。

打击乐结束。

生活主题活动之“我要上小学了”

5月 第1周—第4周

绘本《我要上小学了》	杜寅　王娟

一、绘本分析

（一）语言分析

《我要上小学了》通篇以主人公和小猫的对话为主。文字方面，涉及幼儿入学前的焦虑，初见小学时的惊喜，以及真正进入小学后的自豪与骄傲，符合大班幼儿已具逻辑性思考的年龄特点。文中出现的“我担心……”“我发现小学的……”等排比句式，充分表现了主人公参观小学前后的心理变化，加深了幼儿对排比句式的了解。“教室宽敞明亮”“校服美丽漂亮”“红领巾鲜艳帅气”等词语的运用，拓宽了幼儿的词汇量。

（二）画面分析

《我要上小学了》一书采用幼儿喜欢的可爱卡通画的风格，人物形象设计童趣性强。大班幼儿已经具备一定的观察画面细节的能力，能够发现人物的动作、表情的变化，书中对于主角细节的刻画，能够帮助幼儿理解故事内容。画面语言是幼儿理解故事情节的最佳途径，例如通过人物和背景的对比，表现楼道的深远，体现了主人公对小学未知的恐惧；利用虚线和实线的对比，表现了现实与实际的区别，等等。

（三）主旨分析

幼小衔接是大班幼儿最后一个学期的重要学习阶段，他们对新的生活既充满期待，又有这样那样的担心。《我要上小学了》一书通过主人公和其最亲近的宠物的对话，表现了主人公情绪的变化；通过对参观小学后的幼儿进行采访，了解幼儿的担心、纠结、焦虑等情绪；鼓励幼儿说一说解决问题的办法，从而帮助幼儿了解自己的情绪，寻求排解的方法。另外，利用绘本可开展“大喜悦，小担忧”“噢！小学是这样的”“信心满满去上学”等系列活动，消除幼儿对小学的担忧，从而激发幼儿上学的愿望。

二、主题目标

◎ 幼儿通过多种活动萌发进入小学的愿望。

◎ 幼儿能够大胆表达自己的想法和感受，能够主动与老师、同伴交流。

◎ 幼儿通过参观小学的活动，了解小学生活，提升原有经验。

◎ 幼儿在活动中尝试自主制定计划，理解并尊重同伴的观点，学习按照计划做事。

◎ 幼儿体会时间的重要性，知道珍惜时间。

三、主题活动思路图

“我要上小学了”主题活动思路图如图 26 所示。

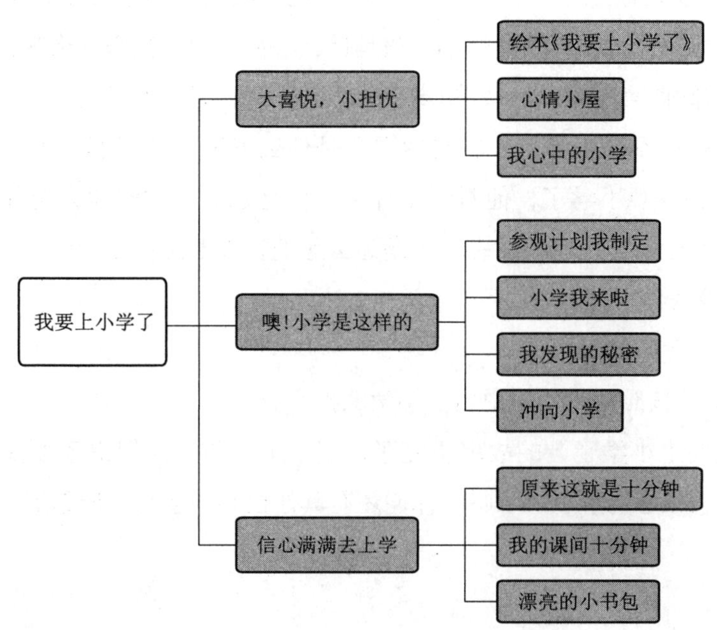

图 26　“我要上小学了”主题活动思路图

四、活动举例

活动一：阅读绘本《我要上小学了》（集体教学 · 语言）

目标 1：幼儿通过阅读《我要上小学了》，萌发上小学的愿望。

目标 2：幼儿通过观察画面，初步理解《我要上小学了》的故事内容。

目标 3：幼儿尝试用“我担心……”的排比句式表达自己对上学的担心。

准　备：物质准备：绘本的 PPT、《我要上小学了》30 本；经验准备：幼儿和家人（爸爸、妈妈、哥哥、姐姐）谈论过上小学的事情。

过 程：

（一）开始部分

老师谈话导入，激发幼儿入学的愿望。

老师：你们是大班的小朋友了，马上要上小学了，你们要去哪儿上学？你们是什么心情呀？为什么？

（二）基础部分

1. 师幼共读第 1 ～ 4 页，了解绘本中小女孩对上小学的担心。

老师：这是这本书的主人公——小女孩和毛毛，咱们看看小女孩和小猫在一起是什么心情？她会和它说什么呢？站着的小女孩是什么心情？她会担心什么呢？

2. 幼儿自主阅读第 5 ～ 12 页，初步了解小学生活，记录困惑页。

老师：小女孩去参观小学了，看看她现在是什么表情？她了解了小学就没有那么多担忧了。小朋友去参观小学了，他看到了什么？他是怎么想的？他会说什么？小女孩体验小学生活时都发生了什么有趣的事？她是怎么想的？她会说什么呢？

（三）结束部分

1. 老师完整阅读。

2. 老师请幼儿按照排比句式说出上小学的担心。

老师：《我要上小学了》的故事讲完了，刚才上课前，你们说了很多有关上小学担心的事。现在你们担心的事解决了吗？你们还有其他担心的事吗？请你用“我担心……”的句式说一说。

延伸活动：

1. 老师在图书区投放绘本《我要上小学了》，供幼儿继续阅读。

2. 老师请家长在家时和幼儿聊一聊小学的事情，消除幼儿对上小学的担心。

活动二：心情小屋（生活活动）

目标 1：幼儿能主动运用多种方法装饰”心情小屋”。

目标 2：幼儿主动寻找排解消极情绪的方法，转化不良情绪。

目标 3：幼儿能帮助同伴解决关于上小学担心的问题。

指导建议：

1. 老师与幼儿共同在班级中为“心情小屋”寻找位置。

2. 幼儿共同商量制定布置“心情小屋”的计划。

3. 老师提供多种材料和工具，幼儿自主选择装饰“心情小屋”。

4. 幼儿对即将上小学有消极情绪时，老师鼓励幼儿到“心情小屋”排解不良情绪。

5. 老师引导幼儿用正确的方法转化不良情绪。

延伸活动：

1. 幼儿有其他不良情绪时，可以自主到“心情小屋”排解。

2. 鼓励幼儿寻找其他排解消极情绪的好方法。

3. 引导幼儿将自己的心情用绘画的方式记录下来。

活动三：我心中的小学（集体活动·美术）

目标 1：幼儿通过绘画活动对小学生活产生好奇和向往之情。

目标 2：幼儿能自主选择工具和材料表现心中的小学。

准　备：物质准备：水彩笔、油画棒、记号笔、水粉笔、水粉、各种纸张、小水桶、抹布等；经验准备：幼儿即将升入小学，老师和幼儿聊过关于小学的事情。

过　程：

（一）开始部分

老师导入活动，激发幼儿入学愿望。

老师：你们马上就要上小学了，开心吗？想一想你心中的小学是什么样子的？

（二）基本部分

1. 老师介绍工具材料，幼儿自主选择。

2. 幼儿根据自己的想法创作。

（三）结束部分

分享交流作品。

延伸活动：

1. 幼儿在美工区继续完善《我心中的小学》。

2. 幼儿在建筑区根据自己设计的《我心中的小学》玩搭建游戏。

3. 请家长带领幼儿到即将升入的小学参观学校的整体样貌。

活动四：参观计划我制定（集体活动·综合）

目标 1：幼儿愿意与同伴讨论参观计划，理解并尊重同伴的观点。

目标 2：幼儿尝试用符号、图形及其他方式简单记录讨论结果。

目标 3：幼儿敢于发表自己的意见，能与同伴协商合作制定参观计划。

准　备：物质准备：纸、笔、黑板等；经验准备：幼儿有参观小学的愿望。

过　程：

（一）开始部分

老师导入话题，激发幼儿的活动兴趣。

老师：小朋友们，你们马上就要上小学了，想去参观学校吗？你们都想了解关于小学的什么问题？

（二）基本部分

1. 幼儿分组制定参观小学的计划。

2. 幼儿尝试用自己感兴趣的方式记录讨论的结果。

（三）结束部分

1. 幼儿分享交流各组制定的参观小学的计划。

2. 集体讨论，统一修改，确定完整的参观计划。

延伸活动：

1. 幼儿根据参观计划准备所需物品。

2. 幼儿自主准备所要采访的小学的补充问题。

活动五：小学我来啦（集体活动·实践）

目标 1：幼儿通过参观小学萌发入学愿望。

目标 2：幼儿初步认识小学校园，了解小学生的学习和生活内容。

目标 3：幼儿能主动、大胆地与小学生和老师交流。

准　备：物质准备：班牌、相机、幼儿自带小书包（内有水、纸等用品）；经验准备：幼儿一起制定了参观小学的计划，并有一定的交通安全常识，知道外出时须遵守规则，不乱跑。

过　程：

（一）出发去小学

1. 师幼共同谈话，做好外出准备（包括入厕、饮水、安全教育等）。

2. 师幼讨论参观小学时需要注意什么。

3. 幼儿在班级老师、后勤人员、保安人员的陪同保护下出发去小学。

（二）参观小学

1. 到达小学后，选派一名幼儿代表向小学老师介绍本班制定的参观计划。

2. 幼儿听从小学老师的安排，认真倾听小学老师的讲解。

3. 幼儿了解校园文化、各功能教室。

4. 幼儿进入一年级班级学做小学生。

5. 幼儿利用课间 10 分钟采访一年级小学生和小学老师。

6. 合影留念。

7. 幼儿与小学老师告别，返回幼儿园。

（三）幼儿返园

幼儿互相交流参观的感受。

延伸活动：

1. 参观活动结束后，幼儿可在美工区绘画《我眼中的小学》并在建筑区玩搭建游戏。

2. 老师组织幼儿开展实践活动——学做一天小学生。

活动六：我发现的秘密（生活活动）

目标 1：幼儿能围绕幼儿园与小学的相同与不同之处进行讨论，主动发表自己的意见。

目标 2：幼儿在观察、比较中了解幼儿园与小学的相同与不同。

指导建议：

1. 老师通过谈话帮助幼儿回忆参观小学时的所见所闻，展示参观小学时的照片。

2. 老师鼓励幼儿将自己看到的小学生活用完整的话表达出来。

3. 老师引导幼儿将幼儿园与小学的相同与不同之处用适当的方式记录下来。

延伸活动：

1. 老师引导幼儿在美工区绘画小学生活。

2. 幼儿创设互动墙饰，进一步了解幼儿园与小学的相同与不同之处。

3. 家长在生活中和幼儿聊一聊小学的各种功能教室。

活动七：冲向小学（集体活动·健康）

目标 1：幼儿通过游戏活动练习往返跑，能灵活、协调地控制身体。

目标 2：幼儿积极主动参加体育游戏，有初步的竞赛意识。

准 备：物质准备：关于小学的图片 6 张、书包、小筐、学习用品；经验准备：幼儿有过往返跑的经验。

过 程：

（一）开始部分

1. 准备活动。

2. 老师回忆参观小学的场景，激发幼儿参与活动的兴趣。

（二）基本部分

1. 老师介绍游戏玩法。

2. 第一次游戏时，幼儿分 6 组站在起跑线后，每组对面有 1 张小学的图片，开始游戏。

3. 游戏结束，老师小结。

4. 第二次游戏加大难度，中途放一个书包和学习用品，幼儿整理后背小书包继续冲向小学。

（三）结束部分

老师小结。

延伸活动：

1. 家园共育，请家长和幼儿一起设计一个从家到小学的路线图。

2. 在科学区投放从家到幼儿园、从家到小学的飞行棋。

活动八：原来这就是十分钟（集体活动·数学）

目标 1：幼儿体会钟表的作用和时间的不可逆性，知道珍惜时间。

目标 2：幼儿尝试用符号、图形或其他方式记录自己的猜想与验证。

准　备：物质准备：钟表、记录表、笔；幼儿经验准备：认识钟表的结构，会看简单的时间。

过　程：

（一）开始部分

老师导入话题，激发幼儿的兴趣。

老师：你们知道十分钟是多久吗？在钟表上走几个小格？

（二）基本部分

1. 感知 10 分钟的长短

老师：10 分钟都可以干什么事情？（猜想，分组记录）

2. 幼儿分组交流有关 10 分钟可以做的事情的猜想。

3. 体验 10 分钟

老师：请小朋友体验一下 10 分钟的长短，你可以做自己认为可以做的事情。

4. 交流分享。

老师：10 分钟时间到了，你都做了哪些事情？

（三）结束部分

老师小结，总结时间的不可逆性，懂得珍惜时间。

延伸活动：

1. 幼儿可以感知 5 分钟、1 分钟能做的事情。

2. 老师在科学区投放钟表，让幼儿感知时间，认识整点和半点。

活动九：我的课间十分钟（生活活动）

目标 1：幼儿按照制定的计划安排自己的课间 10 分钟，懂得珍惜时间。

目标 2：幼儿理解做事情要抓紧时间，加快做事的速度。

指导建议：

1. 老师与幼儿一起回忆参观小学时看到的小学生课间 10 分钟都做了哪些事情。

2. 老师请幼儿按照自己制定的课间 10 分钟计划做事，引导幼儿要珍惜时间。

延伸活动：

1. 老师利用幼儿园过渡环节的机会，让幼儿自主安排、制定每天的过渡环节计划。
2. 老师与幼儿聊一聊课间 10 分钟还可以做哪些事情。
3. 幼儿互相分享经验，提高做事效率。

活动十：漂亮的小书包（区域活动·美工区）

目标 1：幼儿主动参与制作小书包的活动，不断丰富活动体验。

目标 2：幼儿尝试用各种工具和材料设计、制作小书包。

指导建议：

1. 老师引导幼儿收集各种小书包的图片并欣赏。
2. 老师和幼儿聊一聊想设计一个什么样子的小书包，需要什么材料。
3. 老师鼓励幼儿在制作过程中互相帮助。
4. 老师引导幼儿在制作过程中遇到问题尝试自己解决。

延伸活动：

1. 老师将幼儿制作的小书包设计成书包展，供幼儿欣赏。
2. 老师引导幼儿学习诗歌《小书包》《文具盒》，鼓励幼儿尝试创编诗歌。
3. 家园共育，鼓励幼儿整理自己的小书包、小玩具。
4. 幼儿在美工区制作小书签。
5. 老师引导幼儿爱护图书，将图书分类摆放，给图书穿新衣。
6. 老师和幼儿聊一聊书包里有什么，如何整理书包更好。
7. 老师引导幼儿一起找一找班级中哪些物品摆放不合理并做整理。

生活主题活动之“变化的秋”

11月 第1周—第4周

绘本《牤牛河的四季——秋》	杨微　吴克辉

一、绘本分析

（一）语言分析

《牤牛河的四季——秋》是一首散文诗，重复的句式结构便于大班幼儿记忆和模仿。散文诗基本结构如下：第一句，以重复性语言点出具体季节——秋天来了，秋天来了；第二句，描述与牤牛河岸相关的各种景物及变化——牤牛河畔的庄稼成熟了；第三句，针对牤牛河岸边动植物的变化，用形象性的语言描述过渡性语句——火红的高粱、金黄的玉米连成片，摇动着身姿跳起丰收的舞蹈；第四句，点题——秋天真美啊！整体分析散文诗，这四句话在结构上息息相关，充分体现出了文字的美感，符合大班幼儿的认知特点，突出了秋天的季节特征。

（二）画面分析

《牤牛河的四季——秋》，采用水粉画的表现手法，整体色调为黄色、红色、绿色，色彩鲜艳浓厚、层次鲜明，向幼儿展现了一幅幅美丽的秋天画卷。画面动静结合，例如，第一幅，牤牛河边的牵牛花是静的，细雨微风是动的；第二幅：牤牛河边的芦苇花是静的，大雁和小野鸭是动的，等等。生动、活泼、富有感染力的画面与文字相辅相成，进一步引发幼儿对自然生命的触受。秋天的美是成熟的，火红的高粱、金黄的玉米连成片，小蚂蚁抬着红果子储冬粮。秋天的美是对未来充满希望的，结籽的牵牛花来年春天还会吹响小喇叭，飞去的大雁和小野鸭一定还会飞回来。孩子们看过绘本后，会用自己的方式表达对秋天的感受。水粉画丰富了大班幼儿对绘本表现形式的认识，老师在区域活动中可鼓励大班幼儿大胆尝试以水粉画及多种材料表现自我。画面中的小动物姿态各异，可以很好地帮助幼儿理解书中文字。秋天的动植物充分体现了秋天的美景，表明秋天是收获的季节。

（三）主旨分析

《牤牛河的四季——秋》属于抒情散文诗，主要描写秋季自然变化的特点及变化规律。通过描写秋季优美的自然景物及丰收的景象，激发幼儿热爱家乡的情感，从而感知季节对动植物生长、变化及人们生活的影响。秋季的季节变化蕴含了许多奥秘，可以从各个领域进行挖掘，大班幼儿已经开始有意识地对周围的变化产生浓厚的兴趣，并乐于找出变化的原因，因此以牤牛河的变化为切入点，激发幼儿观察身边变化的欲望，进而认识和了解家乡丰富的自然资源、人文资源和社会资源，从而对家乡、对生活产生热爱之情。

二、主题目标

◎ 幼儿通过主题活动“变化的秋”，学习随气温的变化和自己的感受主动增减衣物。

◎ 幼儿运用绘画、剪贴等多种方式表现自己眼中的秋天。

◎ 在“快乐的秋游”活动计划中，幼儿了解计划的内容，尝试制定计划，并努力实现计划。

◎ 幼儿自制关于秋天的图书，能大胆地分享、表达自己想要表达的内容。

◎ 幼儿通过丰富多彩的主题活动感受秋天。

三、主题活动思路图

“变化的秋”主题活动思路图如图 27 所示。

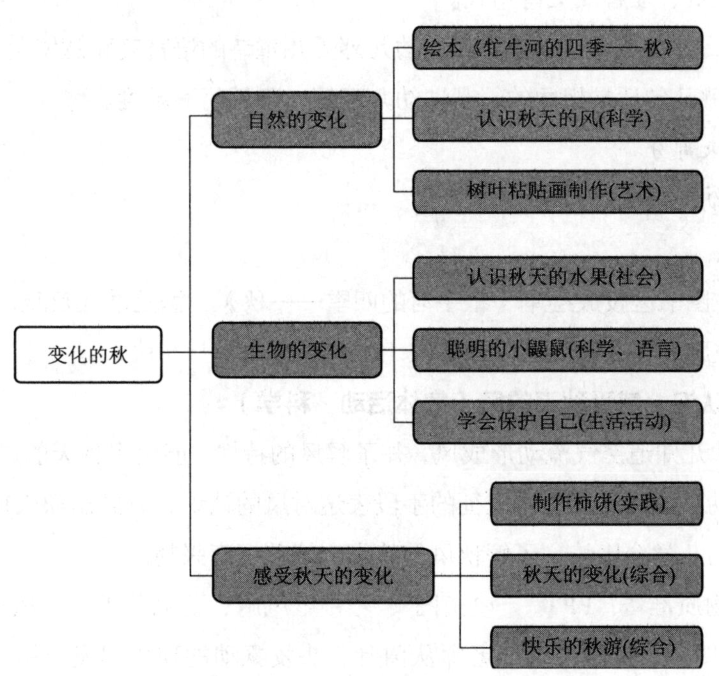

图 27 “变化的秋”主题活动思路图

四、活动举例

活动一：阅读绘本《牤牛河的四季——秋》（集体活动·语言）

目标 1：幼儿讲述秋天的美，发展语言表达能力。

目标 2：幼儿感受、理解儿童诗的语言美和意境美，学会朗诵儿童诗。

目标 3：幼儿大胆展开想象，尝试创编儿童诗。

准　备：物质准备：PPT、背景音乐伴奏；经验准备：老师活动前带幼儿到户外感受秋天。

过　程：

（一）开始部分

老师谈话导入话题，讨论秋天的季节特征。

老师：小朋友们，秋天到了，我们身边有什么变化呢？

（二）基本部分

1．老师展示课件，让幼儿初步感知儿童诗的内容。

幼儿观察、讲述图片，初步感知、理解儿童诗的内容，老师在幼儿观察、讲述时引导其正确地使用词语。

2．老师朗诵诗歌《牤牛河的秋天》。

老师通过讲故事的方式，把散文诗讲述一遍，讲述时播放背景音乐伴奏。

3．幼儿欣赏、理解散文诗句式。

老师朗读，逐页展示教学课件，让幼儿感受儿童诗的语言美和意境美。

老师询问哪几句话是相同的，帮助幼儿理解，降低朗诵难度。

（三）结束部分

老师引导幼儿创编儿童诗。

延伸活动：

1．老师在图书区投放绘本《牤牛河的四季——秋》，满足幼儿反复阅读的需求。

2．老师鼓励幼儿在表演区朗诵儿歌《牤牛河的四季——秋》。

活动二：认识、感受秋天的风（集体活动·科学）

目标 1：幼儿知道空气流动形成风，并了解风的特性，能说出秋天的风有什么不一样。

目标 2：幼儿学会运用图像表征的手段表达对风的认识，总结出秋天风的变化。

目标 3：幼儿学会比较，了解秋风的特点，培养探索兴趣。

准　备：物质准备：PPT、一把扇子、一台电风扇、羽毛若干、小风车（每人一个）以及产生风的图片；经验准备：老师从树叶、头发飘动的现象出发，引导幼儿发现风、感受风。

过　程：

（一）开始部分——了解风的形成

老师：昨天老师带领小朋友们在户外感受了秋天的风，请你们说一说感受吧。

1. 老师引导幼儿描述自己所理解的风，例如，风能看见，但抓不到；风吹过来，我们能感觉到，等等。

2. 老师：有风时，人是怎么知道的呢？

3. 老师：一年四季的风有什么不同？

春天的风柔柔的、暖暖的，夏天的风热热的，秋天的风凉凉的，冬天的风冷冷的。

4. 让幼儿感知空气流动形成风。老师打开电风扇，让幼儿感受到“风"。

老师：现在将风扇关闭，你还能感觉到风吗？没有风了。

（二）基础部分——了解风的特性

1. 老师让幼儿用自己的小手当小扇子，扇动空气，说说扇得快时脸上有什么感觉，扇得慢时脸上又有什么感觉。

幼儿自由讨论。

老师：扇得快，空气流动得快，风就大；扇得慢，空气流动得慢，风就小。

2. 老师给小朋友扇扇子，请小朋友试一试能不能抓住风，瞪大眼睛看一看能不能看到风。

老师：风看不见，抓不着，只能感觉到。

3. 玩羽毛。

（1）老师分给幼儿每人一根羽毛，让他们想办法让羽毛飞起来，看谁最聪明，想的玩法多。

（2）老师让幼儿尝试后自由讨论，说一说自己是用什么办法生出风并使小羽毛飞起来的。

4. 说说秋风的特点。

幼儿自由讨论，老师随机提问。

老师：小朋友现在知道了什么是风、它是怎么形成的，那你能不能说说秋天的风有什么与众不同的地方呢？

老师：秋风要比春天和夏天的风来得更加猛烈些，秋风中夹杂着些许凉意，风的变化也告诉着我们，天气要开始变冷了！

（三）结束部分

幼儿讨论，老师讲解。

1. 观看 PPT，风为人们做了许多好事。

2. 老师：现在人们本领可大了，想出许多办法不让风做坏事，建起了防风林，把风挡住，还提前预报风，减少了风带来的危害。

延伸活动：

1. 在户外开展有关秋风的游戏。

2. 在美工区开展“风中的玩具”活动。

3. 在科学区提供电风扇、扇子、风车等工具，让幼儿感受用它们制造出来的风。

活动三：树叶粘贴画：（区域活动 · 美工区）

目标 1：幼儿学习用不同形状的树叶进行拼图、组合，并能表现出物体的主要特征。

目标 2：幼儿学习正确的粘贴方法，培养幼儿的动手能力。

指导建议：

1. 幼儿观察幼儿园的树叶，知道它们有大有小、形状不一。老师引导幼儿用语言描述自己看到的树叶的样子。

2. 分组讨论：树叶可以组成什么图形，尝试拼摆树叶，看看能拼摆出什么，并引导幼儿大胆介绍：我拼摆的是什么。

3. 老师创造条件，鼓励幼儿大胆尝试自己的想法，给幼儿提供反复操作、多次尝试的机会，并请小朋友们想一想：用这么漂亮的树叶拼出来的图案想要保留下来，有什么好的办法呢？

4. 老师创设宽松环境，为幼儿安排散步或户外观察的机会，引导幼儿收集风吹落的花瓣、嫩枝、脱落的树皮等，并鼓励幼儿添画和装饰。

5. 布置树叶画作品展。

活动四：秋天是水果丰收季（集体活动 · 社会）

目标 1：幼儿通过收集秋天的水果，比较水果的果核，认识果核的特征。

目标 2：幼儿知道秋天是一个丰收的季节，感受秋天里丰收的水果是多种多样的。

准　备：物质准备：苹果、橘子、柿子、枣、梨等实物及相关图片；经验准备：幼儿知道哪些水果有果核。

过　程：

（一）开始部分

老师以谈话的方式导入话题，引起幼儿兴趣。

老师：不知道小朋友们有没有发现，秋天来了！家里的水果品种变多了，这是什么原因呢？小朋友，你们都吃过什么水果？

老师：好多水果都是我们喜欢吃的，秋天是水果丰收的季节，我们家里的水果变得多种多样，正是因为在秋天有好多水果都成熟了。

（二）基本部分

1. 幼儿观察，讨论。

老师：秋天有哪些水果成熟了？

老师：原来石榴、橘子、柿子、枣子、柚子都是秋天成熟的。这些水果里有果核吗？

幼儿根据经验讲述。

2. 果核配对。

老师：看一看，石榴、橘子、柿子、枣子、柚子的果核是哪一种？

水果果核连线，出示实物进行验证。

老师：水果的核都是不一样的。

3. 分享有关秋天水果丰收的感受。

老师：你最喜欢吃哪种水果？秋天来了！水果丰收了！你的心情是怎么样的？

老师：看来秋天的变化真不少！秋天来了！水果丰收了！我们为能尝到可口的水果而喜悦，更为农民伯伯一年的辛勤付出得到了回报而高兴！

（三）结束部分

老师：回家后再找一找，还有哪些是秋天的水果，看看果核是怎样的，与爸爸妈妈分享你对秋天丰收的喜悦！

延伸活动：

1. 老师请幼儿在家中收集秋天不同水果的果核。

2. 老师引导幼儿利用果核制作美术作品，例如果核粘贴画、制作果核手串等。

3. 老师鼓励幼儿探索果核的多种玩法，例如排序、民间游戏抓骰子等。

4. 幼儿在自然角中种植秋天的果核。

5. 幼儿进一步探究秋天的变化。

6. 幼儿通过绘画表达对秋天丰收的喜悦。

活动五：聪明的小鼹鼠（集体活动 · 语言）

目标 1：幼儿能有意识地注意倾听，理解故事的情节及主要意思。

目标 2：幼儿会用自己的语言改编故事，进行创造性的讲述。

目标 3：幼儿体会有关动物在秋天准备过冬的行为，拓展相关知识。

准　备：物质准备：《聪明的小鼹鼠》；经验准备：幼儿已经了解几种动物的过冬方法。

过　程：

（一）开始部分

老师谈话引导，引起幼儿兴趣。

老师：小朋友们，秋天来了！我们的动物小伙伴又在干什么呢？

老师引导幼儿依据故事的名称，猜想故事的角色和情节。

老师：看，秋天来了，冬天的脚步也越来越近，小动物们为了度过一个暖暖的冬天，都忙碌起来了，它们都在忙活什么呢？我们一起看看这个故事吧！

（二）基础部分

1. 老师讲故事，引导幼儿在问题的导引下观察画面，并能讲出画面的主要内容，例如，看一看画面上有谁？小鼹鼠在做什么？它都遇到了谁？说了什么？

2. 故事分享。在幼儿讲述的基础上，老师可将故事内容完整地讲述给幼儿听，并总结小动物是如何过冬的，包括迁徙、冬眠、储粮、换毛等内容。

老师：秋天来了，不仅大自然换了颜色、农民伯伯尝到了丰收的喜悦，小动物也都开始忙活起来了，到处充满了生机！看来秋天的变化可真多！

（三）结束部分

续编故事。老师引导幼儿抓住主要情节，结合已有的生活经验对故事进行续编。

延伸活动：

1. 幼儿在每日的过渡环节（如饭前、离园前）继续故事的续编任务，并记录下来。

2. 经过讨论和比较，老师确定几种续编版本，把它们打印出来，引导幼儿学习讲述，并为故事表演做准备。

活动六：学会保护自己（生活活动）

目标 1：幼儿了解秋天的到来给人们生活带来的变化，感知到温度的变化，学会为自己添衣服。

目标 2：幼儿正确认识秋天天气的变化，对秋天容易出现流鼻血的现象，幼儿懂得相应的处理办法，会保护自己。

目标 3：幼儿认识到秋天天气会变得比较干燥这一特点，老师引导幼儿要多喝水、多吃瓜果蔬菜，注重营养均衡。

指导建议：

1. 老师观察天气变化，引导幼儿感知秋天天气特征，学会添衣保暖，培养良好的饮食习惯。

2. 老师利用午检环节向幼儿介绍秋天天气比较干燥的特点，以及容易发生哪些紧急情况等知识，教会幼儿如何处理流鼻血和保护鼻子的方法，并组织幼儿进行紧急情况演习，加强幼儿的自我保护意识。

3. 老师引导幼儿小组合作，收集关于秋天天气变化特点及天气变化可能带来的影响的资料，并制作成图书。

4. 老师通过“健康墙”向幼儿宣传秋天的护理方法，例如出示塞裤子、喝水、抹油等图片。

5. 老师运用儿歌引导幼儿了解秋天应该如何保护自己。

延伸活动：

1. 老师引导幼儿向家长讲述保护自己的方法有哪些，并共同制作保护自己的自制图书，放到图书区进行分享交流。

2. 老师引导幼儿和家长共同商讨、制作一周食谱。

3. 幼儿当小小宣传员，向弟弟妹妹讲述秋天天气变化的特点，宣传秋季保护自己的好方法。

活动七：辩论——秋天最大的变化（集体教学·语言）

目标 1：幼儿大胆、清楚地表述自己眼中秋天最大的变化，对辩论活动有兴趣。

目标 2：幼儿初步了解辩论活动中常用的陈述、对比、假设、反问等方法。

目标 3：幼儿能遵守轮流发言、举手示意、有序抢答等基本的辩论规则。

准　备：物质准备：绘本《牤牛河的四季——秋》；经验准备：幼儿观看辩论赛视频，老师给出辩论的主要方向，同时根据每个幼儿的不同选择进行分组。

过　程：

（一）开始部分

1. 老师向幼儿讲明辩论规则、强调辩论过程中的纪律。

2. 根据收集的材料和小组交流的情况，老师协助幼儿调整语言，明确观点。

（二）基础部分

辩论赛开始。

1. 老师引导，组内讨论。

老师：小朋友们，说起秋天，你们脑海里浮现出了一幅怎样的图画呢？里面有什么景物？人们在秋天里又喜欢干些什么事情？

老师可以给出一些关键词，帮助幼儿初步感知秋天的特征，重点引导幼儿调动已有经验回忆秋天，表达对秋天的感受。

幼儿组内交流讨论，老师分组指导。

老师：我们表达观点的时候可以用陈述、对比、假设、反问几种方法，这些方法能让你的观点更加鲜明、更有说服力！

2. 每组派代表陈述各自观点，自由辩驳。

每组派代表阐述本组的共同观点，其他组提出疑问，互相进行自由辩驳。

老师：各组的观点是否体现为秋天与其他季节最不一样的地方？

3. 总结陈词。

老师梳理各组观点并记录。

4. 评选小小辩论家。

语言完整、观点明确者当选。

（三）结束部分

老师根据辩论结果进行总结。

老师：小朋友们都很棒，每一组都清晰地表达了自己的观点。是啊，秋天的变化可真大！秋天是多姿多彩的，希望小朋友能好好感受秋天！

延伸活动：

1. 老师将辩论结果放在图书区，满足幼儿反复阅读的需求。

2. 老师鼓励幼儿在生活中继续搜集关于秋天的明显特征和变化特点。

3. 老师请家长为幼儿补充秋天的知识，丰富幼儿已有经验。

活动八：快乐的秋游（集体活动·实践）

目标1：幼儿能结合自己的生活经验，与同伴共同制定秋游计划，尝试安排自己的活动。

目标2：幼儿在协商、讨论、分工等活动过程中提高与同伴相互合作的能力，体验合作的快乐。

活动准备：物质准备：秋天美丽景色的课件、绘画纸、彩笔等；经验准备：幼儿有过做计划的经验。

过 程：

（一）开始部分

1. 幼儿欣赏老师朗诵散文诗。

2. 老师组织幼儿谈话，激发幼儿秋游和制定计划的愿望。

老师朗诵散文诗，幼儿看课件。

老师：看了这美丽的秋天，你们是怎样的心情？想做什么？老师和小朋友一样也想去秋游，去感受秋天的美丽景色。可是秋游要做许多的准备，准备工作可不是一件简单的事情，一定要考虑周到。以往去游玩是谁为你们准备？这次由你们做主人，自己来决定，制定一份秋游计划。

（二）基础部分

1. 老师引导幼儿讨论秋游计划的内容及制定方法。

老师：秋游计划就是我们秋游需要做哪些准备。首先咱们商量一下去什么地方秋游，什么时间去，去了以后我们要做哪些事情。好好动动脑筋，这份计划中还需要添加哪些内容？用什么形式来记录这些呢？可以用图画、表格、符号的形式，把秋游准备的事情和东西画在纸上，这张纸就是你们的秋游计划书。

2. 老师让幼儿分组合作制定秋游计划。

老师幼儿自由结伴，4 人一组，合作制定秋游计划，提醒幼儿注意分工、合作。

老师：这份计划书经过小朋友一说，听起来挺棒的。可是我估计一个人做有点不大可能，还是几个人一起做比较好。下面 4 个人一组制作一份计划书，先来分组。各组成员共同商量，把秋游计划记录在这张纸上，一会儿每组中选一个人来说，你们可要好好商量由谁来说。现在请你们按小组来做秋游计划吧，看哪一组做得又快又好。

（三）结束部分

老师组织幼儿交流、分享经验。

老师：每组派代表讲述自己小组的计划，然后再完善、补充。如果你们觉得计划书还需要修改一下也是可以的，但是这份计划书一定要保管好。在秋游的前几天，你们要按照计划书上的内容去准备，我想因为你们制定了这样完美的计划书，我们的秋游一定会非常快乐！

延伸活动：

1. 老师鼓励幼儿回家后向家长介绍秋游计划，并邀请家长参与其中。

2. 幼儿在生活中按照计划准备秋游需要的物品。

成果篇

基于乡土绘本创编与使用的创新型幼儿园教师培养研究

——课题研究结题报告

一、问题的提出

（1）创新是社会进步、国家发展的需要。“创新是一个民族进步的灵魂，是一个国家兴旺发达的不竭源泉，也是中华民族最鲜明的民族禀赋。”“教育是知识创新、传播和应用的主要基地，也是培育创新精神和创新人才的摇篮。”幼儿园教育是基础教育的基础，幼儿园教师是先进教育理念与精神贯彻实施的关键。呵护幼儿的好奇心、培养幼儿的创造力是幼儿教育工作者的使命。培养幼儿的创造力需要教师自身有创新的意识和能力。

（2）创新是幼儿园工作自身的需要。《幼儿园教育指导纲要（试行）》指出：“幼儿园教育活动的组织与实施过程是教师创造性地开展工作的过程。”幼儿园教师工作的过程就是运用专业知识审视教育实践，发现、分析、研究、解决问题的过程。《幼儿园教师专业标准》指出：“幼儿园教师要将《幼儿园教师专业标准》作为自身专业发展的基本依据。大胆开展保教实践，不断创新。”幼儿园工作本身需要创新，在创新中不断推进保教工作的深入开展，促进整体保教质量的提高。

（3）创新型教师培养是高丽营第二幼儿园教师队伍建设的需要。幼儿园教师是教育先进理念与精神贯彻实施的关键。目前高丽营第二幼儿园教师队伍呈现年轻化、非专业化的趋势，表现为专业知识和专业能力相对不足。但他们文化功底深厚、学习能力强，鼓励他们在工作中大胆实践、不断创新是将教育理念转化为教育行为的有效途径。从这个角度上讲，探索创新型教师的培养方法和策略对幼儿园的可持续发展有重要意义。

（4）以乡土绘本的创编与使用为基础搭建创新型教师培养的平台。在“十二五”绘本阅读教学策略的研究中，我们发现：现在国内图书市场上的绘本大多来自欧洲、美洲和日本，能够承载民族文化和乡土文化的国产绘本寥寥无几。乡土绘本的创编与使用就是要弥补这方面的不足，同时在绘本创编与使用的创新实践中培养教师的创新素质。

二、文献综述

（一）关于创新型幼儿园教师培养的研究

1. 创新型教师成长的影响因素

内因：强烈的内驱力、自身的文化基础、良好的健康状况、幼儿教师心理自由度。外因：优良的成长环境及群体的帮助、较多地接受指导和学习锻炼的机会、家庭的理解与支持。

创新型幼儿园教师成长需经历四个阶段，即知识准备阶段、探索适应阶段、发展成熟阶段和更新创造阶段。

2. 园本培训是创新型幼儿园教师成长的有效途径

园本培训的四个原则与方法为：自主性发展的培养原则与方法；在实践中提升的培养原则与方法；专长与全面提高相结合的培养原则与方法；群体式合作的培养原则与方法。

综上，创新型幼儿园教师是在学习和工作的实践中逐渐成长起来的。宽松自主的研究氛围、同伴的合作、科学的培养模式能促进教师创新能力的发展。遵循创新型教师培养的原则，相信搭建的创编乡土绘本并探究其使用方法的研究平台能有效促进创新型教师的成长。

（二）乡土绘本创编情况

检索相关文献发现，对乡土绘本创编研究的相关文献较少，但对中国原创绘本的研究近几年逐步掀起高潮；中国原创绘本正处于蓬勃发展的开端，但起步晚，绘本的质量与国际优秀绘本相比存在一定差距。

作为幼儿园教师，在保教工作和与孩子朝夕相处的过程中，有更多机会深入了解幼儿的年龄特点和生活，创编绘本故事更易接近幼儿。同时引导幼儿参与绘本创编，幼儿的表达方式是成人无法企及的，他们的作品更易为同龄人所喜爱。幼儿园教师在乡土绘本的创编过程中，逐步挖掘乡土资源中潜在的教育价值，在借鉴中不断创新，才能创作出更适合本地区幼儿阅读的乡土绘本。

（三）绘本使用方面的探索

作为一种图文结合的读物，绘本以图叙事的功能符合幼儿的身心特点与认知能力，它在促进幼儿身心和谐发展、养成良好习惯、促进认知发展、提高审美能力、愉悦身心、提升幼儿品格等多个方面逐步得到幼儿园和家长的认可。对在教学中使用绘本的研究也因此掀起了高潮。

目前，主要有以下方面的研究：幼儿园教师开展绘本教学所存在的问题及对策研究；绘本教学策略与教学方法的相关研究；绘本运用于各领域教学，提升幼儿多种能力的相关研究。特别是对绘本运用于各领域教学的研究取得了丰硕的成果。

综上，使用自编乡土绘本可以借鉴已有的先进经验和研究成果，自编绘本涉及的资源唾手可得，教师深刻认识自编绘本表达的内涵，为教师创造性地设计、生成相关活动，逐步形成园本课程提供了条件。使用自编乡土绘本的过程也是教师创造性地运用已有研究成果、提升自身专业能力的过程。

通过文献查阅发现，绘本作为一种儿童读物，已广泛应用于保教活动和家庭阅读，开展绘本应用研究的学前教育机构数量众多且成果丰硕，可为本研究提供丰富的理论支持和实践经验。国内的绘本创编尚处于起步阶段，数量不多且质量与国外相比还有一定差距。国内学前领域虽有一些幼儿教师原创绘本的比赛，但创编乡土绘本并形成系列丛书的很少，在此基础上进行幼儿园园本课程探索的更是鲜见。乡土绘本创编与使用具有挑战性和创新性。

创新型幼儿园教师是在不断创新工作方法的实践中成长起来的。关于以绘本创编和使用为切入点进行创新型幼儿教师培养的相关研究还未出现，因此本研究在这方面没有可直接借鉴的经验，但是关于创新型幼儿园教师培养研究的成果仍能给本研究提供相应的理论支持。幼儿园要为创新型教师的培养创造良好的人文环境，从文化建设和制度建设等方面积极探索，努力营造创新的积极氛围，以园本培训为切入点搭建创新型幼儿教师培养的平台。

三、研究的意义和目的

（一）研究的意义

（1）深化管理者对创新型教师培养的认识，形成培养创新型教师的经验，为教师队伍建设提供理论依据和实践支持。

（2）研究过程是创新型教师成长的过程，有利于促进教师的专业发展。

（3）乡土绘本的创编和使用本身就是具有创造性的工作，在此研究中形成的绘本、案例、经验总结等有助于丰富高丽营第二幼儿园的课程资源，推进园本课程建设。

（二）研究的目的

（1）提升教师选择、利用资源，拓展、丰富幼儿活动的能力。

（2）探索幼儿园创新型幼儿园教师培养的有效策略。

（3）创编乡土绘本，并开发适合各年龄班幼儿的主题活动，初步形成园本教材。

四、课题研究的主要内容

（1）选择、利用乡土资源创编绘本。

（2）利用自编乡土绘本生成主题活动。

（3）探索创新型教师培养的策略。

五、核心概念的界定

创新型幼儿园教师就是能汲取幼儿教育各方面的新知识，在教育、教学中积极地加以运用，并不断地发现新的教育、教学方法的教师。

创新型教师的关键属性为：①内在素质的优良性，即创新型教师拥有的素质体系优越，如品格、知识、技能等，这些素质特征也是判断创新型教师的基础和内在标准；②教学过程的创造性，即创新型教师的教学过程突破了传统教学陈旧、僵化的特征，并且具有一定的创造性，而非一般的重复性和模仿性教学；③教学成果的社会价值性，即教师的教学结果反映在学生的成长方面，对社会的发展和进步产生了积极的贡献，这是判定教师创新型的内在依据。

所谓“乡土绘本创编与使用”，主要从以下几个方面加以认识。

乡土，即除了指人们出生的某个特定的地方外，还含有祭祀、音乐以及值得人们崇尚的养育我们的根和土地等丰富的内涵。

乡土绘本，即以某一个具体行政区域内的自然条件、社会经济和科技人文等方面，反映群众文化心理并且带有积极教育意义的系列内容为素材的绘本。本研究中，乡土绘本是指以高丽营镇域内历史、地理、物种生态、文化习俗、人物风情、生活生产经验及社会科技进步等一切有利于实现课程目标的物质性和非物质性因素为素材的绘本。

乡土绘本的创编，即由高丽营第二幼儿园教师、家长、幼儿共同参与收集素材、编写故事、用多种美术表达形式呈现画面、修订完善形成乡土绘本的一系列过程。

乡土绘本的使用，即教师在幼儿一日活动中利用乡土绘本开展相关活动，推进活动深入开展，从而促进幼儿发展的过程。乡土绘本的使用包括利用乡土绘本引发主题活动和作为主题活动的辅助读本。

六、研究对象及研究方法

（一）研究对象

研究对象为幼儿园在园全体教师。

（二）研究方法

本研究主要采用行动研究法。随着研究与实践的进程逐步完善乡土绘本的创编与使用，在不断丰富、调整、改进的过程中积累经验，提高教师的创新素养。在实践中积累培养创新型教师的策略。研究方法主要包括文献法、调查法和文本分析法。

1. **文献法**

文献法即通过查阅文献资料，学习创新型教师培养、绘本创编、绘本使用的相关理论，了解国内外在此方面研究的现状及存在的问题，丰富理性认识，为行动研究提供支持。

2. **调查法**

调查法包括问卷法和访谈法两种。

问卷法，即调查教师的发展需求，了解教师创新素养的现状，为科研活动的开展和制定创新型教师培养计划提供依据。

访谈法，即在开展课题研究前和研究过程中，通过对相关乡土资源的负责人、老乡、家长、教师的访谈，全面、深入地了解乡土资源情况，为乡土绘本的创编、完善与使用奠定基础；通过访谈了解教师在创新工作中出现的想法与困惑，以便提供有效支持，同时了解教师思想观念转变的情况。

3. **文本分析法**

文本分析法即对实践中的做法进行归纳、提炼、分析，找到具有普遍意义和推广价值的方法与策略等。该方法以利用文字、图形、符号、声频、视频等方式保存下来的资料内容作为分析的对象，对教师创编的故事文本、教学活动设计、艺术作品等文案进行分析，探索创新型教师成长的轨迹，形成经验。

七、研究过程和阶段

（一）准备阶段（2016 年 3—9 月）

在准备阶段须做好以下三项工作。

（1）进行广泛宣传，达成研究共识。召开研究小组会、全园教师会，在不同层面对选题进行充分讨论，在辩论与反思中达成研究共识；召开全园家长会，宣传课题研究的意义与内容，取得家长的理解与支持。

（2）成立研究小组，制定研究制度。成立了以园长为组长的研究小组，聘请中国教育学会李静博士阶段指导，把握研究方向；聘请原教师进修学校校长刘振兴教授对课题进行全程指导，提高研究质量；制定研究制度，从时间、人员和经费上保证课题的深入、有效开展。

（3）查阅文献资料，撰写开题报告。以文献研究为主线，围绕“创新型幼儿园教师”“绘本创编”“绘本使用”等关键词学习文献，从多角度把握研究动态；借鉴国内外和本地区的研究成果和经验，为课题研究提供理论框架；结合幼儿园教师队伍的现状撰写开题报告《基于乡土绘本创编与使用的创新型幼儿园教师培养研究》，并于 2016 年 10 月 25 日顺利开题。

（二）实施阶段（2016 年 10 月—2018 年 1 月）

1. 教师培训

在研究过程中，全园教师不断学习创新型教师培养、乡土资源利用、绘本创编、绘本使用的相关文献；搭建平台支持教师积极参与科研方法、绘本创编、绘本教学、《3~6 岁儿童学习与发展指南》实施等各类相关培训；在文献学习和实践培训中，丰富理性认识，提高研究能力，奠定研究基础。

2. 乡土绘本创编

通过走访、网上查阅资料、查看地方志等多种途径深入了解本地区民俗文化、自然资源、历史沿革等乡土资源情况，为乡土绘本创编积累一手材料。

2016 年 1 月，高丽营镇文化办组织糕点模具传承人、花卉艺人、戏剧艺人、舞狮艺人来园讲解相关文化渊源、示范讲解相关技艺，全园教师积极参与、体验。

2016 年 12 月，高丽营镇文化宣传中心来园为全园教师介绍高丽营各村的民俗特色和历史文化。

在课题实施阶段，全园教师先后考察了张喜庄文化站、虎鳄农场、老孙家糕点模具场、金路易食品厂、敬老院、清真寺、樱桃园、牤牛河、玉石井等社会资源和自然资源，带领幼儿参观了张喜庄文化站、敬老院、老孙家糕点模具等，在真实的体验中积累经验与素材。

结合幼儿兴趣和发展需要，对乡土资源及园内资源情况进行筛选、分析，教师、幼儿、家长全员参与，共同进行乡土绘本创编。在绘本创编过程中，内蒙古师范大学李淑章教授、原教师进修学校刘振兴、北京幼儿师范学校崔雪雁、北京少儿出版社张丹编辑以及顺义区姐妹园的园长在绘本的创意、文字、画面方面给予了指导，使创编的绘本质量不断提高，在这一过程中教师的创新素质也得以提升。

3. 乡土绘本使用

绘本使用与绘本创编并行。绘本故事与呈现方式已充分考虑绘本在使用中与幼儿活动的契合，这也是使用自编绘本独有的优势。

高丽营第二幼儿园使用的自编绘本以《幼儿园快乐与发展课程》为蓝本，以借绘本生成主题活动为主、补充读物为辅，采用领导包班制、集体备课制、全园参与制推动主题活动开展与完善，形成主题案例 26 个。

4. 创新型教师培养

乡土绘本创编过程中，在专家的引领下，鼓励教师创新绘本故事内容，创新画面表达形式，创新引导幼儿和家长参与创编的方法；在乡土绘本使用过程中，鼓励教师更新教育观念，不断探索新的活动模式。在这一过程中，管理者不断反思，分析影响教师创新的因素，探索培养创新型教师的策略。

（三）总结整理阶段（2018 年 1—9 月）

（1）整理与分类。对乡土绘本创编过程和主题活动设计过程中的研究资料、照片、音像材料等进行分类归档。

（2）分析调整。依据上一阶段课题组对课题资料的有效性进行的研讨和分析，从中选取逻辑严谨、符合客观实际的资料，并结合课题整体进行相应调整。

（3）撰写与提升。撰写成果报告，提升认识。

八、研究成果

（一）明确了乡土绘本创编与使用过程中创新型教师的关键属性

结合创新型教师的内涵和研究内容，围绕内在素质优良、教学过程的创造性、教学成果的社会价值三个关键属性，基于高丽营第二幼儿园乡土绘本创编与使用过程中教师创新意识和创新能力的表现，对创新型教师的表现进一步细化。一方面，明确创新型教师培养的内容；另一方面，用于评价乡土绘本创编与使用过程中教师创新成长情况。在每一学年度末期，通过教师自评、班组教师互评、领导评价等形式进行评价。评价表详见下表。

关键属性	表　现	优秀	良好	一般	较差
内在素质优良	教师对幼儿教育研究动态的关注				
	教师对当前幼儿教育中存在的问题的认识				
	教师的创新意识与情感				
	教师自我学习的意识				
教学过程的创造性	教师观察、分析幼儿行为的能力				
	教师幼教技能与传统文化融合的能力				
	教师从新视角设计支持幼儿实践活动的能力				
教学成果的社会价值	教师选择、利用乡土资源的能力				
	教师创作有乡土特色的文艺作品的能力				
	教师总结新的实践经验并撰写论文的能力				

（二）提炼了创新型幼儿园教师的三个成长条件及相应支持策略

1. 条件一：内在需求

一名教师真正的力量不是来自于外在，而是来自于内在，内在如果没有了需求，那么其成长就没有动力。内在需求是创新型幼儿园教师成长的动力，这种内在需求更多来源于教师对教育的责任感和使命感。

支持策略：吸引教师参与课题研究，为教师的创新成长注入动力。

高丽营第二幼儿园鼓励全园教师参与科研课题的研究，发挥团体培养优势，不仅骨干教师有发挥才能的天地，新教师也有发挥才能的空间。在课题研究中，教师接触到幼儿教育的前沿理论，接触到教育中存在的问题，萌发对教育的责任感和使命感。

“十二五”绘本阅读教学策略的研究表明：了解家乡是爱家乡的基础，为家乡的乡土文化而骄傲是刻在孩子心中的中国魂；整合乡土资源，进行民族化和本土化课程的开发是完成这一任务的有效途径；创编乡土绘本，生成园本课程，为教师转变教育观念，不断改进教学注入了动力。

2. 条件二：自我分析

自我分析是在自我观察的基础上对自身状况的反思。正确的自我分析能提升教师创新的信心，扬长避短，是创新型幼儿园教师成长的基础。

在提出自编乡土绘本并创建园本课程的初期，有些教师曾有质疑。作为幼儿园教师，能创编出儿童文学家兼画家水平的高质量绘本吗？我们的绘本孩子们会喜欢吗？以我们现有水平能创编出什么样的课程？其科学性如何？对此，全园教师就绘本创编和课程建设的困难与优势进行了全面、深入的分析。

通过分析发现：在绘本创编方面，高丽营第二幼儿园教师有得天独厚的接触幼儿、了解幼儿的优势，不论是在文字创编还是在画面创编方面，都可以请幼儿参与其中，幼儿的童真、童趣是成人不可模仿的；同时有初步创编绘本的经验，在园本课程建设方面并不是白手起家，有较成熟的课程作为依托，并可聘请专家定期指导；幼儿园周边及内部资源丰富，为课程建设提供了有力支持。

支持策略：扬长避短，找准创新的突破口。

发挥与幼儿朝夕相处的优势，创编贴近幼儿的绘本，转变绘本创编与主题活动实施的思路。

（1）观察幼儿生活，以幼儿生活中发生的故事为原型生成绘本。例如，随着二孩政策的放开，二孩家庭越来越多，二孩家庭中两个孩子该如何相处？在听小朋友和家长讲弟弟妹妹故事的基础上，创编了绘本《我和妹妹》；幼儿园的兔妈妈生宝宝了，引起了全园小朋友的关注，因此有了绘本《小兔出生记》；大班的小朋友就要上小学了，小学是什么样的？参观小学后，孩子们饶有兴趣地和每个熟悉的人讲述，就诞生了绘本《我要上小学》……

（2）从幼儿视角出发，引导幼儿亲自参与绘本创编。例如，《我家欢迎你》以幼儿最喜欢的捏泥的方法塑造故事形象，通过动作的改变、形象的组合、背景的变换讲述了一个做客的故事，形象和语言贴近幼儿，深受小朋友喜欢；幼儿园是孩子们最熟悉的地方，活动室里的每一样玩具、操场上的一草一木对孩子来说都是那么亲切。亲手把它们画下来，送给小班的弟弟妹妹看，向到访的客人介绍，孩子们心中充满自豪，这就是绘本《我的幼儿园》。

（3）充分利用园内资源自编绘本，主题活动融于幼儿生活之中。绘本《小猴种樱桃》是以管理果树须剪枝和爱护树木不能折枝这一矛盾冲突展开的，教师借助绘本顺势引导幼儿开展了照顾园内树木的系列活动，通过亲自参与实践，幼儿获得了丰富的体验；《小老虎拜大年》是以新年为题材的绘本，向小朋友传达了热情待客、礼貌做客的中国传统礼仪，小班幼儿把这一经验迁移到生活中并与园内小动物对话，形成了绘本《小动物庆六一》。

3. 条件三：艰辛实践

没有实践，再好的创新想法也只能停留在认识层面。只有把创新与实践紧密结合起来，才能不断地把工作推向一个新层次、新水平，教师才能在教育教学实践中不断将教育理论内化，做到知行合一。因此，实践是创新型教师成长的必经途径。

支持策略：提供宽松环境，鼓励教师实践。

高丽营第二幼儿园园本课程建构经历了利用周边资源创编乡土绘本，反复实践、调整并形成初步课程框架，根据发展的整体性精神设计主题活动，以“做”为基础实施主题活动 4 个阶段。每一阶段取得的进步，无不浸润着老师们艰辛实践的汗水。在实践中，老师们发现问题，探寻解决问题的方法，不断修正自己的认识，提升创新能力。

创新是人类主观能动性的高级表现，是推动民族进步和社会发展的不竭动力。培养创新型幼儿园教师，需要激发教师内在的动力，发挥其自身优势，不畏艰辛地实践。

（三）形成了绘本创编的四个步骤

绘本创编前，首先对周边资源进行了深入的调查分析，结合《幼儿园教育指导纲要（试行）》《3—6 岁儿童学习与发展指南》的精神及幼儿发展的需要进行筛选，选择有教育价值、便于利用、适宜开展主题活动的内容。目前创编工作已经完成五轮，创编绘本 29 本，共分为 5 大类，分别是人文类、环境资源类、情绪管理类、科普类、日常生活类；绘本从说教、成人化、画面呆板、表现形式单一逐步走向趣味化、生活化、画面信息丰富、表现手法多样。此外，幼儿也逐渐参与到绘本创编过程中，形成了 4 个创编步骤，具体见下表。

创编绘本四步骤

1	调查了解	在媒体上查阅相关资料； 请高丽营镇宣传单位领导讲座、文化资源单位或个人交流培训； 实地考察，组织幼儿开展相关活动，发现幼儿兴趣点

续表

2	故事创编	集体讨论，结合幼儿兴趣对资源进行筛选； 明确故事内容及主旨，教师分头创编故事； 请专家、幼儿共同当评委，举办故事比赛并进行筛选； 根据专家意见集体讨论，修改定稿
3	绘制定稿	结合故事探讨表现形式，绘制初稿（部分初稿由幼儿参与完成）； 征求课题组成员、全园教职工意见，反复修改形成二稿； 请幼儿试读，依据幼儿反馈，修改定稿
4	印刷成书	完善序、致谢等图书相关信息，印刷图书小样； 请相关领导、教师、幼儿、家长试读，提出意见，再次修改； 定稿印刷

（四）积累了绘本故事创编的五条经验

1. 改进挖掘故事价值，保护幼儿童心

优秀的故事温暖人的心灵。高丽营第二幼儿园在绘本创编过程中，从关注知识逐步关注幼儿情感体验。例如，绘本《黑黑，你在哪里》，幼儿不仅看到了一只小猫对死亡的理解，油然而生悲伤，更看到了释怀。

2. 丰富故事背景内容，埋下矛盾冲突点

德尔泰说过："每一场戏必须表现一次争斗。"每个好故事也有一个矛盾冲突。《小老虎拜大年》一书塑造了"年兽"这个角色。小年兽想去给小动物们拜年，但由于曾做过一些无心的错事，不被大家接受。矛盾冲突有了，故事马上丰满了起来。就像一些交往技能弱的孩子一样，他们内心渴望被关注，故事引导幼儿学会表达爱的方法，和幼儿内心产生了共鸣。

3. 创新故事结尾设置，发挥幼儿主动探索的能力

好的故事，结尾是合理的、开放的，并能使人回味，让人悟出道理。例如《小老虎拜大年》的结尾，年兽午夜12点变回原形，不但没被小动物驱赶，反而被大家接受，这样首尾呼应，给了幼儿想象的空间，让整个故事跌宕起伏，并生动起来。

4. 创新故事细节处理，引导幼儿合理想象

绘本故事中常常隐藏着很多细节，它与主题息息相关，有利于丰富故事内容。在《小老虎拜大年》中，礼物暗示了人物特点，例如为狮子送绣球，原因是狮子表演缺个绣球；给斑马送毛衣，原因是斑马一家希望有一张彩色的新年全家福等。通过对这些细节进行推敲、设置，幼儿能从细节里体会绘本深藏的美，提升自身的想象力。

5. 精炼语言表达，符合幼儿年龄特点

在创编绘本文字时，应尽量选择那些语言规范、准确、鲜明、生动，并且容易听懂、看懂的词语，激发幼儿的阅读兴趣；句式上，减少了形容词和副词的使用，多采用简单的陈述句。

（五）归纳了提高画面表现力的四条措施

1. 动作描绘激发运动体验

在创作过程中，主角从千篇一律的静态转变为不同情节下的动态，有利于幼儿将静止的画面进行动态解读。这种表现方式有助于激发幼儿模仿的欲望，使其在阅读过程中加入肢体运动的体验。例如在《黑黑，你在哪里》中，小猫喵喵是黄色、圆脑袋、尖耳朵的形象，在寻找好朋友的过程中，它时而低头翻看，时而仰头张望，给人以运动感和连续感。

2. 细节描绘激起观察欲望

在绘本创作的初始阶段，教师对故事主角缺少细节刻画，幼儿难以理解教师想要表现的内容。分析原因，发现细节的描绘能够有效地激发幼儿的观察欲望，因此在创作《黑黑，你在哪里》图画时就利用图画的细节表现并补充文字内容。例如，用小猫喵喵的耳朵、眼睛、尾巴的形态向读者传达小猫的情绪，眼睛上翘或弯弯的是高兴，耳朵向下耷拉着表现难过，尾巴和毛直立表现生气等，更有利于幼儿感受绘本人物的情感。

3. 虚实相生提升想象空间

艺术品提供给欣赏者的信息量也许并不是最重要的，最重要的是能为读者提供多大审美创造的空间。在绘本《黑黑，你在哪里》一书中，回忆和现实的对比以虚实结合的手法呈现，引发幼儿对小猫和黑黑曾经在一起玩耍的想象。

4. 以情育情引发情感共鸣

在绘本创作的过程中，既要考虑到创作者的“情”，也不能忽视阅读绘本的幼儿的“情”，推而广之至人类共同之“情”。

画面语言是幼儿理解故事的最佳途径，因此，在创作画面时要充分考虑故事的情感起源及整个故事的情感基调。例如，《黑黑，你在哪里》是清明节主题活动下的延伸活动，体现了小猫面对死亡的情感过程。色彩的基调就是对这一情感的最好诠释，通篇集中于黄、绿、蓝三种颜色，整本书的色调实现了统一。

绘本的画面与文字相生，要传达文字之外的内容，可以对画面设置暗线，给幼儿留下想象的空间，例如《黑黑，你在哪里》中小狗黑黑最喜欢的小皮球，《小老虎拜大年》中的时间、动物家的标志、老虎脚印等。如此故事发展的同时，又推动了情感的发展。

添加故事之外幼儿熟悉的角色，有助于幼儿找到能够引发他们共情的内容。例如在《黑黑，你在哪里》中，添加了夹着尾巴逃走的入侵者，惊讶地看着喵喵在夜色中出行的月亮，专注地看着喵喵发现了什么的小蟋蟀，在鸟窝里提醒爬树的小猫要小心的小黄鸟，俯身和喵喵话着家常的小喜鹊，还有小河边吓得喵喵回头张望的小青蛙……这些都是可以激发幼儿的关注点，让幼儿从不同的小动物或事物身上发现故事的情感，从而产生共情。

（六）积累了指导幼儿绘本创编四策略

教师的发展直接促进了幼儿的发展，在教师创编乡土绘本的基础上，又尝试引导幼儿创编乡土绘本，让孩子们成为绘本真正的主人，《我家欢迎你》《我的幼儿园》《家乡的风》《小苗搬新家》《白鹅一家去春游》《叶宝宝找妈妈》都是幼儿参与创作的绘本。教师对绘本创编认识的加深和创编经验的积累，都为指导幼儿进行绘本创编活动打下了坚实的基础。

1. 体验感知，融入幼儿生活经验

教师在指导幼儿创编绘本的过程中，注重幼儿的体验感知，幼儿有生活经验才能进行生动的表达。例如，《小苗搬新家》的创作是在开展移栽活动之后，幼儿通过移栽活动对移栽的方法有所了解，知道如何把小苗从小盒子里取出来，如何把小苗送到土地里，如何重新栽种等步骤，此时教师再鼓励孩子们用自己的画笔表现出来。该绘本是幼儿对整个移栽活动的经验梳理和回顾，实践体验活动能更好地激发他们的创作欲望，丰富创作的内容，根据其亲身感知而创作的绘本，他们使用时也更能激发自豪感。

2. 多元表达，挖掘多种艺术元素

在幼儿创编乡土绘本的过程中，教师鼓励幼儿运用多元的创作方式表达自己的想法。例如，幼儿创作《叶宝宝找妈妈》时，教师先和幼儿聊一聊他们都想用什么方式完成绘本，孩子们提出了绘画、剪纸等方式。针对幼儿画面表现细节不足的问题，教师给幼儿提出问题：怎样才能让读者清楚地看出画面上是什么树？于是他们又提出了树叶拓印和树叶粘贴两种表现形式。教师帮助幼儿用相片记录故事的画面，树叶与绘画结合的形式，使该绘本较以往幼儿创作的作品更为形象生动，同时突破了幼儿对细节特征表现不足的创作难点，提高了幼儿解决问题的能力。

3. 发展想象，支持幼儿创作表达

在创编绘本时，教师为幼儿营造大胆想象的氛围，支持幼儿发挥天马行空的想象力进行创作。例如，在创编《小苗搬新家》的过程中，教师以问题的方式引导幼儿：为什么要给小苗搬新家？住在小杯子里的小苗儿现在是什么感觉？它们会说什么？突然把它们搬到新的地方，它们会是什么感觉？如果你搬到了一个陌生的地方，你会有什么感觉？这些问题能引起幼儿的共情，帮助幼儿展开想象，丰富绘本的内容。

（七）实践性乡土主题活动课程趋于完善

以《幼儿园教育指导纲要（试行）》《3—6 岁儿童学习与发展指南》精神为指引，以实践操作活动为手段，自编乡土绘本，构建了以乡土、生活、创新为核心的实践性民俗主题活动课程。

1. 确立了主题活动评价的原则与方法

幼儿园的主题活动评价分为教师教育评价和幼儿发展评价两大类，把教师的专业成长和幼儿的身心发展有机地结合起来。

（1）主题活动评价的原则。教师教育评价五原则包括重活动过程、重师幼操作、重幼儿主动性、重师幼参与性和重幼儿的长远发展；幼儿发展评价三原则包括以促进儿童的发展为目的、接纳和尊重差异和结合幼儿真实具体的探究活动评价幼儿的发展。

（2）主题活动评价的方法。教师教育评价包括以下内容：评价主体是业务园长和保教主任，实行园级、年级和班级三级管理；采用日常评价和阶段性评价相结合的方式，其中日常工作评价重点对教师的教育过程进行评价，阶段性工作评价重点是对阶段工作的反思和总结，阶段性评价在月末和学期末开展。教师教育评价保证了主题活动实施过程的严谨和质量。

幼儿发展评价包括幼儿发展评估和幼儿成长档案。幼儿发展评估的评价主体是教师，从情绪情感与个性品德、知识能力与态度两方面建立指标体系，将各项逐级分解，使评价内容全面具体、完整地反映儿童实际发展情况。幼儿成长档案，评价主体是教师、家长和幼儿自己，它以主题教育为主线进行观察、记录和评价，反映了幼儿在主题活动中的表现。教师以正面评价为主，记录幼儿的成长过程，家长则对幼儿在家的表现进行记录和评价。家园及时交流，促进幼儿个性成长。幼儿的自我评价采取幼儿口述、教师和家长记录的方式，或由幼儿进行作品评价。

2. 完善了课程体系

（1）形成了课程体系框架。详情如图 28 所示。

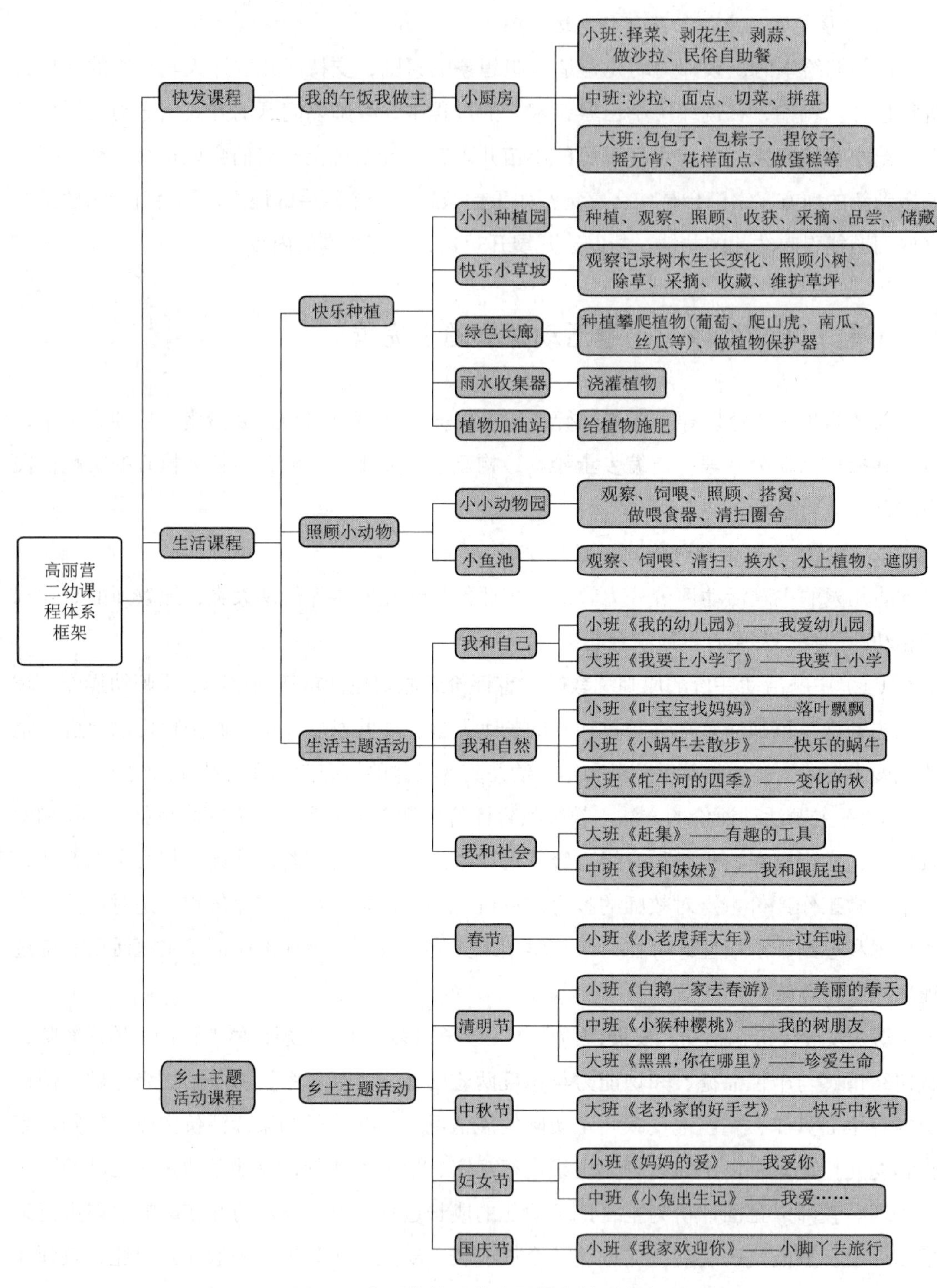

图 28　高丽营第二幼儿园课程体系框架

（2）明确了自编绘本在各年龄班主题活动中的运用。详情见下表。

月份	班级					
	小班		中班		大班	
	内容（自制绘本）	主题	内容（自制绘本）	主题	内容（自制绘本）	主题
9月	《好吃的月饼》	“好吃的月饼”	《圆姐姐和圆妹妹》	“月饼，月饼”	《老孙家的好手艺》《快乐丰收节》	“果刻子的中秋之旅”“快乐丰收节”
10月	《我家欢迎你》	“小脚丫去旅行”	《霜降》	“柿子，柿子”“山楂红了”“好吃的红薯干”	《我和爷爷》《我来播种冬小麦》	“爱在重阳”“我来播种冬小麦”
11月	《叶宝宝找妈妈》	“你好，秋天”	《牤牛河的四季——秋》	“秋天在哪里”	《牤牛河的四季——秋》《我帮果树过冬天》	“变化的秋”“我帮果树过冬天”
12月	《小老虎拜大年》	“热热闹闹过大年”	《小老虎拜大年》	“红红火火过大年”	《赶集》	“新年我做主”
3月	《小虫子睡醒了》	“小虫子睡醒了”	《小兔子出生记》	“我爱……”	《狗狗之家》	“安全小卫士”
4月	《白鹅一家去春游》	“我的踏青节”	《小猴种樱桃》	“我的树朋友”	《黑黑，你在哪里》	“学做情绪小主人”
5月	《毛毛虫变形记》	“有趣的蝴蝶”	《我和妹妹》	“我和跟屁虫”	《我要上小学了》	“我要上小学了”
6月	《小蜗牛去散步》	“我和蜗牛做朋友”	《一枚小肉粽》	“小肉粽游端午”	《小不点游端午》	“小不点话端午”

九、课题研究结论

《基于乡土绘本创编与使用的创新型幼儿园教师培养研究》对教师的创新意识和创新能力的发展起到了良好的促进作用。乡土绘本的创编和使用是具有创新性的工作，为创新型教师的培养和探索、创新型教师培养策略搭建了平台。教师与幼儿共同参与绘本

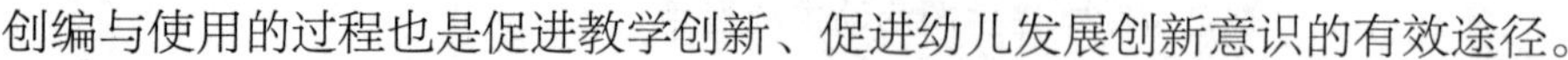

创编与使用的过程也是促进教学创新、促进幼儿发展创新意识的有效途径。

十、研究成效

1. 提升了教师在乡土主题教育活动中的创新能力

通过对比课题开展前期和后期教师论文的获奖情况，发现教师教育教学经验梳理类论文获奖篇数有了明显的提高，奖项层次也有所提升。此外，对比创新型教师评价量表，教师创新意识和创新能力的提升也是有目共睹的。2016 年教师创新意识和创新能力自评统计和 2018 年教师创新意识和创新能力自评统计如图 29 和图 30 所示。

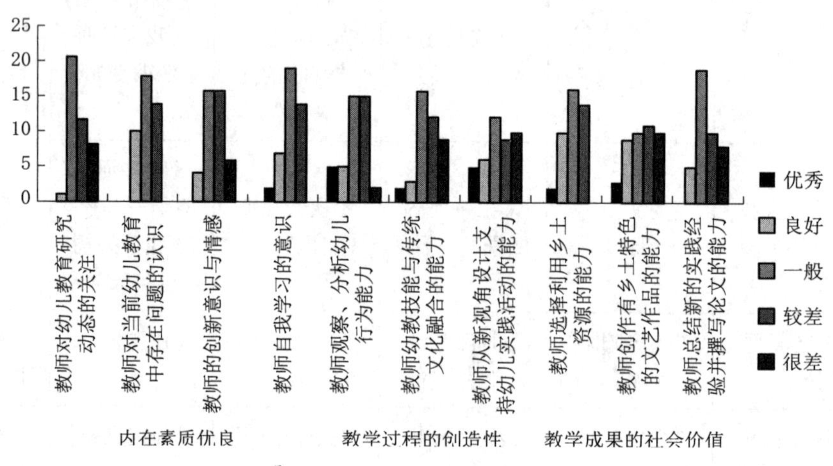

图 29　2016 年教师创新意识和创新能力自评统计

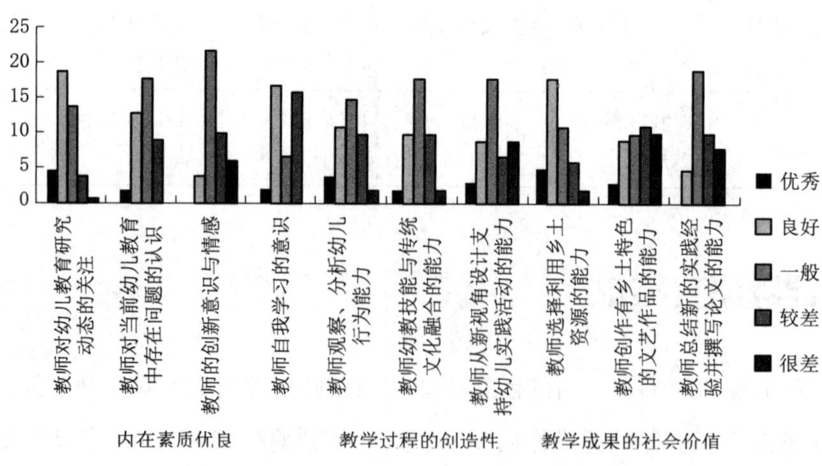

图 30　2018 年教师创新意识和创新能力自评统计

2. 提高了教师主题活动的组织能力

在主题活动的推进中，教师重视幼儿自主性，同时通过学习与实践不断更新教育观念，提高了主题活动的组织指导能力和创新能力，有效满足了幼儿发展的需要。

（1）活动时间弹性安排。主题活动时长由按月开展变为按需开展。根据节日特点和幼儿需要，主题开展时间从一周到一个月不等。通过调整时间，教师有更多自主空间，根据幼儿需要灵活安排幼儿活动。

（2）活动场地自由开放。活动场地由园内扩展到园外，在充分发掘园内资源的同时，走出去，积极利用周边资源。

（3）活动形式灵活多样。降低集体教育活动在主题活动中的占比，增加实践活动和自主游戏的比例，以更好地满足幼儿发展的需要。

（4）活动评价注重发展。活动效果评价由重结果转为重过程，不以孩子做得好不好、像不像为评价标准，而是更加注重孩子在活动中的感受与收获，注重师幼在活动中的发展。

十一、思考与展望

利用周边资源创编乡土绘本，借助自编绘本设计实施主题活动的创新实践，为创新型幼儿教师培养提供了平台，促进了我园教师队伍的建设。在今后的研究中，创新型教师培养阶段的研究及培养策略还需进一步归纳；我园自编的乡土绘本及生成的主题活动需进一步完善与推广；民俗特色园本课程需进一步凸显。

参考文献

[1] 陈新晖. 论创新型幼儿教师的成长与培养 [D]. 桂林：广西师范大学，2002.

[2] 中共中央国务院. 关于深化教育改革全面推进素质教育的决定 [G]，1996.

[3] 中华人民共和国教育部. 幼儿园教育指导纲要（试行）[M]. 北京：北京师范大学出版社，2001.

[4] 教育部教师工作司. 幼儿园教师专业标准解读（试行）[M]. 北京：北京师范大学出版社，2013.

[5] 丁海东. 当代学前教育的人文性缺失 [J]. 学前教育研究，2005（1）：17.

[6] 周林生，彭云霞. 培养创新教师　实现教育创新 [J]. 当代教育论坛，2005（4）：61-62.

[7] 高建光. 创新教师必备的素质 [J]. 辽宁教育，2004（4）.

[8] 马培培. 绘本设计的审美特性研究 [J]. 艺术与设计，2015（2）：101-111.

[9] 李春光. 幼儿园绘本教学现状及改进研究 [D]. 北京：首都师范大学，2013.

[10] 贾华瑞. 原创绘本：与读者有点远 [J]. 出版人，2014（2）.

[11] 彭懿. 图画书：阅读与经典 [M]. 南昌：21 世纪出版社，2008.
[12] 〔日〕松居直. 我的图画书论 [M]. 季颖，译. 长沙：湖南少年儿童出版社，1997.
[13] 陈雄一. 论创新型教师及其创新素质的培养 [J]. 东南亚纵横，2002(10)：55-59.
[14] 刘晓棠. 创新型幼儿教师与园本培训的研究 [D]. 兰州：西北师范大学，2006.
[15] 张永言，杜仲陵，向熹，等. 简明古汉语字典 [M]. 成都：四川人民出版社，1986：691.
[16] 黄浩森. 乡土课程资源的界定及其开发原则 [J]. 中国教育学刊，2009（1）：81.

回归乡土，自编绘本建园本课程

王长红、孙旗帜

高丽营第二幼儿园建于2004年，前身为高丽营中心幼儿园分园，于2012年5月独立，是一所隶属于顺义区教委和高丽营镇双管的公立幼儿园。园所占地面积4518.1平方米，建筑面积3004.5平方米。

高丽营第二幼儿园始终坚持依法办园。以《幼儿园工作规程》《幼儿园教育指导纲要（试行）》和《3—6岁儿童学习与发展指南》为指导，确立正确的办园方向；以“管理中重人本，开放中谋发展，合作中共育人，创新中促成长”为办园理念；以“构建书香学园，创建成长乐园，筑建温馨家园，营建优美花园”为办园目标；以“乐意服务、乐意合作、乐意创新、乐意表现”为办园宗旨，全力打造“书香润泽，童乐和韵”的园所文化。

高丽营第二幼儿园以科研课题为龙头，以园本教研为抓手，始终把提高保教质量作为工作的核心，重视教师队伍的培养。幼儿园党支部被评为区级“党建研究先进集体”“先进基层党组织”；幼儿园工会连续三年被评为区级“优秀基层工会”；大班组和小班组先后被评为区级“书香教研室”；2014年被认定为北京幼教师资培训中心3～5年成长期教师培训基地，2015年顺利通过“双一”验收。

高丽营第二幼儿园全体教职工在王长红园长的带领下，“十二五”期间在绘本阅读研究中取得丰硕成果，“十三五”期间在有关乡土绘本创编及使用的园本课程建设中阔步前行。

一、充分分析论证，明确研究方向

（一）创编缘由

“学前教育是在一定的文化环境中进行的。没有超越国家和民族的学前教育，不管哪一个国家的幼儿教育都是建立在其特定的文化土壤之上的。”《幼儿园教育指导纲要（试行）》和《3—6岁儿童学习与发展指南》中都明确提出了爱集体、爱家乡、爱祖国的要求。让孩子从小认识和了解家乡的乡土文化，是我们的教育责任。了解家乡是爱家乡的基础，为家乡的乡土文化而骄傲是刻在孩子心中的中国魂。整合乡土资源，进行民族化和本土化的课程开发是完成这一任务的有效途径。

为此，我们萌发了自编乡土绘本的设想。目标为：以高丽营地区周边资源为题材，结合本园幼儿年龄特点和生活经验尝试创编反映高丽营地区乡土民俗的绘本，作为我园传承乡土文化的载体，并借此开发园本课程，形成适合小、中、大三个年龄班的园本课程体系。

（二）现状分析

1. 国内原创绘本发展现状及与国际的比较

国外绘本的发展起源于20世纪初的欧洲，20世纪30年代发展到鼎盛时期，出现了知名的绘本创作大奖——英国格林威大奖、德国绘本大奖、国际安徒生大奖。20世纪五六十年代，日本和韩国的绘本发展迅速，绘本作家、理论研究者松居直在国际上具有相当的影响力。80年代后，我国台湾地区以几米为代表的绘本作家推进了国产绘本的发展。90年代，绘本在中国内地逐渐发展起来，以中国传统文化为背景的作品逐渐涌现。可喜的是，有一些作品受到了广大读者的欢迎，一些作品在国际上发行。由绘本发展的历程可见，中国原创绘本正处于蓬勃发展的开端，但起步较晚，绘本的质量与国际优秀绘本相比还存在一定的不足，主要包括以下三个方面：语言比较成人化，缺少童趣，缺乏想象力；图画表述故事不够充分；图文关系配合不够紧密。

2. 高丽营第二幼儿园进行园本课程建设的优劣势分析

（1）绘本创编方面，困难与优势并存。

1）困难。优秀的绘本对文字和画面都有较高的要求，我园教师虽有较深厚的文字功底，但离儿童文学的创作要求还有一定的距离。在画面表现方面除个别教师有一定的功底外，大部分教师的画面表现能力距绘本画面的要求存在明显差距。

2）优势。优势主要包括以下5个方面。

A. 高丽营第二幼儿园所在的高丽营地区历史悠久，文化底蕴丰厚，例如牤牛河、花水湾温泉、樱桃园、七彩蝴蝶园、农田等自然资源，大集、清真寺、福利院、部队、学校等社会资源，剪纸、戏曲、玉石井、大槐树、莽氏元宵等文化资源。这些资源就存在于幼儿的生活之中，将其纳入课程资源进行合理开发，既能丰富课程内容，为幼儿主动学习创造条件，又能够激发幼儿对家乡文化的关注与热爱。

B. 高丽营第二幼儿园教师 90% 以上为大学本科学历，有一定的文字功底。他们在保教工作和与孩子朝夕相处的过程中，有更多机会深入了解幼儿的年龄特点和生活，创编的绘本故事更易走近幼儿。

C. 喜欢美术的教师多，在以往的研究中形成了牢固的美术教学根基。经过几年发展，高丽营第二幼儿园培训体系已初步形成，能满足园所和教师发展的需要。

D. 高丽营第二幼儿园在以往的研究中创编的部分乡土绘本，创新了乡土课程资源开发的形式，深受幼儿喜爱。创编过程中的很多想法得到了区教委、镇领导和相关专家的高度认可，并获得大力支持。镇领导为方便高丽营第二幼儿园了解周边资源情况给予了有力支持，提供了区志、村志等相关材料，并派相关负责人到园举办专题讲座，同时在印刷资金方面给予了大力帮助。另外，区教委、高丽营镇政府积极宣传高丽营第二幼儿园的绘本创编情况，这些都极大地激发了高丽营第二幼儿园教师的创作热情。

E. 有实力较雄厚的专家团队支持。

（2）课程体系建设方面，困难与优势并存。

1）困难。教师队伍中非专业教师比重大，年轻教师多，课程设计和活动组织方面的能力迫切需要提高。

2）优势。优势主要包括以下 5 个方面。

A. 园长课程领导力强。

B. 教师队伍有活力，干劲足。年轻教师占主体，他们在工作中肯学习，不怕吃苦，勇于向困难挑战。

C. 在以往的研究过程中，教师积累了科研经验，在绘本教学策略方面取得了丰硕的成果，这为课程体系建设奠定了基础。

D. 亲子阅读活动作为一项常规工作得到了广大家长的认可，陪孩子阅读已成为家长的乐事。

E. 有多年《幼儿园快乐与发展课程》课程实施经验，可对开发的内容不断补充、完善。

经以上分析，高丽营第二幼儿园在乡土资源主题课程建设方面虽然存在一定的困难，但借助自身发展优势、发挥内外合力，有信心有能力完成园本课程建设。

二、整合乡土资源，建设园本课程

（一）开发周边资源，创编园本绘本

任务为：制定计划，创编适合大、中、小各年龄班的绘本共计 29 本，包括故事、儿歌、

散文、说明文等多种文体，反映高丽营地区的历史变迁、乡土文化和发展现状等。

（二）实践研讨论证，形成主题网络

任务为：由教研组长牵头，各年龄班组长负责，教师参与，每个年龄班完成 4 个主题活动设计并实施，在实践中不断积累经验并加以完善。各年龄班活动相互衔接，各领域相互渗透，形成主题活动网络。

每个主题活动网络的行程包括活动前的集体初次评议、活动中的评议、活动后的反思讨论和活动改进，至少两轮循环。以年级组为单位进行，注意领域间的相互渗透。

主题活动网络形成过程中，业务园长、教研组长、年级负责人对三个年龄班的活动进行评议，对各年龄班活动的衔接加以把握。

（三）家园联手推进，课程深入实施

任务为：调动家长参与课程建设的积极性，充分发掘家长资源，使课程开展更加深入，在家长广泛参与的过程中提高家长对课程的认可度。

家长是幼儿园园本课程建设中不可或缺的资源。开发乡土资源课程，家长的作用更是不可忽视。作为生活在高丽营镇中的一员，家长见证了高丽营的历史与发展，这本身就是丰富的资源。在课程建设的每一个环节，积极邀请家长参与可有效弥补教师在认识和能力上的不足，丰富课程的内容；进一步密切家园联系，促进相互理解与合作。

三、扎实开展研究，取得初步成果

（一）绘本阅读指导策略成果

1. 集体教育活动中的绘本阅读情境策略

情境创设指的是在绘本阅读教学过程中为帮助幼儿更好地理解绘本内容，从幼儿的阅读需要出发，创设与绘本内容相适应的具体场景或氛围。情境创设的目的是，为幼儿原有生活经验和知识技能的迁移创造氛围和条件，帮助幼儿调动自己认知结构中的已有经验，积极主动探索新知识，提高阅读能力。

高丽营第二幼儿园在实践研究中明确了情境创设的内涵，从教师支持和幼儿体验两个角度提炼了绘本阅读教学情境创设的策略。

（1）教师支持的情境策略。包括问题情境及教学流程、表演者表演情境及教学流程和多媒体情境及教学流程。

1）问题情境及教学流程。问题情境，即通过巧妙设置问题，帮助幼儿理解绘本内容的情境。各种情境中均蕴含问题，此处的问题情境指不借助其他情境创设，仅依靠设问发展幼儿阅读能力的情境。问题情境可以是依据需要设置的单个问题，也可是步步深入的一系列问题。

问题情境的教学流程为：设置问题→寻找答案→验证交流。

在绘本活动中，幼儿或教师在关键点提出问题，引发幼儿深入阅读，观察画面细节，发现线索并找到答案，最后验证交流。

幼儿自主阅读后提出问题，即幼儿在自主阅读中提出不懂或看不明白的画面，通过幼儿间相互交流解决困惑，再经过幼儿的集体探讨实现对绘本的理解。

教师提出问题，即为幼儿提供思考问题的整体路线。在幼儿的阅读过程中，教师的提问不宜太频繁，应以一些开放性问题为主，为幼儿自主阅读提供思路。

2）表演者表演情境及教学流程。表演者表演情境，即绘本向幼儿传达的往往是静态的信息，教师采用表演的方式模拟绘本中角色的神态、表情、声音，或请幼儿观看表演视频，将静态信息传递转化为动态信息并加以传递，引起幼儿对故事情节和场景展开想象，帮助幼儿体会绘本表达的情感和情境。

表演者表演情境的教学流程为：提出问题→观看表演→自然感悟。

在绘本阅读中，幼儿提出困惑或教师提出问题，教师对困惑点进行艺术性处理，帮助幼儿体会绘本角色表达的情感和感受，从而解决幼儿困惑。

3）多媒体情境及教学流程。多媒体情境，即采用现代化教学设备对绘本的图画内容进行加工制作，如加入声效、动态或采用对比手法等以突出表达核心内容，引发幼儿深入思考的情境。单纯地展示绘本内容不建议列入该情境。

多媒体情境的教学流程为：提出问题→观看多媒体→发现答案。

（2）幼儿体验的情境策略。包括幼儿表演情境及教学流程、游戏情境及教学流程和生活情境及教学流程。

1）幼儿表演情境及教学流程。

幼儿表演情境，即幼儿在初步了解绘本故事背景的基础上，表演部分片段或整个故事，以加深对故事理解的情境。

幼儿表演情境的教学流程为：激发欲望→角色扮演→理解顿悟。

幼儿思维以直觉行动思维和具体形象思维为主，亲身体验、亲自感知是幼儿的主要学习方式。在绘本活动中，教师可利用实物或创设特定情境让幼儿试一试、演一演，使其通过亲身实践理解和感悟绘本内容。

2）游戏情境及教学流程。游戏情境，即将绘本活动的内容和目的，转化为游戏的内容和要求，幼儿在参与游戏的过程中提升阅读理解能力的情境。陈鹤琴先生说：“游戏是儿童的心理特征，游戏是儿童的工作，游戏是儿童的生命。”将游戏理念融于绘本活动符合幼儿的认知特点。

游戏情境的教学流程为：激发欲望→参与游戏→理解感悟。

游戏活动是幼儿园的基本活动，符合幼儿的年龄特点，贴近幼儿生活。教师和幼儿将绘本故事创编成游戏，在愉快的游戏中可以促进幼儿语言、智力、社会合作等多种能力的发展。

3）生活情境及教学流程。生活情境，即将绘本情节、场景等与幼儿的实际生活融合起来，让幼儿在生活中反复感知、理解绘本内容，或模拟绘本中的场景，让幼儿在模拟的场景中感受、理解故事内容的情境。此情境多用于活动前的铺垫和活动后的延伸，引导幼儿以自己的生活经验为基础，理解绘本的内容。幼儿阅读绘本的过程，是幼儿与图画沟通、对话、交流的过程，也是幼儿调动自己的知识和经验理解图画故事，并从中获取信息、丰富自己体验的过程。

在阅读过程中，教师要充分引导幼儿回味和思索自己的感受，将真实的体验融入其中。另外，幼儿在适当的生活场景中联想起绘本故事中角色的语言和获得的经验，在生活中主动应用，能进一步促进了幼儿对绘本故事的理解。

生活情境的教学流程为：感知体验→引发共鸣→延伸巩固。

在阅读前利用生活中的真实情景帮幼儿积累感性经验，在绘本阅读中引发幼儿产生共鸣，然后再交流丰富认识，获得新的技能，最后把所学的技能在生活中应用。

2. *表演区幼儿绘本剧表演指导策略*

绘本中鲜活的形象和生动的画面，总能激发幼儿表演的欲望和创作的灵感，当阅读内容引起幼儿强烈的情感共鸣时，幼儿常常会以角色扮演等方式模仿其中的言行。在表演创作的过程中加深幼儿对绘本的情感体验，促进阅读理解能力的提高。因此，绘本剧表演伴随我园幼儿绘本阅读能力培养的始终，形成了以下策略。

（1）创设良好的表演环境。表演环境为幼儿表演提供了物质保障和精神支持，是幼儿表演顺利进行的先决条件。

表演的背景应简单轻便，能灵活变换和组合，幼儿能根据不同的故事情节，自由搬动和摆放，起到烘托环境、渲染气氛的作用。表演角色的服装、道具由幼儿设计和制作。道具组、化妆组共同为角色造型，有助于幼儿以物化的方式加深对角色特征的理解。提供表演的舞台，让幼儿体验当小演员的自豪，帮助幼儿“入戏”。鼓励幼儿大胆表现，肯定幼儿个性化的表达，支持幼儿通过多种形式表达对绘本内容的理解。为给幼儿提供更多展示的机会，高丽营第二幼儿园开创绘本剧公演小剧场，为幼儿提供绘本剧表演的舞台。幼儿在绘本剧表演的过程中，通过亲身体验加深了对绘本内容的理解，增加了自信，多种能力得以提高。

（2）表演排练游戏化。绘本表演应是幼儿自己“创造”的游戏。不论是来自儿童文学作品还是来自幼儿自己的创造，幼儿表演的故事规定了游戏的基本框架。在表演展开的过程中，幼儿会自发地在头脑中将自己的言行与故事中的情节、人物联系起来，“故事”成为游戏者认可的标准和行为的框架，幼儿必须在这个框架中游戏。所以，表演游戏的结构性更强，有更为明显的规则要求。正因如此，教师在指导幼儿排练过程中更应注意采取游戏化的方式以维护幼儿的表演热情，激发幼儿创造性表达，以多种形式理解要表现的内容。

（3）表演排练时适时介入。虽然幼儿的表演是一种属于幼儿自己的“创造性”游戏，但是教师并不可以让幼儿放任自流，表演中教师的介入不可缺少。每个绘本故事都有其核心内涵，教师要从多角度充分分析绘本，深入理解绘本，并对幼儿的行为作出预设，一旦幼儿的行为超出这个范围，教师则应介入。教师介入要把握住关键点并进行引导。

（4）表演后及时交流与分享。绘本表演后的交流分享也是教师指导的重要环节。它能对表演起导向作用，发展所演作品的故事情节，反思表演中获得的情绪体验。对于表演，大部分孩子总是充满参与的热情与积极性。教师在交流分享的过程中要以诚心诚意接纳的态度对待幼儿的表演，鼓励幼儿把自己在表演中的真情实感表达出来，尊重幼儿在表演中的表现。如在表演结束后和幼儿一起讨论：你认为哪儿演得好？为什么？在表演中遇到了什么困难？你们是怎么解决的？教师可以根据幼儿每次不同的体验进行适度点评，从而提高幼儿的表演质量，发展其所演作品的故事情节，巩固其在表演中获得的情绪体验。

幼儿的自主性应该贯穿幼儿表演的全过程，只有做到最大限度地尊重幼儿的意愿，发挥幼儿的主动性和创造性，让幼儿自己选择、自己设计、自己表演，才能提高幼儿对文学作品的理解能力和兴趣，从而促进以幼儿以阅读理解能力为主的多重能力的发展。

3. 指导家长进行亲子阅读的策略

家长是幼儿园最亲密的合作伙伴，在阅读研究中，高丽营第二幼儿园始终不忘家长的参与。通过一次次活动，家长对幼儿阅读的认识不断深化，并掌握了一些亲子阅读的方法。同时，教师也积累了指导家长进行亲子阅读的方法。

（1）专家引领，感受阅读魅力。为促进亲子阅读，高丽营第二幼儿园向家长发起了“亲子共读一刻钟”的倡议，倡议家长每天陪幼儿读书一刻钟。倡议发起后，家长对亲子阅读呈现以下3种状态。

1）对活动认可，并能坚持陪孩子读书，给孩子讲故事。

2）对活动认可，但经常以没时间等理由推脱与孩子共读。

3）认为孩子还小，对书中的内容不理解，读书没有什么意义，没有必要读。

虽然教师积极向家长宣传如何选择绘本，如何进行亲子阅读等知识，但是收效甚微。为此，高丽营第二幼儿园请来北京语言教育培训中心讲师张百含为家长做亲子阅读讲座。专家在学术上的权威，自身语言的魅力和具体生动的事例感染了家长，产生了共鸣，使家长对亲子阅读有了更深刻的认识。

（2）环境支持，体验阅读乐趣。高丽营第二幼儿园投资购置绘本，充分发掘现有资源，提高园内绘本的使用率。

1）开展图书漂流活动。让幼儿园和小朋友手中的书流动起来，为亲子阅读提供交流的机会。

2）开辟亲子阅读区。在门厅展示优秀绘本，提供舒适的桌椅，供幼儿来园、离园时进行亲子阅读。

3）开创了绘本阅读馆。每周定期向家长和幼儿开放，并选派一名经验丰富的教师在绘本馆指导亲子阅读。阅读现场进行的一次次有针对性的指导使家长逐步感受到了亲子阅读的快乐。

（3）携手共进，共享研究成果。绘本科研活动课定期向全园家长开放，活动前教师向家长做课前介绍，介绍活动的目标和每一个环节的意义，介绍教师指导的意图，使家长有重点地观摩。请家长参与绘本剧的编排，协助教师制作表演道具，和教师一起指导幼儿排练，请家长观看幼儿演出。孩子与书融为一体的专注神情、稚态可鞠的绘本表演、自主参与的环境创设让幼儿尽情享受绘本活动带来的乐趣。在陪孩子阅读的过程中，家长与幼儿共同成长。在这一过程中我们深刻地认识到：在观念的转变过程中，家长需要的不仅是理论，还有具体实在的方法指导。

（二）绘本创编成果

高丽营第二幼儿园已完成并印刷成书29本，在创编过程中教师对绘本的认识不断深刻，积累了初步的创编经验。

高丽营镇历史悠久、文化底蕴丰厚。自编绘本《我们是一家人》以儿歌的形式介绍了高丽营地区一村到八村的特色文化。“一村说自己，民间剪纸特色浓，男女老少都爱他。

二村说自己，文化广场规模大，自编自演人人夸。三村说自己，牤牛河畔风景秀，景色优美顶呱呱。……”朗朗上口的儿歌、精美而又熟悉的图画唤起了幼儿的阅读热情和热爱家乡的情感。《我们是一家人》的封面如图 31 所示。

图 31 《我们是一家人》封面

（三）创编主题活动成果

以开发课程的主题设计为模式，预设和生成具有实践性的园本主题活动，各年龄班每学年为四个，形成系列主题活动册。

（1）“走出去”，与周边资源有效互动。参观小学、敬老院、福利院等周边的社区资源；访问部队、二村评剧团、一村剪纸、高丽营小学京剧社团等社区资源；去樱桃园、高丽营大集、老孙家糕点模具、莽氏元宵、八喜冰淇淋厂等地进行社会实践体验活动。

（2）“请进来”，与周边资源有效互动。利用家长义工、派出所警察、部队战士、果农等人力资源与幼儿互动；利用劳动工具、传统厨具、蛋糕模具等具有乡土特色的物质资源进行社会实践体验活动，如制作鸡蛋饼、元宵、糖葫芦、蛋糕等传统食品；制作盖帘、扫把、墩布、刮皮刀、浇花器等劳动工具。

（3）最大限度地挖掘园内现有资源。利用丰富的树木资源进行剪枝、树木养护、传粉、采摘等社会实践活动；利用养殖资源开展饲养绵羊、兔子、鸭子等社会实践活动，开展动物粪便的收集与利用实践活动，进行绿色种植社会实践活动；利用水土资源开展雨水、幼儿尿液的收集与利用等社会实践活动。

童年只有一次，教育不能重来！今后，高丽营第二幼儿园全体教职工将扎实工作，继续依托社会、家庭的教育合力，以优异的教育质量和先进的办园水平，为家长和幼儿提供优质的教育服务，把高丽营第二幼儿园办成学园、乐园、家园、花园！

课题研究中的中层干部培养

王长红

队伍建设是幼儿园管理的核心，拥有一支优秀的干部教师队伍，是幼儿园生存和发展的先决条件。而课题研究可以使教师在快乐工作的同时形成自我提升的内驱力。因此高丽营第二幼儿园在组织管理中借力课题研究以促进中层干部队伍建设。

一、做好规划者，完善组织领导，确保园本教研的有效落实

幼儿园园长职责包括“园长有负责建立并组织执行各种规章制度的职责”。因此科学、合理地规划园本教研的组织机构才有可能长久、认真、扎实地走下去。

（一）完善组织机构

（1）组织保障。成立以园长为组长，业务园长为副组长，专职教科研组长组织，各班班组长及组员为成员的园本教研小组。

（2）思想建设。包括教研领导思想、管理思想，重视小课题深研究，研究同实际工作紧密结合，以研究的方式开展工作。

（3）制度建设。包括教研活动制度、交流研讨制度、评价奖励制度等。

（二）做好课题研究规划

为避免课题研究工作的盲目性，园长在规划课题研究工作时必须考虑以下几方面的因素。

（1）分析幼儿园存在哪些优势、已形成什么特色或适合在哪方面形成特色、原有的

研究基础、园长的条件、幼儿园有哪些可挖掘的资源、哪方面是薄弱之处等都是开展园本教研的重要依据。

（2）教师群体的整体水平和个体差异。教师是幼儿园教育工作的主体，如何让教师尽快成长也是教研工作的目标之一。因此，教研应结合教师的学历层次、年龄结构、教育观念及实际工作水平和能力、教师的特色、存在的问题等进行，对不同层次、不同水平的教师可以在研究内容和研究方式上区别对待，探索适合本园教师发展的园本教研工作。

（3）幼儿的发展状况。幼儿教育必须指向幼儿的发展，教研也必须围绕幼儿的发展进行。虽然教研的主体是教师，但教研的对象既可以是教师也可以是幼儿，即使是对教师教育行为的研究，最终影响的仍然是幼儿。因此，脱离幼儿发展的研究是没有意义的研究。

（4）家长素质。不同性质、不同水平和不同条件的幼儿园有着各自不同的家长群体，家长的素质、教育观念以及与幼儿园的合作程度也是开展教研工作所要考虑的因素。

二、做好引领者，不断认真学习，准确引领园本教研方向

“教研员的角色是引领者，为了引领，必须对幼儿园教育教学进行研究，你不研究，怎么去带领教师？”这是李季湄教授在全国教研员大会上说的一句话。这句话给人的启示是：教研员是引领者，园长更应该是专业的引领者。

（一）对新上任的业务园长的引领

曾经有人说过这样一句名言，“方向比努力更重要”。因此，管理者在园本教研工作中一定要把握住研究的真问题。面对新上任的业务园长，笔者反复思考作为业务园长出身的自己，该如何面对业务园长和本园成熟期、成长期教师急缺，青年教师队伍庞大的园所现状，既不能对业务园长包办代替，又不能放手不管，谨慎斟酌之后，决定通过“带领”“帮扶”“放手”“检查”八字方针促业务园长成长。例如：面对教师非专业毕业、以新入职教师为主的园所现状，首先“带领”业务园长对教师队伍进行认真分析，找出她们的优势与不足；之后针对业务园长，根据“青年教师调查表”的表格设计和资料分析，进行有时效性的“帮扶”，了解新教师对园本教研的共性需求；接下来是“放手”，为教师放下包袱、轻装上阵，踏实开展研究创设条件，并对她们的点滴进步及时表扬鼓励，调动其工作自信心和积极性，激发其工作潜能，确保研究工作顺利开展；最后通过及时

参与课题中期、末期的活动，“检查”研究成果，确保研究工作准确开展。

（二）对五年教龄的科研组长的引领

高丽营第二幼儿园的科研组长是刚刚步入成熟期的年轻教师，她做事认真，肯于钻研，但缺少管理经验。面对此种情况，笔者经常为其推荐相关书籍，为她的业务成长搭建学习平台。除为其明确前进方向之外，还在情商培养方面、为人处世方面不断提高她的交往能力，帮她尽可能地争取到老教师的支持与配合，并最大限度地调动青年教师参与活动的积极性，使其在业务和管理两方面都得到发展。另外，非常注重层级领导，通过检查业务园长在课题研究活动中对科研组长的指导痕迹，加强对科研组长的培养力度。业务园长两月一次上交以下材料：①针对科研专题，对科研组长进行的有针对性的理论培养的内容；②对科研组长教研活动设计的批阅；③在科研活动过程中，对科研组长理论提升能力的培养；④指出科研组长下一步的努力方向。科研组长隔周一次，上交业务园长以下材料：①科研专题的由来；②科研组长结合专题进行的相关理论自修；③科研活动设计思路；④科研活动反思；⑤下次科研内容的确定。在指导形式上，除硬性要求外，笔者还充分利用看似随机实则有心安排的各种机会对其进行培养，如饭间聊天、回家途中等，拉近了干群关系，提高了沟通实效。

课题研究一直以来就是解决真问题、提高教师专业水平的一条有效途径。作为园长，只有以规划者、引导者的角色出现，带领干部扎实研究课题，才会在课题研究之路上带领全园教师走得更远！

立足绘本教学教师提问策略的研究

王长红

一、研究的意义和背景

“绘本”一词源自日文，是指以简练生动的语言和精致优美的绘画紧密搭配而成的作品，特别强调文图的内在关系，是图文“合奏”的一门艺术。绘本阅读是指凭借丰富的色彩、优美的图像与文字来理解读物的过程。它对培养幼儿阅读兴趣、习惯、能力，建构精神世界，发展多元智能具有重要价值。在贯彻和落实《幼儿园教育指导纲要（试行）》的过程中，绘本阅读活动开始获得教育研究和实践工作者的重视。幼儿园绘本阅读活动的组织形式分为全班集体阅读、小组阅读、区域自主阅读等，本文旨在探索全班集体阅读活动形式中教师的提问策略。

周兢教授指出，提问是教师组织教学活动时最常用的一种教学手段和教学技能，是对学习材料的重要部分，用一个个小问题的形式提出来，以突出重点、难点，加深理解，巩固记忆。它对教师组织有效教学、深化学生的学习和理解具有举足重轻的作用。在阅读活动中，教师有策略的提问可鼓励儿童多动脑筋、大胆质疑，且不断破疑、释疑并不断引向深入。

高丽营第二幼儿园开展绘本阅读教学活动已三年，但针对提问类型的研究却较少，这在很大程度上影响了集体绘本阅读的效果。基于观察，笔者针对教师教学活动中的提问类型和策略进行了一定的梳理和归纳，教师教学中的提问过程存在如下问题：①教师提问对幼儿的能力发展认识模糊；②教师不能准确、灵活地运用不同类型的提问方式来培养幼儿的阅读能力；③教师对所提问题的难度及时机把握不准。因此，笔者在本园开展了绘本阅读活动教师提问策略研究。

二、　研究的主要内容和预期目标

（一）研究的主要内容

（1）教师提问的内涵及常用类型。

（2）教师在绘本阅读活动中提问的现状调查。

（3）教师在培养幼儿阅读能力过程中提问类型的把握和应用策略。

（二）研究的预期目标

（1）通过提问策略的研究，帮助教师形成较强的绘本阅读指导能力，并力图形成一套可行的操作方案。

（2）对这套操作方案作出解释和总结。假设：在绘本阅读活动中，充分运用各类型提问，把绘本阅读与幼儿的个体经验连接起来，这种方法可能会促进幼儿观察力、对画面的理解能力及想象能力的发展。

三、研究方法与研究对象

（1）研究方法：实验法、行动研究法、调查法、文献资料法。

（2）研究对象：随机选择高丽营第二幼儿园两个中班共计78名幼儿，班额、幼儿年龄、性别、出勤率均无明显差别，中一班为实验班，中二班为对比班。

四、研究步骤

研究过程：该研究持续一年。

（一）研究准备阶段（2013年9月）

（1）强化相关理论的学习，实验班教师熟悉、掌握提问的多种类型和策略。

（2）选取实验班。

（3）确定研究方案，聘请专家指导。

（二）研究实施阶段（2013 年 10 月—2014 年 6 月）

围绕课题展开研究，设定实验班与对比班相关实验测试，以课程全程录像的方法进行对比研究，同一教学内容在不同班级开展教学，从而总结出培养幼儿相关阅读能力的提问类型及有效策略，以期对培养幼儿对画面的观察力、理解能力、想象能力有所推进。

实验班精心设计提问点和提问类型，对照班教师自然组织。

（三）研究总结阶段（2014 年 7—9 月）

（1）在 2014 年暑期，就画面的观察、理解及想象能力对实验班幼儿进行分析。

（2）实验班教师梳理研究方法，探索提问策略，形成提问模式。

五、研究策略

（一）培养幼儿观察力的有效提问类型及策略

一位著名的教育家曾说过："敏锐的观察力是思维火花的激发器。"它在人的各种活动领域中都是十分重要的。以读本《沙滩上》为例进行阐述。

1. 阅读初期——封面部分

（1）感知性问题。如：画面上有谁？他在什么地方？

（2）记忆性问题。如：这本书的名字叫《沙滩上》，通过观察封面，你猜猜故事里会发生什么事？

2. 阅读进行中——内页部分

（1）第 1 页。①感知性问题。如：小男孩在沙滩上发现了什么？从上到下仔细看看小男孩的表情、动作是怎样的？画面上还有什么？②知觉理解性问题。如：看看这一页，想想他继续往前走还会发现什么？

（2）第 2 页。记忆性问题，如：刚才你说对了么？

（3）第 3 ～ 6 页。除按照以上思路引导幼儿观察画面外，还存在以下提问类型，例如解释性问题：你怎么知道沙堡后面的眼睛是螃蟹？

3. 分析结果

（1）阅读初期的提问类型及策略。阅读初期，提问的类型主要是感知性问题和记忆性问题，教师的提问策略是组织幼儿观察画面，在了解画面信息的同时引导幼儿对故事进行预测。此种做法既可以调动幼儿参与观察的兴趣，又可以激发其参与性，引导幼儿带着问题认真继续观察，培养幼儿观察的目的性和稳定性。

（2）阅读进行中的提问策略。阅读中期，幼儿的观察往往无序、肤浅、粗糙，为培养幼儿观察的顺序性、系统性、细致性和敏锐性，伴随阅读的深入，教师的提问类型趋于全面。提问策略为：①根据画面的特点以一定的顺序向幼儿提问，也可以用手指以一定顺序或沿轮廓指示，如《沙滩上》第 1 页，教师用手从上至下指着小男孩身体各部位进行提问；②运用对比的方法对相似的画面进行观察，找出异同，如对《沙滩上》第 1、2 页进行对比观察；③运用遮挡的方法发现下一页的情节发展线索，如《沙滩上》第 2 ～ 7 页，分别对水桶、沙堡、爸爸除脚之外的其余部分重点进行细致观察。

（二）培养幼儿对画面的理解能力的提问类型及策略

理解借助于观察，因此幼儿观察能力的提高在一定程度上推动了幼儿理解力的发展。通过阅读和观察，培养幼儿在一定程度上能够把事物的各个方面、各个部分联系起来，找出相互关系，从而实现逐渐提高幼儿对画面的理解能力的目的。以下以读本《巨人》为例进行阐述。第一次阅读的时候，不拆开遮盖的部分。第二次阅读的时候拆开遮盖的部分。

1. 第一部分

（1）感知性问题：如封面上有谁？

（2）理解性问题：如你怎么知道他是巨人的？对第 1 ～ 6 页连续多页进行观察。

（3）记忆性问题：巨人在干什么？

（4）综合应用性问题：他为什么这样做？巨人这样做对吗？第 7 页巨人的表情分别是什么样子的？人们的表情是什么样子的？想想人们会说什么？

2. 第二部分：再次阅读，揭开遮挡的部分，观察巨人都需要些什么

其他提问基本同第一部分。

3. 分析结果

活动中涵盖了提问的各种类型。教师的提问策略如下：以多页连读的方式对情节线索的遮盖与重现进行观察，设计记忆性问题“巨人在干什么？巨人想干什么”、综合应用性问题“他为什么这样做”、解释性问题“你怎么知道的”，帮助幼儿得出结论：巨人的做法会给别人带来麻烦，是不受欢迎的。教师的提问富于逻辑性，不停留在“是什么”“干什么”上，而是诱导幼儿深入到“为什么”上去，以发展幼儿的逻辑思维，使他们的理解能力得到充分的发展。

（三）基于阅读画面培养幼儿想象能力的提问类型及策略

爱因斯坦说："想象力比知识还重要，严格地说，想象力是科学研究中的实在因素。"因此作为教师，一定要通过提问启发幼儿思考，注重"想"的指导。教师引导幼儿跳出常态下故事的进展程序，让幼儿根据画面故事中提供的各种线索，通过思考、调动想象，假设不同条件下故事可能出现的新的进展程序。

以中班阅读活动《池塘里的鸭子》为例。教师通过综合应用性问题、解释性问题和知觉理解性问题引导幼儿回忆并想象：如果你是小鸭子，你和朋友在岸上，心里会想些什么？为什么只有你们四只鸭子在游泳，那两只鸭子做什么去了？四只小鸭子游着游着，为什么小鱼就张大嘴巴叫起来了？教师引导幼儿仔细观察读本的画面，启发幼儿进入角色，根据已有的知识经验想象：六只鸭子在岸上，非常想去池塘里游泳，有两只鸭子掉队了，另外四只鸭子在池塘里快乐地游泳，鳄鱼来了，张开大嘴想把鸭子吃掉，小鱼见了着急得大叫起来。

六、引起不良效果的提问

通过研究，笔者就教师导致种种不良效果的提问情形归纳如下：

（1）对幼儿实际情况缺乏准确的了解，所提问题难度过高或过低。

（2）对教材分析不够，提问时机不当。

（3）教师不会引导、控制提问。

（4）所提问题缺乏条理，既多又乱，幼儿无从下手。

七、提问的注意事项

通过以上研究和论述，笔者归纳出教师在实际教学过程中易于疏忽的细节，在此罗列一些提示，以期对一线教师有所帮助。

（1）在幼儿回答之前给予两秒以上的思考时间，以使大部分幼儿真正参与到学习中去。

（2）幼儿的回答无论对错，教师都应及时给予恰当的鼓励，以强化幼儿的思维过程。

（3）对个别注意力不集中的幼儿，将其叫起后，可进行重复性提问。

（4）对幼儿的实际水平进行有针对性的提问。

（5）教师的提问必须清晰、明确。

（6）问题设计符合幼儿身心发展和兴趣特点，减少幼儿对自身能力的忧虑。

八、研究结果

以下通过实验班与对比班幼儿自主阅读绘本《寻宝》，呈现研究结果为：①在观察力方面，细节观察的意识和能力——发现故事线索藏宝图的人数相差 8 人，自主持续阅读时间相差 3 分钟以上，掌握观察方法的人数相差 16 人；②在理解力方面，初步具备推理能力——依据藏宝图的不同提示线索推断下一页内容的人数相差 12 人；③在想象力方面，简单预测出后续故事情节的人数相差 11 人，续编故事的人数相差 6 人。

九、结论

（一）观察力方面

（1）有针对性地选择提问类型及策略改善了幼儿的观察效率。幼儿观察的目的性日渐突出。他们逐渐学会围绕故事情节的发展组织自己的观察活动，能注意与情节发展有关的图案，并且能根据人们的表情、动作来理解故事，发现故事的线索，读出文字以外的情趣。

（2）有针对性地选择提问类型及策略提高了幼儿的专注力。幼儿观察的稳定性更加持久。如《铁马》的篇幅不多，但画面内容极其丰富，幼儿的视线随教师的提问和引导，每移动一步都会有新的发现——铁马除了和真的马一样会跑、会跳、会站，还会飞、会漂浮、会降落……孩子们沉醉于发现的快乐中，所以在细读重点页 20 分钟后粗读其他画面时，孩子们一再要求："接着讲嘛，讲嘛。"就这样，活动进行了 30 多分钟。

（3）有针对性地选择提问类型及策略提升了幼儿的观察品质。幼儿观察的准确性不断提高。按常理，中班幼儿尚不能正确认识事物遮挡的关系，但是在教师提问的引导下，幼儿对诸如"小狐狸的头怎么不见了？"一类问题感到非常不屑，回答说："被树挡住了呗！"

（二）理解力方面

（1）有针对性地选择提问类型帮助幼儿得以准确理解作品。幼儿把握故事发展主要情节的能力有所提高。通过培养，中班幼儿能够感受比较大的完整形象，能够把握画面各组成部分在空间或时间上的联系，图片认知已进入“空间联系”和“因果关系”阶段。

（2）有针对性地选择提问类型及策略帮助幼儿提高了理解故事主题的能力。在日常的观察研究中，幼儿不仅阅读故事，还能够感受作品的情感基调，对作品的主题已从感知发展到理解。如读本《跳芭蕾舞的牛》阅读活动后，一位小朋友说：“我最喜欢牛，因为他不怕别人嘲笑，自己坚持，最后成功了。我也要像小牛一样好好学习，长大了当大学生！”

（三）想象力方面

（1）有针对性地选择提问类型及策略改善了幼儿的阅读习惯。幼儿想象的有意性逐渐增长。想象逐渐围绕故事情节展开，这从幼儿在听故事的过程中讨论的问题可以看出。现在他们的问题一般是围绕故事情节发展而提出的，以往那些与故事毫不相关的问题大大减少了。

（2）有针对性地选择提问类型及策略扩展了幼儿想象的空间。想象的故事内容逐渐丰富完整。幼儿能够以观察所得为依据，积极思考，能在教师引导下根据画面内容，通过联想，“看”清画外的内容。如故事《我会飞》中幼儿在观察画面的基础上，想象出小鸡站在栅栏上流泪的多种原因是因为她自己不会飞，或是因为她一条腿站着太累了，还有可能是他找不到妈妈了等。

（3）有针对性地选择提问类型及策略激发了幼儿参与二度创作的热情。想象创编的成分逐渐增加。如在故事《池塘里的鸭子》阅读活动中，涛涛跑来说：“我知道怎样帮助小鸭子不让鳄鱼吃掉了，咱们可以让它坐上热气球飞走，那样鳄鱼就追不到它了！”马国骞说：“让小鸭子穿上灰蓝色的外衣，那样鳄鱼就看不到小鸭子了！”

十、反思

本文是立足一线的实践研究，由于本园教师比较缺乏研究训练，因此在研究设计和实施过程中出现了以下问题：

（1）在研究设计方面，样本选取的年龄段较单一，有以偏概全之嫌。

（2）在研究过程中，后测的数据统计不规范。

（3）教师重在实践，成果梳理不及时等。

伴随幼儿绘本阅读活动的深入开展，高丽营第二幼儿园还将持续进行绘本阅读活动中教师提问策略的研究，反思中提出的问题将在后续研究中特别予以弥补、修正。

参考文献：

[1] Marylou Dantonio，Paul C.Beisenherz. 教师怎样提问才有效：课堂提问的艺术 [M]. 宋玲，译. 北京：中国轻工业出版社，2015.

[2] 周兢. 早期阅读发展与教育研究 [M]. 北京：教育科学出版社，2007.

[3] 上海市浦东新区幼儿园. 让孩子插上超越时空的翅膀 [M]. 上海：上海教育出版社，1998.

[4] 康长运. 幼儿图画故事书阅读过程研究 [M]. 北京：教育科学出版社，2007.

[5] 蔡秀萍. 如何科学安排课堂提问 [J]. 学前教育：幼教版，2003（11）.

[6] 姚平子，熊易群，王启萃，等. 幼儿观察力发展的实验研究 [J]. 心理发展与教育，1985（2）：003.

[7] 朱灵华. 幼儿观察力培养浅见 [J]. 昭乌达蒙族师专学报，2003，24（5）：70.

[8] 欧阳春玲. 我眼中的世界——幼儿观察力的发展和培养 [J]. 家庭教育，2004（12）：42-43.

绘本阅读活动的组织与研究

杜　寅

《幼儿园教育指导纲要（试行）》中指出："幼儿园教育应尊重幼儿的人格和权利，尊重幼儿身心发展的规律和学习特点，以游戏为基本活动，保教并重，关注个别差异，促进每个幼儿富有个性的发展。"在幼儿时期，每个孩子都是天真、快乐的，他们喜爱游戏，作为幼儿教师，应为幼儿创造一个宽松愉悦的氛围，让孩子们在游戏化的一日生活中感受到快乐，尤其是在教育活动中，要让孩子在玩中学，把每一次的集体教育活动当成是一种游戏，在减轻活动负担的同时，提高教学质量。以下是笔者在绘本教学活动中的实践探索。

绘本，顾名思义就是"画出来的书"，即以绘画为主，兼附有少量文字的书籍。绘本是最适合孩子阅读的一类书籍。虽然他们不识字，但他们已经具备了一定的读图能力，如果这时候家长和教师能够有意识地和孩子们一起阅读绘本，营造温馨的环境，给他们读文字，和他们一起看图讲故事，那么孩子们从刚开始接触到的就是高水准的图与文，他们将在听故事中品味绘画艺术，将在欣赏图画中认识文字、理解文学。在幼儿园的教育教学中，将绘本教学作为培养幼儿语言领域发展中的一个重要组成部分，其目的不是要把每个幼儿都培养成为故事大王，而在于激发幼儿的阅读兴趣，让绘本"活"起来，使幼儿在玩中学，从而达到教育目标，提高阅读能力，领会绘本的深刻内涵。在幼儿绘本教学过程中，教师要善于思考，努力探索适合本班幼儿的教学策略，使之体验自由表达的欢乐。

一、激发兴趣，培养习惯

兴趣是激发幼儿创造欲望的前提条件。幼儿对绘本书籍一旦有了兴趣，注意力就会特别集中，细致观察画面内容，从而能用自己的语言讲述故事。教师要明确每个环节中幼儿兴趣的关注点、兴趣的深浅度与兴趣的持久性。要在此基础上，不断地把幼儿的兴趣往深一层次逐步引领，使幼儿的初浅层兴趣深化，贯穿于活动始终，并进而激起幼儿主动阅读的愿望，真正达到幼儿在阅读中表现自我的目标。教师在为幼儿选择绘本时，要抓住幼儿的年龄特点，根据年龄特点选择相应的图书，例如，大班要选择一些以人物故事为主，情节缓慢丰富，给予幼儿充分观察、猜测、推理的线索，并有一段文字的绘本或科普类书籍。阅读的前提是要有很好的阅读习惯，在幼儿园中，教师要及时纠正幼儿错误的阅读方法和阅读习惯，教给幼儿正确的看书姿势、看书方法等，使幼儿从小养成良好的习惯，为今后组织活动及幼小衔接打下坚实的基础。

二、认真备课，换位思考

根据高丽营第二幼儿园的特色教学，结合大班科研课题“通过绘本表演活动培养幼儿自主阅读的能力”，教师在组织一节绘本活动课前，要仔细研读分析绘本，在不看文字的情况下至少读五遍，自己先了解画面内容，从幼儿的角度细致观察画面，猜测故事内容，并学会换位思考，例如：“如果我是孩子，我会喜欢什么样的方式去阅读绘本？”“我这样提问、设计孩子能不能回答出来？理不理解？”在设计活动时要选择适宜的教学方法，可通过教师表演、幼儿表演、自主阅读、游戏等多种形式，让幼儿在玩中体会书中的情绪情感、幽默诙谐。在分析绘本时，第一课时主要是分析外在的，第二课时则可以从画面表现手法、文字、句式、色彩的感受、续编故事、表演活动等方面进行。

三、幼儿主体，教师引领

当备完一节绘本活动课后，教师如何开展此次活动尤为重要。一节活动课的好坏不在于教师是如何说、如何做的，关键在于活动中幼儿的行为表现。教师在组织活动时，要时刻铭记“幼儿是活动的主体”。要选择幼儿比较喜欢、感兴趣的方式，突出幼儿的主体作用，教师则成为一个支持者、合作者，当面对能力强的幼儿时，教师则完全可以成为一名倾听者。

例如《鸭子骑车记》一书，鸭子骑车，是一件非常奇怪的事情，小动物们看到鸭子骑车后的态度是完全不一样的。当有一大群孩子骑车经过，将车放在屋前时，小动物们都瞪大眼睛看着这些自行车，而后每个小动物都骑上了车，并夸奖鸭子的主意真好。在组织这节活动课时，笔者并没有讲述过多，而是出示第一页——鸭子背着手看着自行车，让幼儿发挥想象，说一说鸭子要做什么。问题一出，孩子们争先恐后地回答，并急于验证自己的猜测。随后，根据幼儿的表现，采取第一遍自主阅读的方式，而教师在巡视的过程中要善于观察到需要帮助的幼儿，通过语言的引领，帮助幼儿理解画面内容。看到有个别的幼儿能够自己讲述时，笔者便蹲在他的身边认真倾听，不去打扰他。在这一过程中，教师要及时肯定幼儿，切记勿说“故事不是这样的，你都没认真看”等言语打击幼儿看书的积极性。当幼儿了解故事内容后，开始第二遍自主阅读，让幼儿细致观察画面，通过动物们的不同表情，大胆猜测其心理活动，并鼓励幼儿进行表演。在表演的过程中，要充分发挥幼儿的主体作用，让幼儿通过玩、表演去感受动物们的心理，从而更好地理解故事内容。

再如《月亮，你好吗》一书，教师在组织活动时，根据幼儿的年龄特点，选择了适宜的教学方式——教师表演的方式，导入故事，幼儿投入地观看表演，一目了然地理解了教师的表演，为引出后面的故事奠定了基础；幼儿表演的方式，让幼儿亲身体会主动与他人交往的方式和快乐；游戏“找朋友”的方式，让幼儿进一步感受交往的快乐和重要……这样幼儿在玩中学会了主动与人交往，并很好地理解了故事内容，一举两得。

四、延伸区域，自主选择

结合园本特色教学和大班教学科研课题，以阅读区和表演区为主要区域。在创设阅读区环境时，要根据幼儿的年龄特点，为幼儿创设一个安静、温馨、舒适的阅读环境，为幼儿营造愉快的阅读气氛，提供丰富的、不同种类的书籍，并适时调整书籍内容，保证满足每名幼儿的需要。当组织完一节绘本活动课后，教师要及时将绘本书投放到阅读区，供幼儿自主选择，并鼓励幼儿创编、续编故事，自制图书。幼儿口述后，教师帮忙配上文字，加上页码，再设计封面、封底，然后装订成一本图书，以丰富图书区材料，促进幼儿口语表达能力的提高。在创设表演区环境时，组织幼儿讨论可以怎么布置，要选择幼儿喜欢的、感兴趣的方式，幼儿通过讨论、制作出与故事相关的一些头饰、道具、服饰等可选择的辅助材料，并亲手制作、投放、选择。利用情景剧、故事大王等表演活动，提升幼儿对阅读的兴趣，促进幼儿阅读活动的开展。表演游戏，给了幼儿一个展现自我的舞台，让幼儿越来越有自信。原本不爱说话，胆子小的幼儿，也和大家打成一团，主动与同伴进行交往。表演中，幼儿会根据自己对作品的理解，运用已有经验，创造性地进行表演。如《鸭子骑车记》表演活动中，孩子们可以自己选择角色、安排场地、补充对话，有些幼儿甚至还能当小导演，指导其他幼儿的表演活动。绘本活动不是组织集体活动就可以了，它贯穿于幼儿活动的各个环节、各个区域中，各环节、各区域密切结合，发挥绘本教学的真谛，让绘本“活”起来，发挥幼儿自主选择的主体作用。

五、家园共育，共同培养

提高幼儿的阅读水平和阅读能力，需要幼儿园和家庭的共同配合。通过召开家长会、家庭绘本讲座等方式，让家长明确绘本教学的重要意义，并教给家长一些亲子共读的方式方法，向家长宣传正确的绘本教学的理念，让他们知道绘本教学不等同于早期识字。这其中，向家长宣传身教重于言教的重要性，希望家长能够经常买书、看书，并且对幼儿的阅读给予指点，这样会在潜移默化中使幼儿喜欢阅读、热爱阅读。鼓励幼儿回家复述听过的故事，家长根据幼儿的口头复述进行记录、整理。开展家长开放日活动，让家长进一步了解幼儿园的绘本教学，通过幼儿的表演活动，使家长感受孩子们不一样的表现，从而得到家长的支持与配合。

幼儿绘本教学通过一种新颖的语言形式，开启了幼儿智能，发展了幼儿的自主阅读能力和表演能力。针对大班幼儿的年龄特点和现有水平，培养幼儿对绘本阅读的兴趣，发展幼儿自主阅读的能力，真正使幼儿得到熏陶，为幼儿的发展奠定良好的基础。作为一名现代幼儿教师，一名具有创新精神的改革者，在绘本教学中，要善于思考，更新理念，把绘本从书本演变成生活，让绘本“活”起来，以“授人以渔”的思想，通过帮助和指导，与幼儿展开交互式的活动，让幼儿在绘本阅读和理解活动中喜欢阅读、学会阅读、陶醉于阅读，要让幼儿乐学、会学、主动地学，在阅读中快乐，在快乐中成长！

自编乡土绘本中的年俗实践

孙旗帜、陈思宇

高丽营第二幼儿园所在的高丽营地区历史悠久，文化底蕴丰厚，如牤牛河、花水湾温泉、樱桃园、七彩蝴蝶园、农田等自然资源，大集、清真寺、福利院、部队、学校等社会资源，剪纸、戏曲、玉石井、大槐树、莽氏元宵等文化资源。这些资源就存在于幼儿的生活之中，将其纳入课程资源进行合理开发，既能丰富课程内容，为幼儿主动学习创造条件，又能够激发幼儿对家乡文化的关注与热爱。为此，高丽营第二幼儿园教师、家长、幼儿携手收集、整理这些资源，将其创编成幼儿喜闻乐见的绘本，顺应幼儿需要，开展幼儿喜欢的主题活动。

一年一度的春节是我们中国人最为重视、最为热闹的传统节日，春节的各种特有习俗是我国传统节日文化的代表，全国各地都以自己特有的方式庆祝这一传统佳节。如何让幼儿参与这一民俗活动，感受节日的欢庆？经多次研讨，高丽营第二幼儿园最终决定以自编乡土绘本为突破口，开展相关体验活动。

一、好看的故事

《小老虎拜大年》是反映有关年文化的自编乡土绘本。绘本的创编突出了地方特色，贴近幼儿生活，几易其稿，走进孩子心灵。

1. 小老虎是懂事的孩子

故事以中国民间传统的布老虎为主要人物形象，突出了布老虎的可爱，深受幼儿喜欢。通过小老虎传达了礼貌、友爱、尊重、人文关怀等良好品质。

故事取材非常贴近儿童的现实生活。首先，春节是一个非常重要的举国欢庆的传统节日；其次，拜年是幼儿生活中很重要的一个体验活动；最后，故事背景为幼儿熟悉的“虎鳄农场”。

故事语言具体、形象、生动，儿歌体、重复性的人物对话符合幼儿的年龄特点，便于幼儿学会使用简单的礼貌用语；适合幼儿参与复述部分故事内容，充分感受语言的韵律美；丰富了幼儿的词汇，如“红红的对联”“大大的福字”“金色的阳光”“薄薄的云朵”“彩色的房子”等。

故事以新年传统习俗为背景，情节设计巧妙，例如给小鳄鱼变头花，给小狮子变绣球，给小斑马变毛衣……首先，巧妙地表现了这些动物的独特之处；其次，巧妙地蕴含了朋友间不仅要送礼物，更重要的是送人文关怀的道理；最后，省略号给孩子们以无限遐想的空间，可使故事得到扩展、延续。

自编绘本《小老虎拜大年》的内页如图 32 所示。

图 32　自编绘本《小老虎拜大年》的内页

2. 年是什么

“年是可怕的怪兽。”

“年是个坏家伙，专门欺负小动物。”

"年是搞破坏的，会放火。"

……

传统故事中，年是传说中的反面人物。在《小老虎拜大年》中，年的内心深处是善良的、渴望交朋友的。它化身为孩子们喜欢的小老虎，在为大家做好事的过程中，逐渐脱掉了老虎的外衣，露出自己的真容。此时，小动物们已经不再害怕它，并且从内心接受了他，年和大家成了好朋友。这样的矛盾冲突，让故事丰满起来了，使故事变得更有趣。好故事是育心的，小年兽就像一些交往技能弱、攻击性比较强的孩子一样，他们内心善良，渴望被理解。

在阅读自编绘本的过程中，孩子们积极指认自己熟悉的画面，热情讲述与自己相关的故事，陶醉于阅读的快乐之中。自编绘本内容更贴近幼儿生活，日常生活是幼儿园教育的重要内容，也是教育的重要途径。《幼儿园教育指导纲要（试行）》指出，幼儿园教育活动内容的选择应"既贴近幼儿的生活来选择幼儿感兴趣的事物和问题，又有助于拓展幼儿的经验和视野"。可见，内容为幼儿所熟悉、贴近幼儿生活的自编绘本更能引起幼儿的共鸣，从而滋养孩子的身心，涂抹中国文化的底色。

自编绘本《小老虎拜大年》的内页如图 33 所示。

图 33　自编绘本《小老虎拜大年》的内页

二、有趣的活动

热闹的新年怎能少得了花会活动！《小老虎拜大年》故事中的最后一页，庆新年表演的场景孩子们总是津津乐道。高丽营是戏曲之乡，民间戏曲、花会活动活跃，每年正月都会举办秧歌、花会大赛。不少小朋友的家长就是秧歌队里的成员，家长在参加排练时往往会带上孩子。耳濡目染之下，孩子对花会表演活动产生了兴趣。

1. 花会内容真丰富

花会都演些什么呢？舞龙、舞狮是孩子们印象最深刻的，秧歌是最为熟知的，小车会、大头娃娃孩子们也知道一些。这些都可以试一试，特别是舞龙获得了最多的投票。

虽说经常看到这些演出，但要自己演还真不容易。通过向爷爷奶奶学、上网学，孩子们发现，花会的内容还真是丰富，比已知的要多得多。就拿秧歌来说吧，就有拿手绢、舞扇、舞绸的，打腰鼓的，打花棍的等；舞扇又分各种各样的扇，舞绸又有各种各样的绸。

花会吸引孩子的，除了演员精彩的表演，还有漂亮的服饰。花会演出的服装和其他歌舞的服装不太一样。每个节目有自己特定的服装，体现这个节目的特点，大都表现夸张、颜色鲜艳，还有不少是有鲜明角色的古装。

舞龙，活动量大，常有跑、跳等动作，衣服须便于运动，例如武术服。舞狮，有专门的狮子服，有狮头、狮身。舞狮者的衣服、裤子、鞋都会披上毛。有趣的是狮头，眼睛和嘴巴都会动。秧歌，服装颜色鲜艳，显得红红火火。表演小车会的服装最受孩子喜欢，小姐、丫鬟漂亮的衣服和头饰、媒婆的大烟袋、小丑的辫子、船夫的斗笠……孩子们都争着要试一试。当然啦，更为吸引孩子的是小姐漂亮的小花轿、抬着走的旱船，还有摇头晃脑的小毛驴。

2. 我们也来演一演

孩子们的演出既是表演，也是学习，更是游戏。

小车会的表演孩子们最喜欢。坐在轿子里，不时探出头向观众招手微笑的小姐，女孩子们争先尝试。小毛驴表演的是骑驴，实际上是把毛驴背在身上，虽然有点沉，但把小毛驴淘气的样子表现出来还是挺好玩的。当然这中间也少不了合作，都演小姐，没人抬轿演出就没法进行。这就需要孩子们自行协商和轮换。

小车会和小毛驴表演如图 34 所示。

图 34　小车会和小毛驴表演

舞狮表演中，大狮子由老师来演，小朋友演小狮子最合适，主要表现小狮子的活泼及嬉戏神态，如戏球、舔毛、搔痒、打滚、洗耳、打瞌睡等，孩子们在表演中还增加了撒娇、与大狮子嬉戏的情节，富有童趣。当然了，小狮子就像小孩子一样，孩子们演小狮子就是演自己。

舞龙看着很威风，表演起来还真没那么容易，这里有不少门道呢，为此特别请舞龙老艺人来教。持龙，学舞龙的第一个动作，也就是怎么拿龙。双手持把，一手握于把位末端与胸同高，臂微弯曲，另一手臂伸直，握于把的中间偏上位置。舞动时龙身要保持圆滑、顺畅，不能触地、打折，那样活龙就变成了死龙。一个简单的拿龙工作就挺有学问的。然后学习拖龙、盘龙、游龙、圆场步等基本动作，有了这些基本动作就可以练习表演了。舞龙中配合是最重要的，为演出成功，每个人都要集中注意力。

舞狮表演和舞龙表演如图 35 和图 36 所示。

图 35　舞狮表演

图 36　舞龙表演

在不断的体验和尝试中，孩子们感受到了庆新春的民俗活动，了解了民俗文化。自编的民俗绘本以当地生活习俗为基础，将各类活动融入幼儿生活。高丽营第二幼儿园从幼儿的一日现实生活中挖掘教育资源，把各种教育内容与幼儿一日现实生活联系起来，把教育活动同幼儿一日现实生活结合起来。对幼儿而言，大部分的学习是生活化的、游戏化的，乡土文化自然渗透在幼儿的生活当中。

浅谈绘本教学中多元化游戏情境的运用

陈爱平、王　娟

绘本作为一种以图画为主要表现内容和形式的读物，构图巧妙、造型生动、色彩优美的画面对于幼儿具有莫大的吸引力，受到了很多幼儿的欢迎和喜爱。目前，幼儿园内主要采用的绘本教学方式大多是静态的，让幼儿看书、观画或教师讲读。但对幼儿而言，注意力不稳定，有意注意力水平较低，因此，单纯的静态绘本阅读方式不能长时间地维持他们的阅读兴趣。那该如何开展绘本阅读活动呢？将游戏与绘本阅读相结合不失为一个理想的方法。《3—6 岁儿童学习与发展指南》中指出：“幼儿的学习是以直接经验为基础，在游戏和日常生活中进行的。”从一定意义上讲，游戏是学前期幼儿最喜爱的活动，也是他们获得知识的最佳途径。在绘本教学中为幼儿创设游戏情境开展活动，寓游戏于绘本教学，有利于培养幼儿的阅读兴趣，提高幼儿的阅读能力，丰富幼儿的情感和阅读经验。

一、猜测游戏——激发幼儿阅读兴趣

在绘本教学中，可以根据绘本中漂亮的图画、丰富的画面信息让幼儿针对这些信息玩猜测游戏，这样既能引起幼儿探索的兴趣，激发他们强烈的阅读欲望，又能让幼儿带着寻求答案的心理，有目的地去阅读，提高阅读的有效性。这类猜想游戏可从如下三个方面开展：

（1）对绘本封面、标题设疑，无论什么书，封面、标题都是最先映入读者眼帘的，而在阅读前让幼儿针对这些信息玩猜想游戏，幼儿的思维会马上被调动起来，幼儿会通过观察图片运用已有的知识经验，通过分析、综合，寻求最佳答案。例如绘本《亲爱的小鱼》的封面是一只小鱼在浴缸里，小猫在鱼缸上面与小鱼亲亲，教师请幼儿看图猜测：“这是谁？它们在干什么？它们为什么要亲亲？”幼儿的想象真是五花八门：“小猫想吃小鱼”“小猫要和小鱼做朋友”……丰富的想象开启了幼儿阅读的兴趣。

（2）对绘本中的地点、人物、声音、时间设疑——基于绘本背景信息的猜想。例如在绘本《青蛙小弟睡午觉》教学前，教师先用音乐烘托了一种静悄悄的氛围，然后又有几声青蛙的叫声，适时地提问：“这是什么时候？这里有谁？他在干什么？”随后幼儿回答，“一只青蛙在睡觉，周围很安静”。这便是猜测游戏的情境，同时结合了音乐情境，激发了幼儿的兴趣与注意力。经过此类的猜想游戏，幼儿的阅读兴趣已经被激发出来，为幼儿接下来进一步阅读打下了良好的基础。

（3）对故事情节发展设疑。以故事、人物情节为发展线索的绘本，可以设计一些推理性猜想游戏，着重培养幼儿通过观察图画和认识画面中各种事物的变化与联系来推测故事情节发展的能力，以发展幼儿的创造力，提高幼儿解决问题的能力。

二、以绘本情节为主题的游戏——深刻理解绘本故事

进行绘本教学时，反复地看书，反复地观察、思考会让幼儿逐渐产生厌倦感。适时地将游戏融入教学中，既有助于提高幼儿阅读的兴趣，促进他们各方面能力的发展，又有助于解决绘本教学中靠说教无法言明的重难点，比如角色情感的感受、绘本的艺术、科学内涵等。

角色表演游戏，再现绘本情境，有助于提高幼儿的观察能力和表现能力。角色表演游戏是绘本教学中较常采用的游戏方式，通过模仿表演角色，创造性地表现角色生活的游戏。例如绘本《母鸡萝丝去散步》，教师创设鸡舍、池塘、干草堆等场景，幼儿头戴母鸡、狐狸头饰，扮演成小动物，一起绕池塘、翻过干草堆、钻栅栏等，渡过各种难关。

再如绘本《月亮，你好吗》，教师在完成小男孩将月亮带回家、与月亮在一起相处这部分教学内容后，设计一个“找朋友”的游戏，配合音乐，幼儿在音乐的带动下，自由选择想找的对象，邀请朋友一起玩耍，从而更直接地领会交往的方法，体会交往的乐趣。可见，在教学过程中穿插游戏情境，能让幼儿以自身的体验，获得对故事内容的进一步理解。

三、延伸游戏——更深层次领会绘本

绘本教学属于语言教学中的文学作品教学类，它图文并茂，情节发展有序，涉及领域广泛，幼儿通过观察画面的情节，体验角色的心理，理解故事的内容。适时设计游戏内容，使幼儿身临其境，有助于幼儿更深层次地领会绘本的内涵。

（一）艺术游戏，感受绘本之美，提高幼儿审美能力

艺术游戏，主要是指美术游戏和音乐游戏。绘本大都由艺术家们精心手绘，图画精美，美术欣赏价值非常高。绘本有着无穷的魅力，其中还蕴藏着众多可借鉴的美术教学资源。

1. 美术游戏

美术游戏让幼儿用各种生活中的材料设计绘本中的物品或创编绘本内容，与绘本的美图相得益彰。绘本《当我们同在一起》有许多页面可以单独选出来作为美术教学的资料，例如小动物和小朋友的正面图案，教师可以通过这幅图片和小朋友一起学习如何绘画动物、尝试遮挡画的绘画技能。在动物们背坐在山上的图案中，教师可以和小朋友一同观察各种动物的背面，学着画背面人物或背面动物。在小动物拿画笔的图案中，可以让幼儿了解“出穴”的绘画技巧。其实绘本中的画面都很精美，只要用心地挖掘每幅图的教育价值，都可以生成一个有趣的美术活动。绘本《一百层的房子》中，每一层楼房的设计都是不同的，而且根据居住人物的不同，房子内的摆设和布置也有所不同，在教学中，幼儿通过欣赏、观察画面了解其绘画特点和绘画风格，教师启发幼儿设计一百零一层楼的房子，小朋友通过讨论决定居住者、居住者的生活习性和居住特点合作绘画，让幼儿在想象中体验合作绘画和装饰绘画的乐趣。

2. 音乐游戏

音乐游戏通过唱歌、舞蹈的方式展现绘本内容，让幼儿获得美的感受，更好地理解绘本内涵，激发阅读兴趣。在进行绘本《我和小猪》的教学时，为了让幼儿对故事中小猪的形象有直接的感受，教师将幼儿学过的歌《小猪吃得饱饱》引进教学中，改编歌词为：“小猪要吃饭了，张着嘴巴吃饭，大耳朵在扇扇，小尾巴在摇摇，啊呜呜呜，啊呜呜呜，啊呜啊呜啊呜啊呜，小尾巴在摇摇……”依次将绘本中的重点词语“呼噜呼噜”“啊呜啊呜”“咕咚咕咚”放进歌曲中，让幼儿在唱唱跳跳中理解词语，感受绘本的情境。

（二）科学游戏，直观理解绘本内容，激发幼儿对科学探究的兴趣

科学游戏比较适合运用于包含科学概念、科学实验的绘本。《小黄和小蓝》是一本耳熟能详的绘本，教师在教学过程中提供三原色，幼儿不但可以通过绘本故事玩黄色和蓝色的游戏，还可以进行探究实验，让任何种颜色交朋友，使幼儿在玩耍中体会颜色的变化。在绘本《爸爸的手影戏》的教学中，教师和幼儿玩起了手影游戏，把绘本中的游戏搬到现场，突破了教学的重点和难点，让幼儿了解“影子”的科学概念，为其进行绘本阅读打下基础。

（三）其他游戏，体验绘本情感，促进社会性情感的发展

其他游戏包括体育游戏、结构游戏、综合游戏等。如绘本《蚂蚁和西瓜》的教学中，教师设计了游戏《小猴子摘桃子》，将幼儿分成两组，将树上的桃子摘下来，运到 20 米以外的筐子里，在规定的一分钟时间内，哪组摘到的桃子多哪组获胜。幼儿通过分工，有的摘桃子，有的运桃子，体验分工合作的意义。

再如绘本《摘果子》的故事，教师设计了一个体育游戏：幼儿分组分别扮演绘本中的角色小猴和小刺猬，小猴跳起来去摘挂在绳子上的苹果，然后把苹果扔给站在 2 米线外的小刺猬，小刺猬接到后放到指定箩筐内。游戏轮换角色进行。这个游戏围绕绘本的情节展开，既让幼儿了解了“跳”“扔”的动作含义，锻炼了幼儿的运动技能，又让幼儿感受到绘本体现的合作的快乐。

将多元化游戏情境运用到绘本教学中，能使幼儿对绘本阅读产生浓厚的兴趣，促进其多方面能力的发展。当然，在运用多元化游戏开展绘本教学时，也须根据绘本体现的主题含义，包含的艺术、科学等元素选择适宜的游戏方式，做到“不求多，而求宜”，只有这样，才能真正让幼儿在游戏中层层深入地体会和感悟绘本，感受早期阅读的快乐。

自编绘本内页展示

小班节日主题活动之“我的踏青节”

——《白鹅一家去春游》绘本内页

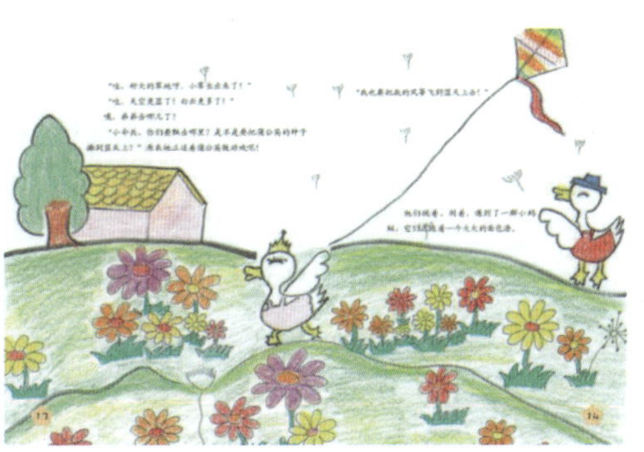

小班节日主题活动之“热热闹闹过大年”

——《小老虎拜大年》绘本内页

小班节气主题活动之“小虫子睡醒了”

——《小虫子睡醒了》绘本内页

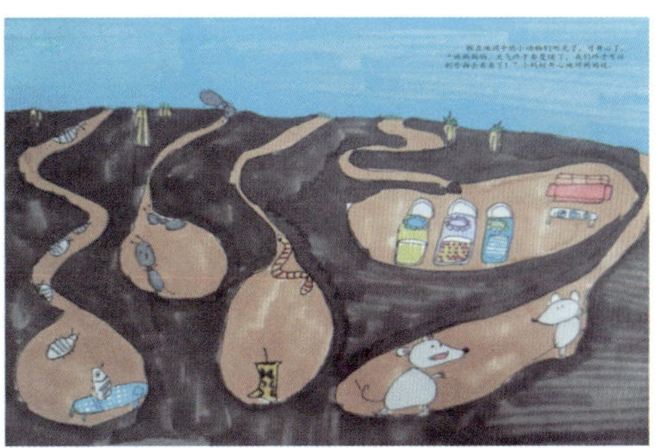

小班生活主题活动之“我和蜗牛做朋友”

——《小蜗牛去散步》绘本内页

小班生活主题活动之“你好，秋天”

——《叶宝宝找妈妈》绘本内页

中班节日主题活动之“我的树朋友”

——《小猴种樱桃》绘本内页

中班节日主题活动之“月饼，月饼”

——《圆姐姐和圆妹妹》绘本内页

中班节日主题活动之“红红火火过大年”

——《小老虎拜大年》绘本内页

中班生活主题活动之“我和跟屁虫”

——《我和妹妹》绘本内页

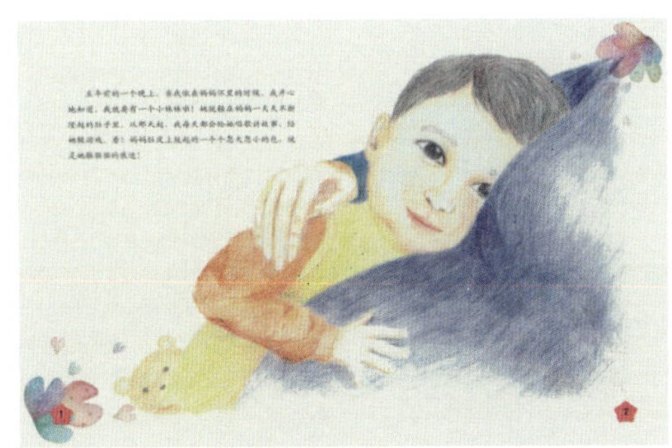

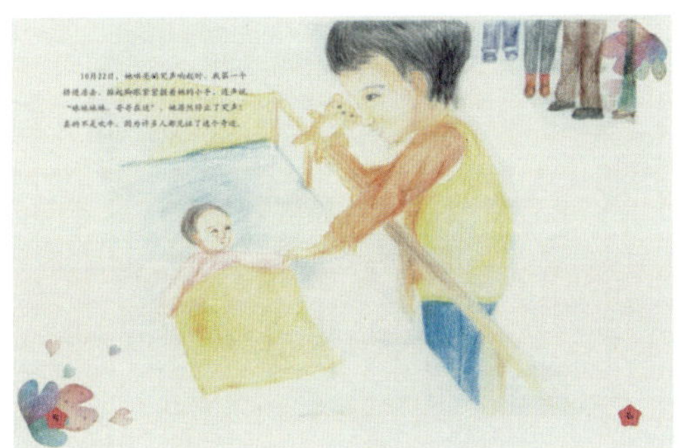

中班生活主题活动之“秋天在哪里”

——《牤牛河的四季——秋》绘本内页

大班节日主题活动之“学做情绪小主人”

——《黑黑，你在哪里》绘本内页

大班节日主题活动之“小不点话端午”

——《小不点游端午》绘本内页

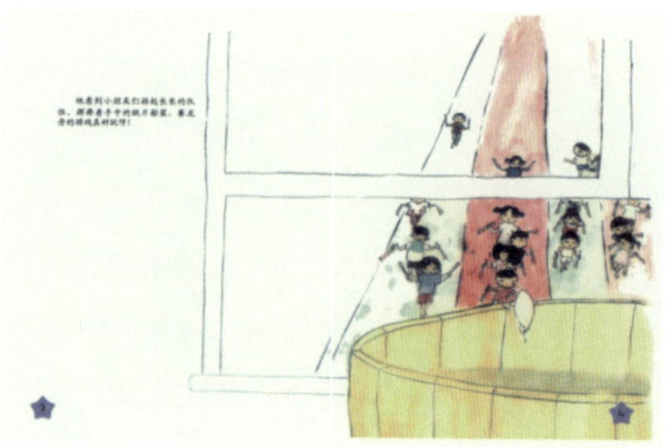

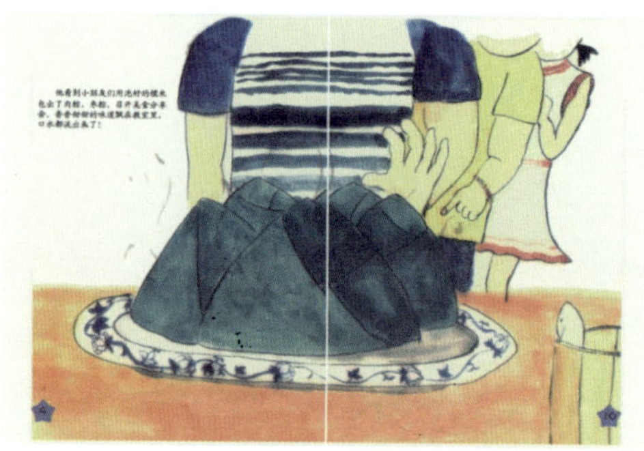

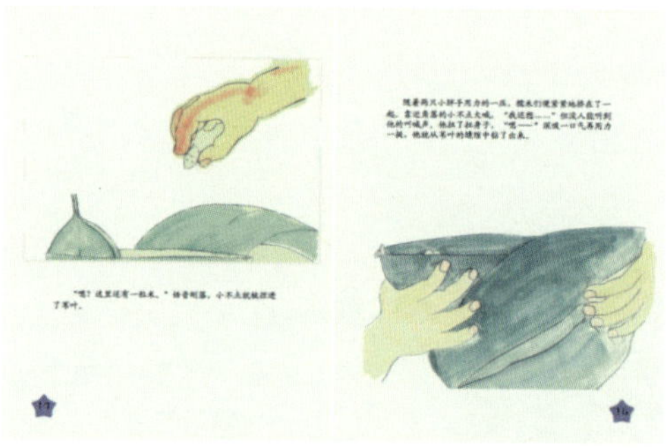

大班节日主题活动之“果刻子的中秋之旅”

——《老孙家的好手艺》绘本内页

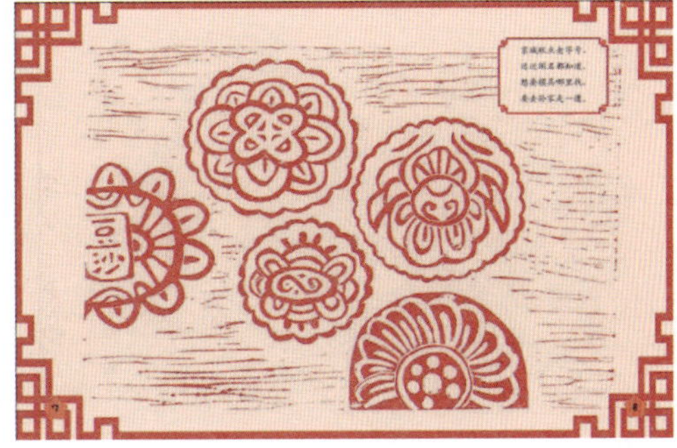

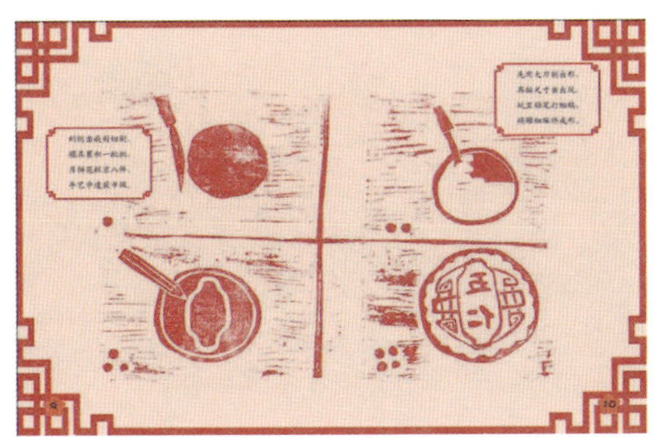

大班节日主题活动之“新年我做主”

——《赶集》绘本内页

大班生活主题活动之“安全小卫士”

——《狗狗之家》绘本内页

大班生活主题活动之“我要上小学了”

——《我要上小学了》绘本内页